Hospitality Industry
Human Resource Management

환대산업인적자원관리

이정은 · 서경도 · 최병창 · 임배균

지식인

환대산업인적자원관리

2017년 8월 10일 초판 1쇄 인쇄
2017년 8월 20일 초판 1쇄 발행

지은이 | 이정은 · 서경도 · 최병창 · 임배균
펴낸이 | 김종욱
펴낸곳 | 지식인
등 록 | 제301-2013-134호
주 소 | 서울시 도봉구 도봉로 180길 20 투웨니퍼스트 102동 602호
전 화 | 02)2266-8606 (대)
팩 스 | 02)2266-8607
E-mail | jisikin2013@naver.com
홈페이지 | www.jisikinbook.co.kr

ISBN 979-11-88105-04-5 (93320)

값 20,000원

환대산업인적자원관리

Hospitality Industry

Human Resource Management

환대산업인적자원관리

환대산업은 인적자원과 물적자원을 바탕으로 두지만, 기본적으로는 인적자원에 바탕을 두고 있다. 환대산업인 호텔·외식산업 등에 종사하는 직원들은 2차산업에 근무하는 직원들에 비해 전직·이직이 타 산업에 비해 높다. 이같은 이유는 여러 가지가 있지만 기업에 근무하는 직원들이 자신의 일에 대하여 만족을 하지 못하기 때문이다.

기업이 인력의 채용을 시작으로 종업원 개개인이 한 기업의 조직 일원으로서 되기까지 종업원 개인은 물론 기업의 경영자 및 관리자들도 많은 노력이 필요하다. 환대산업경영으로 인해 기업의 가치는 경영을 통한 이익창출에서 비롯하지만, 환대산업은 인적서비스가 근간이 되기 때문에 경영자, 투자자, 종업원 등의 상호관계를 어떻게 유지하고 결합시키는가가 매우 중요하며 이것이 또 하나의 과제가 된다.

환대산업은 호텔 및 외식기업이 대표격으로 나타낼 수 있다. 이러한 기업은 각각 특별한 특징이 있으며, 각각의 개별기업은 고객을 위한 유·무형의 상품과 서비스는 궁극적인 목표인 고객을 위해 초점이 맞추어져 있다. 결과적으로 기업의 각 부문별 직무가 원활하게 수행될 때 기업이 추구하고자 하는 궁극적인 목표수행이 가능할 것이며, 기업의 궁극적 이윤의 추구와 기업의 가치를 향상시켜 기업이 존속되는 그 이유의 정당성을 마련해준다고 해도 과언이 아니다.

기업이 고객을 위해 존재하기 때문에 기업이 목표를 수행하는데 한 걸음 더 나아가기 위해선 기업의 성격을 막론하고 기업구성원들이 서로 유기적으로 협동하여 움직여줘야 한다. 고객을 위한 유·무형의 서비스가 만족스럽지 않은 서비스가 이루어지지 않아 서비스실패가 이루어졌을 때 고객들에게 충분한 서비스가 제공된다하더라도 그 서비스 실패가 회복전략이 이루어지 않으면 서비스만족을 이루기에는 많이 힘들어질 것이다. 그러나 기업의 각 부문별 유기적 협력관계가 이루어질 때 각 부문별 목표와 가치를 지닐 수가 있으며, 결과적으로 고객만족을 뛰어넘어 고객감동을 기대할 수가 있다.

직무만족에 대한 문제는 한마디로 표현하기 힘들다. 그러나 이러한 결과가 이직과 전직으로 인해, 기업에서 상품을 생산하는 제품에 대해 부재가 생겨 제품상 질의 문제가 발생하여 기업의 대내·외 이미지에 많은 영향을 미치게 된다. 따라서 환대기업이 추구하고자 하는 궁극적인 목표를 달성하기 위해서는 구성원의 직무분석을 통해 부가가치를 극대화하는 방법을 구시해야 하며, 그 중 하나가 인적자원관리이다. 따라서 인적자원의 모집, 선발, 배치, 교육, 결과분석, 복리후생, 인사고과 등 우리가 인적자원관리에 대해 기본적인 제반적 지식을 습득하는 계기가 될 수 있다.

이 책을 저술하는데 많은 도움을 주신 주변의 많은 연구자분들께 많은 감사를 드린다. 또한 많은 내용을 담고자 했지만 마음이 먼저 앞서고 관련한 내용이 따라가지 못하여 더 많은 내용을 싣지는 못했다. 이러한 점은 많은 후회로 남게 되었으며, 아쉬운 점은 다음 기회에 수정·보완하고자 한다. 출판업계가 어려운 가운데 이 책의 출판을 위해 많은 도움을 주신 지식인의 관계자 여러분께 감사드린다.

저자 일동

Hospitality Industry

Human Resource Management

환대산업인적자원관리

CHAPTER 01

경영이란 무엇인가

Hospitality Industry
Human Resource Management
환대산업인적자원관리

01 경 영

경영(經營)은 사전적인 정의를 보면 '운영한다', '관리한다', '경영한다'라는 의미를 담고 있으며 영어는 'Management'이다. 어원을 살펴보면, 프랑스어 'Lemain', 이탈리아어 'Mannegiaire' 등으로 다양하게 표현된다. 경영Management은 조직 내부에서 주어진 일과, 인적자원과 기업에서 사용하는 도구 및 원료 등 모든 자원들을 활용하고 관리 등 조직이 존재하는 이유와 목표를 최대한 활용을 위한 기업의 일련의 활동이라고 할 수 있다.

기업 운영을 위해서는 기술, 자본, 설비정보 등 수많은 자원이 투입되고 상호작용을 통해 어떠한 제품이나 서비스가 생산되어 고객들에게 공급된다. 경영은 자원을 어떻게 연결시킬 것인가에 대한 계획Planning, 계획한대로 조직을 구성해서Organizing, 실행되도록 지휘하고Directing, 서로가 협조가 잘 되도록 조정과 연결Coordinating, 계획대로 잘 되어있는지의 조사 · 감독Controlling이다. 이를 쉽게 하면 계획Plan – 실행Do – 통제See의 과정이 경영이며, 이와 관련된 일을 하는 사람이 경영자이다.

영리조직Profit Organization은 이윤을 극대화하는 것과 비영리조직은 공공고객에게 최대한 편익을 제공하기 위하여 조직의 활동이 원활하게 운영되어야 하는데, 이렇게 비즈니스를 효율적으로 운영하는 것이 경영에 있어서 매우 중요하다. 이렇게 조직을 효율적으로 운영하기 위해 경영자들은 경영마인드를 가지는 것이 매우 중요한데, 경영마인드는 경영자가 조직의 목표를 달성하기 위해 자원을 효율적으로 활용하고 최대의 효과를 얻으려고 생각하며 노력하는 자세다.

최근 글로벌화의 추세, 정보통신의 발전, 자유무역협정Free Trade Agreement; FTA 및 무역장벽의 철폐 등 국제관광이 증가되는 주요한 요인이다. 그러나 환대산업에서 인적자원은 기업의 성과에 대해 긍부정적인 영향을 미친다. 이는 인적자원에 대한 영향이 크기 때문에 기업 측면에서 보면 인적자원관리는 매우 중요하다.

1. 경영의 기능

Fayol(1916)은 “경영자는 Plan(계획) - Organize(구성) - Command(지휘) - Coordinate(조정) - Control(감독) 등 다섯 가지의 기능을 수행한다.”고 하였다. 이후 경영에 관련한 연구자들은 Planing - Organizing - Staffing - Directing-controlling 등이 경영의 주요한 기능이다.

1) Planing

경영에서 Planning의 기능은 조직의 목표를 설정하고 목표를 달성하기 위해 전체적인 전략을 수립하고, 종합적으로 단계별 계획들을 조정하고 통합하는 활동을 발전시키는 것을 포함한다.

2) Organizing

경영자들은 조직구조의 디자인에 대한 책임을 가지고 있는데, 이러한 기능을 조직수성이라고 한다. Organizing의 기능에는 어떤 업무를 수행할 것인가? 누가 수행할 것인가? 업무를 어떻게 분류할 것인가? 누가 의사결정을 할 것인가? 등을 할 것인가에 대한 결정을 포함한다.

3) Leading

조직은 두 사람 이상의 인적자원으로 구성되어 있어 경영자들은 조직구성원들에게 업무를 지시하면서 조직구성원들의 업무를 조정해야 한다. 이러한 기능이 Leading의 기능이라고 할 수 있다. 네 가지 세부적인 Leading의 기능들로는 경영자가 하급자들의 동기부여를 시키고, 다른 사람들의 활동을 지시하며, 조직구성원들끼리 가장 효과적인 커뮤니케이션 경로를 선택하고, 조직구성원끼리 갈등을 해소하는 기능이 포함된다. 최근 Leading의 기능과 관련하면 리더십이 중요하다.

4) Controlling

Controlling은 목표가 설정되고 계획이 수립되고 조직 구성을 위해 인적자원들을 채용하여 훈련시키고 동기부여 시킨 후 점검하는 기능이 있다.

2. 경영의 구성요소

재화Goods와 서비스Services를 산출하기 위해서는 여러 가지 자원이 필요한데, 산업 초기에는 경영활동이 이루어지기 위해서 토지나 기계와 같은 물적자원, 인적자원, 자본 등이 필요한 요소이며 현대사회의 복잡한 인적자원, 물적자원, 자본과 더불어 여러 가지의 정보와 전략이 필요하게 되었다.

1) 인적자원Human Resources

경영의 구성요소 중 인적자원은 다른 구성요소들과 비교해 볼 때 특이성을 가지고 있는 자원이다. 그 특이성으로 능동성, 존엄성, 개발성, 소진성 등을 들 수가 있다. 능동성이란, 인적자원은 다른 자원과는 달리 어떠한 자극이 가해지는냐에 따라 능동적으로 반응한다. 존엄성이란, 인적자원은 다른 자원과는 달리 종업원들 간의 인간관계에 신경을 써야 하고 작업으로부터 소외당하지 않게 보살피고 경제적 보상 이외에 심리적인 만족도 있어야 한다. 개발성은 인적자원이 기업에서 교육개발을 통해서 잠재적인 개발이 있다면 그 가치가 무한히 오를 가능성이 있다. 소진성은 인적자원은 연령 등의 한계가 있기 때문에 인적자원이 제공할 수 있는 노동력을 사용하든, 안하든 계속 소진될 수밖에 없다.

조직을 경영하는데 인적자원의 중요성은 과거에 비해 점점 커져가고 있다. 특히 환대산업인 호텔, 여행사, 외식기업 등은 인적자원에 대한 의존도가 높기 때문에 인적자원에 대한 중요성은 크다. 그 중 호텔은 고객을 대상으로 숙박과 음식을 제공하기 위한 인적서비스와 물적서비스로 구성된다. 호텔기업의 상품에는 객실, 식사, 음료 부대시설 등과 같은 상품이 있으며, 외식은 고객들에게 맛있는 음식과 분위기를 제공한다. 호텔이나 외식산업에 대한 고객의 인식은 서비스 업체에서 제공하는 무형의 인적서비스에 의해 많은 영향을 받는다. 일반적으로 제조업은 자동화시스템의 도입을 통해 인적자원요소의 감소가 되지만, 자동화를 하기에는 많은 무리가 있다.

환대사업에서의 인적자원은 제공하는 상품에 절대적으로 책임을 지며, 고객의 반응에 의해 자신의 업무를 성취하여 나타나는 결과에 만족하는 특수한 업무 형태를 가진다. 그러나 호텔, 여행사, 외식기업에서 산업의 특성상 고객들에게 제공하는 기초상품의 종류가 비슷하기 때문에, 각각 기업의 경쟁력을 좌우하는 가장 중요한 요소 중 하나가 인적자원의 역량이라 할 수 있다. 다른 산업에 비해 인적자원의 중요성이 강조된다.

2) 물적자원Physical Resources

물적자원은 기업이 제품이나 서비스를 생산하는데 직접적으로 사용되는 유형의 자원을 의미한다. 하루가 다르게 경영환경이 급변하고 있는 최근에는 과거에 비해 부동산, 원재료, 생산설비 등과 같은 물적자원의 비중이 상대적으로 감소한다.

3) 자본Financial Resources

자본은 기업을 창업하고 운영하는데 필요한 재무적인 자원을 의미하는 것으로, 창업자가 자체적으로 조달이 가능하며 주식이나 채권을 발행하여 투자자들에게 제공받을 수 있고 금융기관을 통해 마련할 수도 있다.

4) 정보Information

기업의 경쟁력은 정보력이 좌우된다 해도 과언이 아니다. 그렇다면 현대사회에 있어 기업을 경영하는데 중요한 문제 중 하나가 정보이다. 정보는 정보이용자에게 가치를 줄 수 있는 유형과 무형의 모든 내용이라고 할 수 있는데, 자료는 정보의 원천이며 정보는 이러한 여러 가지 처리하여 얻어지게 된다.

자료와 정보는 상호교환적인 개념으로 정보를 제공하는 원 자료에 해당되고 특정한 의사결정상황에서의 가치를 갖는 점에 차이가 있다. 이러한 정보는 공식적인 정보, 비공식적인 정보로 분류할 수 있는데, 일반적으로 공식적인 정보가 많지만 현실적으로는 많은 경영자들이 비공식적인 정보들을 더 유용하게 사용한다는 연구결과이다.

5) 경영전략Business Strategy

경영전략은 희소한 경영자원을 배분하여 기업에게 경쟁우위를 창출하고 유지시키는 중요한 의사결정을 의미한다. 대부분의 기업들은 희소한 자금이나 인력 등을 배분해야 되는 의사결정이 필요한데, 일반적으로 다른 기업들과의 경쟁 상황에서 어떻게 하면 자사에게 경쟁우위를 가져다 줄 수 있는지가 구체적인 사고방법이다. 무한경쟁으로 치닫고 있는 기업의 현재 상황으로 본다면 경영전략의 비중은 점점 커지고 있다.

6) 기업가정신Entrepreneurship

위험을 감수하더라도 기업을 운영하려는 사람이 없다면, 새로운 기업의 설립이 불가능할지도 모른다. 따라서 경영자는 기업을 설립하고 더 많은 이익을 내겠다는 기업가정신을 가지고 기업의 다른 구성원들에게 기업가정신을 심어주는 것이 필요하다.

02 경영자

1. 경영자는 누구인가

경영자Manager를 이해하기 위해서는 조직Organization의 이해가 필수적이다. 조직은 두 사람 이상이 서로 연결하여 상호작용을 하면서 공동의 목표를 달성해 나가는 단체 혹은 구성으로 파악한다. 조직 내에서 분업Division of Labor, 통합Coordination, 권한단체 Hierarchy of Authority, 공동목표Common Goal 등과 같은 요소들이 존재한다. 결국 경영자는 이러한 조직 안에서 다른 종업원들을 지휘, 감독하는 사람으로 정의할 수 있다.

따라서 일반적으로 '경영자'라는 말은 넓은 의미로 기업 내의 종업원들을 감독하는 관리자로부터 의사결정을 담당하는 최고경영자에 이르는 집단을 총칭하지만, 좁은 의미로 CEOChief Executive officer를 의미한다.

2. 경영자 유형

1) 소유경영자

산업화 초기에는 기업의 규모가 그리 크지 않고 전문적인 경영능력도 별로 요구되지 않아, 출자자인 소유주가 직접 경영권을 가지고 경영기능을 수행할 수 있었다. 이와 같이 경영자와 출자자가 겸업을 하므로 출자자와 경영자가 분리될 필요가 없었고 이를 소유경영자Owner Manager라고 한다.

2) 고용경영자

고용경영자Salaried Manager는 소유경영자에게 고용되어 일부의 기능 혹은 대부분의 기능을 위탁받아 소유경영자에 도움을 주는 형태의 경영자를 의미한다. 실질적으로는 소유경영자와 고용경영자의 차이는 없다.

3) 전문경영자

전문경영자Professional Manager는 전문적인 경영능력과 지식을 겸비하고 의사결정 권한을 소유하여 실질적으로 조직을 운영해나가는 경영자를 의미한다. 이렇듯 전문경영자가 출현한 배경으로 경영규모의 대규모화와 함께 급변하는 경영환경에 대처, 복잡화된 관리체계, 다양화된 생산요소와의 효율적인 결합이다.

BREAK CORNER

CEO 이야기

대표이사제

한국의 기업들이 흔히 범하는 오류 중의 하나는 대표이사라는 직책을 직역하여 Representative Director라고 표기하는 것이다. 「영미법」에는 한국에서 사용되는 대표이사제가 존재하지 않는데, 이사 개인이 회사를 대표할 권리가 없기 때문이다. 이러한 번역은 한국 「상법」상의 대표이사 권한과 권위를 보여주지 못하므로, 대표이사에 적합한 번역으로는 CEO를 붙여주는 것이 바람직하며, 권한보다는 이사들의 대표라는 의미를 부각하는 것이 목적인 경우 Chairman(이사회 의장)이 적합하다.

회 장

서양에서의 회장(Chairman)은 이사회(Board of Directors)의 수장, 즉 "이사회 의장(Chairman of the Board of Directors)"의 약자이다. 하지만 한국에서의 회장(會長)은 흔히 기업의 사주, 그룹사에서는 각 계열사를 책임지는 사장(社長)을 지휘하는 직위를 일컫는데 쓰이며, 실제 이사회 의장으로서의 직함이 아닌 명예 호칭이라고 해도 무방하다.

미국에서는 최고경영자 사장직과 함께 의장까지 겸직하여 Chairman, President & CEO라는 직함을 사용하는 경우도 쉽게 찾아볼 수 있다. 영국의 경우 회장이 CEO를 겸직하지 못하도록 법적으로 규제를 하고 있으며, 구글의 에릭 슈미트의 경우 "Executive Chairman"이라는 직책을 통해 여느 이사와 같이 단지 표결권을 가진 이사회 의장이 아닌, 실제 경영에 관여하는 우리나라의 회장과 비슷한 권한을 가지는 직책을 맡고 있기도 하다. 그리하여 우리나라에서의 막강한 권한을 가지는 회장은 Chairman보다는 오히려 CEO에 가깝다.

3. 경영자의 역할

Mintzberg(1975)는 경영자들은 의사결정에 관련된 정보를 세심하고 체계적으로 처리하는 사람이라는 기존의 경영자 직무에 대한 관점과는 달리, 다양하고 비정형적이며 단기차원의 의사결정을 한다. 특히 경영활동의 50%가 현재 상황에 따른 정책적 판단이기 때문에 경영관리 계층의 역할에 대한 전통적인 기능 접근방법이 비현실적이라고 비판했다.

평범한 경영자들은 기능적 접근방법이 제시하는 것처럼 사려 깊은 계획 수립자도 아니고, 교향악단 지휘자도 아니라고 보았다. 이에 기능개념이 경영자가 실제로 수행하는 것을 거의 설명하지 못하며, 기껏해야 애매모호한 목적을 제시하는데 기여할 뿐이라고 비판했다. 따라서 Mintzberg는 경영자들이 수행하는 주요 역할, 즉 경영자로서 마땅히 맡아서 해야 할 행동 또는 성격에 초점을 두고 경영자들의 직무를 연구하는 방법을 제시하였다. 따라서 Mintzberg는 모든 경영자들에게 공통적이라고 믿는 10개의 역할을 분리해냈는데, 이 역할들은 대인적, 정보적, 결정적 역할로 구분할 수 있다.

1) 대인적 역할Interpersonal Roles

경영자는 공식적 권한과 직급이나 직책 높은 신분을 바탕으로 대인적 접촉, 특히 동료 및 부하들과 접촉을 하게 되는데, 이와 같이 경영자가 수행하는 대인적 역할은 외형적 대표자, 지도자, 연락자로서의 역할이다.

- 외형적 대표자Figurehead : 방문객의 영접, 법적서류 서명 등 상징적인 대표자로서 법률적 내지 사교적 성질의 정형적 임무를 수행한다.
- 지도자Leader : 직무가 적절히 수행되도록 종업원의 채용, 배치, 훈련, 동기부여와 활성화 등과 같은 종업원과 관련된 모든 활동을 수행한다.
- 연락자Liaison : 정보를 제공하는 정보제공자와 수평적 외부접촉을 통해 자기개발과 네트워크를 유지한다.

2) 정보적 역할Informational Roles

모든 경영자는 주어진 과제와 관련된 정보를 받거나 수집하여 다양한 형태로 활용하는 정보의 중앙처리장치 역할을 한다. 경영자는 조직의 혈액이라고 할 수 있는 자금이나 정보와 관련된 활동을 수행한다는 점에서 중요하다. 이들이 수행하는 전형적인 정보적 역할은 모니터, 전파자, 대변인으로서의 역할이다.

- 모니터Monitor : 조직과 환경의 이해를 도모하기 위해 다양하고 광범위하게 정보를 탐색(정기간행물 구독과 개인적 접촉 유지)하여 경영활동을 수행하는 과정에서 유리하게 활용될 수 있는 정보를 꾸준히 탐색하는 신경망센터로서 활동한다.
- 전파자Disseminator : 외부 또는 종업원들로부터 받은 사실 또는 해석이 포함된 필요한 정보를 조직구성원에게 전달(정보를 중계하기 위한 모임 개최 등)해 주는 역할을 한다.
- 대변인Spokesperson : 조직의 계획, 정책, 행동, 결과 등 조직과 관련하여 수집한 정보의 일부를 기업 외부의 사람들에게 전달(언론기관에 정보제공 등)해 주는 역할이다.

3) 결정적 역할Decisional Roles

Mintzberg는 경영자들이 경쟁관계에 있는 이해를 균형시키고 선택을 행하는 의사결정과 관련된 활동에 주목하였다. 왜냐하면, 이와 같은 이사결정을 통해 전략이 형성되고 행동으로 옮겨지기 때문이다. 이러한 결정적 역할은 기업가, 분쟁해결자, 자원배분자, 협상자로서의 역할 등 네 가지로 분류할 수 있다.

- 기업가Entrepreneur로서의 역할은 기업성장과 발전을 위해 솔선수범하며 창의적 노력을 기울이는 활동을 말한다. 변화를 초래할 '개선 프로젝트'를 창조하고 기회포착을 위해 조직과 환경을 탐색(전략구성과 신규기획 개발모임 개최 등)한다.
- 분쟁해결자Disturbance Handler의 역할은 파업, 고객파산, 계약위반 등 기업 내·외에

서 발생하는 각종 애로사항에 대해 적극적인 해결방안을 모색하는 활동이다. 중요하고 예기치 못한 분쟁을 조정할 책임을 지게(분쟁과 위기를 포함한 활동)된다.

- 자원배분자Resource Allocation의 역할은 기업의 인적 · 물적 · 금전적 자원을 어떻게 그리고 누구에게 배분할 것인지를 결정하는 것을 말한다. 조직이 가지고 있는 모든 종류의 자원배분에 책임(일정계획과 종업원 직무설계 등)이 있다.
- 협상자Negotiation의 역할은 조직에 유리한 이득이 나타나도록 공급업자와의 계약체결 또는 노동조합과의 견해 차이 조정과 같은 활동을 말한다. 주요협상 시 조직을 대표하는 책임(노사협상에 참여 등)이 있다.

Mintzberg의 역할 분류를 검증한 결과에 따르면, 조직의 수준이나 형태와 상관없이 모든 경영자들이 유사한 역할을 수행함을 지지하고 있으나, 다양한 역할에 대한 비중은 경영계층별로 차이가 있다. 즉 전파자, 외형적 대표자, 협상자, 연락자, 대변인의 역할은 상위 경영자층에서 더 중요하고, 리더의 역할은 중간이나 상위 경영자층보다 하위 감독자층에게 더 중요한 것으로 나타났다.

4. 경영자의 기능

경영자Manager가 성공을 하기 위해서는 무수한 역할을 충족시키는 것은 물론 수많은 특별한 기능을 필요로 한다. 공인회계사, 변호사, 의사 등 전문가로 지칭되는 사람들이 특정 분야의 과제를 처리할 수 있는 능력을 소유하고 있는 것과 마찬가지로, 전문경영자는 경영기능과 역할을 수행하기 위해 필요한 전문적 능력을 갖추어야 한다.

경영기능Managerial Skills은 전문경영자로서 특정한 경영 직무를 수행할 수 있는 기술과 능력을 의미한다. 즉 경영기능은 경영자가 직무를 성공적으로 수행해 내기 위해 반드시 갖추어야 할 공통적인 기능을 의미한다.

한편, 성공한 경영자를 대상으로 그들이 지닌 경영기능을 찾아내려는 연구들이 이루어져 왔다. 그 가운데 대표적 학자인 Katz(1993)는 "경영자가 성공하기 위해서는 기술 · 인간 · 개념 등 세 가지 분야에 관한 기능을 갖추고 있어야 한다."라고 주장했는데, 다른 말로 경영자의 기능배합이라고도 불린다. 다만, 각 경영자가 속한 조직계층에 따라 각 기능의 상대적 중요성에는 차이가 있다.

1) 개념적 기능Conceptual Skills

경영자는 조직과 환경의 변화를 이해하고 조직의 각 부문들이 어떻게 조화를 이루어 가는지를 포착할 수 있는 정신적 능력이 있어야 한다. 이를 위해 필요한 개념적 기능은 추상적으로 사고할 수 있는 경영자의 능력에 의존한다.

개념적 기능은 기업 전체를 하나의 활동단위로 보고 각 문제를 전체상황과 관련시켜 파악하고 해결할 수 있는 의사결정 능력을 말한다. 특히 개념적 능력은 경영자들로 하여금 전략적으로 생각할 수 있도록 해주고, 미래의 청사진을 볼 수 있도록 해주며, 전체 기업에 미칠 광범위한 기초적 의사결정을 하도록 한다.

2) 대인적 기능Interpersonal Skills

경영자는 조직의 내 · 외부에 있는 사람들과 접촉하는데 상당한 시간을 사용한다. 특히 경영자는 조직계층이 높아질수록 종업원과 동료는 물론 공급자, 고객, 투자자, 기타 조직 외부인들과 함께 일을 수행해야 한다. 따라서 경영자에게는 개인이든 집단이든 상대방과 의사소통하고 이해하며, 동기를 부여하는 대인적 기능이 중요하다.

3) 기술적 기능Technical Skills

기술적 기능은 조직 내에서 이루어지는 특정한 작업을 수행하거나 이해하기 위해 필요한 기능으로 용구, 설비, 작업방법 및 특정의 일을 다루는 기법 등을 활용할 수 있다. 특히 전문적 지식과 함께 실제 작업 상황에서 경험을 획득하는 과정을 토대로 한 해당분야의 기술적 이해도는 물론 숙련도와 관련이 있는 기능이다.

경영자의 기능 접근방법과 역할 접근방법은 경영개념을 설명하는데 매우 유용하다. 그렇다면 경영관리 계층의 역할과 기능개념 간에는 어떠한 관계가 있는가? 먼저 경영기능은 경영자의 과업을 분류하는데 유용한 개념이다. 예를 들면, 경영자는 계획수립과 직원 배치가 상이한 기법과 관점을 필요로 한다는 것을 인식하는 것이 중요하다. 그것에 비해 경영 현장에서 관찰되고 있는 경영자 역할에 따르면, 경영실천은 경영기능이 의미하는 것만큼 합리적이지 않고 체계적이지도 못함을 강조하고 있다. 따라서 계획화, 조직화, 지휘화, 통제화 등 각 경영기능 안에서 경영자의 역할들이 어떻게 작용하고 있는지를 설명함으로써 기능 접근방법과 역할 접근방법을 통합할 필요가 있다.

5. 경영층

1) 최고경영층Top Management

최고경영층은 전반관리층이라고도 하는데, 기업의 장기적 목표와 전략 등을 결정하고 혁신기능과 함께 기업의 사회적 책임을 지는 경영자로서 기업 전체에 장기적이며 전반적으로 영향을 미치는 의사결정을 주로 하게 된다.

2) 중간경영층Middle Management

중간관리층은 부문관리층이라고도 하는데, 최고경영층이 설정한 경영목표와 전략·정책을 집행하기 위해 전사적인 방침에 따라 각 부문의 활동, 예를 들면 생산, 마케팅, 재무, 인사 및 구매 등과 같은 기업 내 활동을 하게 된다.

3) 하위경영층Low Management

중간경영층은 일선감독층으로 현장에서 실제로 작업을 하는 노동자나 일반사무원을 직접 지휘·감독하는 경영층으로서 현장경영층 또는 하위경영층이라고도 한다.

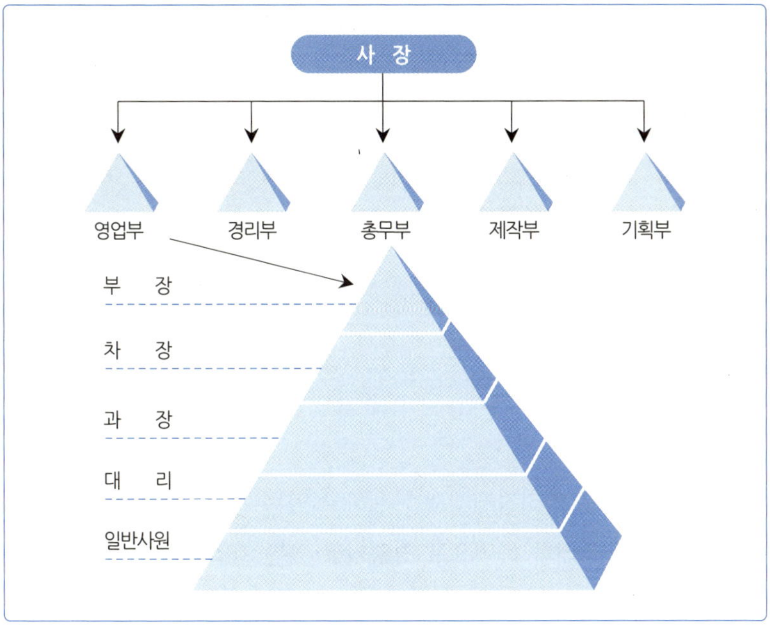

그림 1.1 피라미드조직과 수평조직

03 기 업

기업Enterprise 형태란, 일정한 기업체제 위에 기업이 취하고 있는 방식의 형태를 말하는데, 분류하는 관점, 즉 기업의 규모 · 업종 · 자본의 출자관계 · 법률상의 규제 등에 따라 여러 가지로 분류된다.

첫째, 기업을 경영하는 규모의 크기에 따라서 대기업Big Business과 중소기업Small And Medium Industry으로 구분되며, 이 규모의 크기는 자본 · 판매 및 종업원수 등을 기준으로 한다.

둘째, 기업의 업종에 따라 공업 · 상업 · 광업 · 금융업 · 통신업 · 서비스업 등으로 구분할 수 있다.

셋째, 기업에 대한 출자관계에 따라 사기업Private Enterprise과 공기업Public Enterprise 또는 공사공동기업Mixed Corporation으로 구분된다.

넷째, 법률상의 규제에 따라 합명회사 · 합자회사 · 유한회사 · 주식회사 등으로 구분할 수 있다.

다섯째, 소유와 지배를 중심으로 개인기업 · 인적공동기업 · 자본적공동기업 등으로 구분된다.

1. 사기업

사기업Private Enterprise은 영리경제체제를 취하고 있는 기업으로, 민간의 자본을 가지고 민간의 손에 의해 영리를 목적으로 경영되고 있는 기업을 말한다. 자본주의 경제체제에 있어 전형적인 기업형태로서 개인기업 · 회사형태 및 기업집중형태로 대별할 수 있다. 이러한 기업형태는 자본의 결합과 지배를 통합하는 방식이 중심문제로 된다.

1) 개인기업

개인기업Individual Enterprise은 한 사람의 개인이 출자하고 자기의 이윤을 얻기 위하여 경영하는 경제적 형태로서, 역사적으로 모든 사기업이 우선 개인기업의 형태를 취하게 되는 원시적이고 자연적 형태이다. 개인기업은 한 사람이 단독적으로 출자 · 지배하여 경영상의 모든 위험한 손실을 책임지고 이윤을 독점하는 단독기업으로서, 기업형태 중에서 법적 규제가 가장 적고 또한 창설하기에 가장 용이하다는 특징이 있다.

개인기업의 장점은 다음과 같다.

- 모든 이윤을 독점한다.
- 창립이 용이하고 창업비가 적게 든다.
- 활동이 자유롭고 기민성이 있다.
- 기업주는 유리한 대인접촉을 할 수 있다.

- 비밀유지가 가능하다.

개인기업은 다음과 같은 단점이 있다.
- 무한책임이므로 기업주는 많은 위험을 부담케 된다.
- 기업주의 개인사정에 따라 영속성이 결여된다.
- 자본조달 능력에 한계가 있다.
- 기업주의 경영능력에 한계가 있다.

개인기업은 경영 규모가 확대됨에 따라 대자본이 필요하게 된다. 이에 따른 대자본 형성은 개인기업이 자기 스스로 획득한 이윤을 축적, 개별자본을 확대해 가는 방법과 다른 기존 개별자본과 결합, 대자본을 형성하는 집중방식에 의해 이루어진다.

그러나 대자본의 형성에 있어 집적의 방식에는 개별자본 스스로 획득한 이윤의 축적이 전제가 되므로 제약을 받게 된다. 집중방식에 있어서도 결합과 지배가 서로 대립되고 있어 통일을 기하기가 힘들며, 일단 통일이 되었어도 다시 대립이 노출될 가능성이 있어 대자본 형성에는 한계가 있게 된다.

2) 공동기업

공동기업Joint Venture은 개인기업의 확장된 형태로서, 대부분이 회사 형태를 취하고 있어 회사형태 기업이라고 한다. 우리나라 법률상의 구분을 보면, 공동기업을 조합과 회사로 나누고 있다. 조합은 「민법」상의 조합과 「상법」상의 조합으로 나누어 「상법」상의 조합을 '익명조합'이라 하였다. 또한 조합 이외의 공동기업은 회사로 보고 회사의 종류를 '합명회사'·'합자회사'·'유한회사' 및 '주식회사'로 구분하고 있다. 미국에서는 공동기업의 채무부담의 한계를 중심으로 보통공동기업Ggeneral Partnership과 특수공동기업Special Partnership으로 분류하고, 주식회사는 법인체로서 별도 취급하고 있다. 또한 공동기업의 구성원들의 인적관계 및 채무부담의 한계에 따라 인적 공동기업과 자본적 공동기업으로 나누기도 한다.

(1) 합명회사Ordinary Partnership

합명회사는 2명 이상의 사원이 공동으로 출자하여 형성되는 회사형태로, 개인 기업이 직접 결합된 것이라 하겠다. 합명회사의 출자기업자인 사원이 회사의 채무에 대해 무한책임을 부담하는 동시에 정관에 특별한 계약이 없는 한 전원이 회사의 경영에 참여해야 한다.

합명회사의 자본가는 개인기업에서 갖는 것과 같은 지배요구를 종전대로 확보하면서 보다 더 많은 자본을 형성할 수 있다. 그러나 사원은 제각기 지배권을 가지고 있는 반면에, 책임이 중한 무한책임을 지게 되므로 많은 출자자를 구하기가 어렵다. 따라서 대부분의 경우 인척관계에 있는 극히 제한된 사람끼리 설립하기 때문에 실질적으로 개인기업에 가까운 성질을 가지고 있으며, 소규모 경영에 적합하다. 우리나라와 일본은 합명회사를 법인으로 취급하고 있으나, 독일 · 영국 · 미국에서는 보통공동기업으로 분류한다.

(2) 합자회사Llimited Partnership

합자회사는 무한책임 사원과 유한책임 사원으로 조직되는 기업 형태이다. 즉 합자회사의 특징은 출자액의 한도 내에서 채무를 변제할 의무가 있는 유한책임 사원과, 출자액을 초과한 기업의 채무에 대해서도 변제할 책임을 지는 무한책임 사원으로 구성되어 있다. 따라서 합자회사는 적어도 1인 이상의 유한책임 사원과 1인 이상의 무한책임 사원으로 구성된다.

합자회사에서 회사의 경영에는 관여하지 않고 단지 이익의 분배에만 참여하는 유한책임 사원을 구성원으로 둠으로써 합명회사보다 많은 자본을 모을 수 있게 된다. 따라서 자본조달이 용이하고 금융능력을 증대시키는 한편, 경영자로서 재능과 수완은 있으면서도 자본부족으로 활동할 수 없는 사람을 충분히 활용할 수 있는 이점이 있다.

그러나 대체적으로 출자자가 소수이기 때문에 대규모 경영에 적합하지 않고, 현실적으로도 합명회사나 주식회사보다 인기가 없다. 영 · 미에서는 법인으로 보지 않고 특수공동기업의 일종으로 보고 있다.

(3) 유한회사Private Company

유한회사는 원칙으로 주식회사와 같이 회사에 대해 그 출자금액을 한도로 하는 간접의 유한책임을 지는 사원만으로 조직하는 회사이다. 유한회사는 물적 회사에 인적 회사의 요소를 가미한 중간 형태의 회사이다. 다시 말하면, 사원 전원의 책임이 간접적이며 유한인 점, 분화된 기관을 가지고 있는 점 등 많은 점에서 주식회사와 비슷하나, 그 복잡 · 엄격한 규정이 완화되고 지분의 양도가 자유롭지 못한 점 등 인적 회사와 비슷한 폐쇄적 · 비공개석 성격을 가지고 있는 점에서는 이와 상이하다. 그래서 유한회사를 '폐쇄적 간이주식회사'라고도 할 수 있다.

유한회사의 특징은 다음과 같다.

- 설립절차가 간단하고 발기설립에 해당하는 방법만이 인정된다는 것
- 자본의 최저액이 법정되어 있는 것
- 사원의 총수가 제한되어 있는 것
- 설립 또는 자본증자 시에 사원의 공모를 인정하지 아니하는 것
- 출자에 대한 사원의 연대책임을 인정하고 있다는 것
- 지분의 양도가 자유롭지 못하고, 또한 지분의 유가증권화가 인정되지 않는 것
- 기관의 구성이 간이화 된 것
- 사원총회의 권한이 크며 그 절차 및 결의 방법이 간이화되어 있는 것
- 계산서류의 비공개성 등 공시주의가 완화되어 있는 것
- 건설이자 배당의 제도가 없는 것
- 회사채 발행을 인정하지 않는 것 등이다.

3) 주식회사

주식회사Corporation는 다수의 사람으로부터 유한책임인 주식의 증권화에 의해 자본을 동원시키고 경영의 위험을 분산, 전문경영자에게 운영을 위임시키는 특수제도의 회사로서 자본결합의 강대한 요구에 따를 수 있고, 기업 규모의 비약적 확대가 가능

하다는 점에서 대표적인 기업 형태가 되었다. 주식회사의 일반적 특징은 다음과 같다.

(1) 주주의 유한책임

주주는 개인기업자 · 합명회사 · 합자회사의 무한책임 사원과는 달리 회사의 채권자에 대해, 무한책임을 지지 않고 다만 자기가 출자한 금액에 관해서만 회사에 대해 책임을 지게 된다. 이런 유한책임제도에 의해 광범위하게 자본을 동원시킬 수 있다.

(2) 주식의 자유로운 양도

출자자가 출자를 꺼리는 이유로는 일반적으로 책임의 경중(輕重), 즉 유한 · 무한을 고려하는 외에 출자금의 반환 및 환금성에 대한 불안감이 크게 작용한다. 합명회사나 합자회사에선 사원이 자기의 지분을 양도하는 경우 다른 사원의 동의가 필요하며 양도가 제한되어 있다. 그러나 주식회사에서는 아무런 제한 없이 자유로운 주식의 양도가 인정되고 있으며, 증권시장의 발달에 따라 쉽게 환금할 수도 있다.

(3) 자본의 소액 균등분할

주식회사 자본금은 주식이라는 형태로 소액 · 다수로 분할되어 증권화 되어 있다. 따라서 적은 액면금액의 주식을 다수 발행함으로써 광범위한 자본의 동원이 가능하다.

4) 조합

(1) 민법상 조합

보통 '조합'이라고 부르며 자유계약에 의해 2인 이상이 공동 출자하여 공동으로 사업을 경영할 것을 약속함으로써 그 효력이 발생된다. 이 조합은 법률상 독립된 인격을 갖지 않으며, 조합재산은 조합원의 공유에 속하고, 업무집행은 조합원의 합의에 의해 행하며, 업무상 생기는 책임은 조합원 각자가 무한으로 부담한다. 그러나 각 동업자는 반드시 동액(同額)의 투자를 할 필요는 없고, 자본을 출자하는 대신 서비스 · 기술 · 재능 · 명성 등을 제공, 동업자가 될 수도 있다. 손익의 분배는 출자액에 비례하여 배분하나, 계약에 의해 차이를 둘 수도 있다. 생산자 또는 지방상인 간의 각종 출하조합(出荷組合), 가격협정 · 시장독점을 위해 행하는 기업연합과 같은 각종 조합은 이것의 한 예이다.

(2) 익명조합

익명조합은 보통 「상법」상의 조합이라고 불리는데, 영업자와 익명조합원으로 성립된다. 익명조합원은 성명을 밝히지 않고 영업상의 책임을 부담하지 않으며, 다만 영업자를 위해 출자하고 영업에서 발생하는 이익의 분배에 참여할 뿐으로, 조합 외부에 대하여는 전혀 무관심하다. 「민법」상의 조합과 같은 법인격을 갖지 않고 계약에 의해 발생하는 조합이지만, 조합 재산은 조합원의 공유가 아니라 영업자의 소유로 귀속된다. 이 조합의 특성은 자본을 가지고 있으면서도 영업자가 되기를 원치 않는 사람으로 하여금 익명으로 경영에 참가시킴으로써 투자하게 하는 데에 있다. 또 영업자의 입장에서 보면, 자기의 지배권에 관계없이 자본을 증가할 수 있는 이점을 갖게 된다.

(3) 생산협동조합

소생산자들이 설립하는 것으로 농업 · 수산업 · 축산업 · 공업협동조합 등이 있으며, 사업 내용에 따라 다음과 같이 나누어진다.

① 판매조합

조합원의 판매상 불리를 없애기 위해 공동으로 조합원의 생산물을 판매한다. 이 조합에는 판매 외에 생산물을 가공, 공동판매 하는 것과 같은 가공판매조합이 있다.

② 구매조합

조합원에게 필요한 생산물이나 원재료를 공동구매 하기 위해 설립된 조합이다.

③ 이용조합

조합원이 필요로 하는 시설을 공동출자에 의해 설치하고, 이를 이용할 목적으로 설립된 조합이다.

④ 신용조합

조합원이 서로 자금을 융통하는 외에 외부에서 자금을 차입, 조합원에 융자해 주는 것을 목적으로 하는 것으로 예금까지도 취급한다.

⑤ 생산조합

조합원이 공동생산하는 조합으로, 원료 구입에서부터 생산·가공까지를 행하는 것과 가공만을 행하는 것이 있다.

⑥ 기업조합

조합원이 한 개의 공동기업체를 형성하여 사업을 행하는 것으로, 조합원은 독립하여 사업을 행하는 것이 아니라 완전히 조합경영자의 일원으로 작업에 참여한다.

⑦ 소비협동조합

조합원의 생활에 필요한 물자를 싼값으로 공동구입 함으로써 소비자인 조합원의

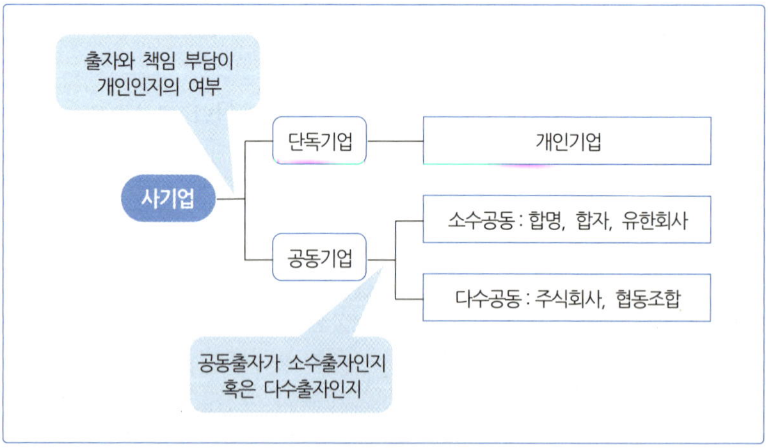

그림 1.2 기업의 분류

소비생활 향상을 목적으로 하고 있다. 주요사업으로는 생활물자의 공동구입 외에 의료시설이나 목욕탕 · 주택 등을 설치, 이용한다든가 또는 조합원으로부터 여유자금을 예치, 필요한 조합원에 대부해 주는 것도 있다. 이러한 소비조합은 회사 · 관청 등의 직장에 설치된 직장조합과 그리고 특정지역에 사는 사람을 대상으로 한 지역조합이 있다.

2. 공기업

국가 또는 지방자치단체와 같은 공공단체가 공익을 목적으로 출자하여 그 경영관리상의 책임을 지고 경영하는 기업을 공기업Public Enterprise이라고 말한다. 따라서 개인이나 사적 관계에 의해서 소유되고 영리를 목적으로 경영되는 사기업과는 대조적이다.

공기업과 사기업과의 다른 점은 다음과 같다.

첫째, 자본이 국가 또는 지방공공단체의 소유라는 점이다.

둘째, 사기업과 같이 영리를 목적으로 하는 것이 아니고, 공익을 목적으로 운영된다는 점을 들 수 있다.

대체로 공기업이 존재하는 이유는 다음과 같다.

첫째, 정부 또는 지방공공단체의 재정적 수입을 목적으로 형성되는 경우이다. 즉 전매사업과 같이 재정정책상으로 독립적 경영을 함으로써 조세처럼 재정수입에 부가시킬 목적으로 공기업 형태를 취하고 있다.

둘째, 공익사업의 분야에 있어서 일반대중의 공공이익을 증대시킬 공공정책상의 목적으로 성립 · 경영되는 경우이다. 즉 우편 · 전신 · 전화 등의 체신사업, 철도와 같은 교통사업 및 전력 · 수도 · 가스 등과 같은 산업은 일반산업보다도 공익성이 크고 고정자본이 많이 투자되는 산업이므로, 공기업이 경영함으로써 자유경쟁 상태에서 파생될 각종 폐해를 막고 공익을 도모하는 경우이다.

셋째, 경제정책상의 목적으로 설립되는 경우이다. 즉 경제정책상 필요한 사업이거나 사기업이 행할 수 없는 것 같은 경우, 예를 들면 원자력산업과 같이 대자본이 소요된다든가 또는 사업성에 대한 전망이 뚜렷하지 않은 경우에는 사기업은 이러한 사업을 행할 수 없으므로 공기업을 설립하여 이를 행하도록 하는 경우이다.

넷째, 사회정책적인 목적에 의해 성립 · 경영되는 경우이다. 공기업의 형태는 형식적으로는 정부기업과 법인체기업으로 분류된다. 공기업은 국유국영 또는 공유공영의 기업이므로, 일반 사기업과는 달리 조직상에 있어 국가 또는 지방공공단체의 조직과 직접 결부된다는 특수성을 지니고 있다. 그러나 한편으로는 공기업도 경제사업체라는 하나의 경제단위체로서 일반 사기업처럼 국가 또는 지방공공단체의 조직과는 별개의 조직체인 법인체기업의 형태를 갖게 되는데, 전자를 정부기업, 후자를 법인체기업이라 부른다. 정부기업은 공기업의 초기단계에 있었던 형태로서, 공기업 경영의 자주화 전개에 따라 법인체기업 형태로 발전하였다.

3. 정부기업

정부기업Government-operated Enterprise은 행정조직의 일부로 경영된다. 일반 행정관청과 똑같은 조직으로 되어 있으며 행정명령에 의해 감독 · 운영된다. 순수정부기업은 수입 · 지출이 관청회계에 포함되어 있어 재정상태나 사업실적을 파악하기가 어렵고, 종업원은 모두 공무원으로서 인사나 급여가 「공무원법」에 의해 규제되기 때문에 창의성 개발과 참여의식을 기대하기 어려우며, 중앙집권적 관리라는 관료적 매너리즘에 빠지기 쉽다는 등의 비능률적 요소를 지닌다. 이러한 비능률성을 시정하고 그 개선에 진일보한 것이 독립된 정부기업으로, 이는 특별회계제도를 채택하여 가급적 경영의 자주성을 발휘할 수 있도록 하였다.

그림 1.3 기업의 형태

4. 경영자혁명과 소유와 경영의 분리

1) 소유와 경영의 분리와 경영자지배론

Veblen(1950)은 기업을 되풀이되는 통일적이며 획일적인 경제적 실체로서 파악하고 이를 영구기업 또는 계속기업이라 일컬었다. 기업은 기업의 소유자로서의 기업가와는 상관없이 영속성을 가지는 조직체이므로 장기적 안목에 의한 경영관리가 필수적이다. 그러기 위해서는 먼저 기업의 소유자나 자본가가 스스로 경영을 담당·운영하기보다는 자기의 대표자, 즉 오늘날의 전문경영자를 선출해서 이를 전담하게 하는 일이 급선무이며, 또한 사실 그러한 경향이 점차로 확대되고 있다고 지적하였다.

자본과 경영의 분리진행 경향을 예측한 것은 Veblen이 처음이었으나, 대기업에 있어서의 소유와 경영의 분리현상이 실태조사에 의해 평가된 것은 1930년대의 Berle & Means에 이르러서였다. 그들은 연구결과로부터 전문적 경영자의 출현을 명백히 하였는데, 이를 경영자지배론이라 한다.

2) 경영자혁명

현실적으로 투자와 전혀 관계가 없는 전문경영자가 존재할 수 있느냐에 대해서는 상당한 논의가 있어왔다. 하지만 점차 전문경영자의 필요성이 증대되고 그 수가 증가되어 사회적으로 큰 영향력을 갖게 되었음을 부인할 수 없다. 이 점에 착안하여 Burnham(1941) 『경영자혁명(*Second Thoughts on James Burnham*)』에서 경영자가 지배계급으로서 군림하게 되는 사회를 '경영자사회'라 규정하였다. 그는 제도적 관점보다는 오히려 사회학적 접근에 중점을 두어 이제까지는 자본가가 출자지분에 따라 기업을 지배하고 나아가 사회 전체에 중요한 영향력을 미치고 있었으나, 전문경영자가 경영에 관한 전문적 기술자로 등장하여 사회 가운데서 가장 중요한 지위를 차지하게 되고 궁극적으로 사회의 지배계급이 될 것이라고 예측하였다.

전문경영자는 기업을 소유하지 않으나, 소유물에의 접근이 가능하므로 생산수단의 주요한 지위를 차지할 수 있다고 주장한 것이다. 이렇게 해서 Burnham은 이른바 자본가사회Capitalist Society에서 경영자사회Management Society로의 전환을 예언하였다. 이를 '경영자혁명론'이라 부른다.

CHAPTER 02

환대산업과 인적자원관리

Hospitality
Industry
Human Resource Management
환대산업인적자원관리 ....

01 환대산업과 경영조직

1. 환대기업 경영조직

환대기업 경영조직은 경영 목적을 달성하기 위해 필요한 각종 의무와 책임을 2인 이상의 협력과 협동을 통하여 능률적으로 집행하고 질서 있게 통일되도록 직무를 배분·종합하는 체계를 말한다.

경영활동을 합리적으로 수행하기 위해 이들을 여러 활동으로 그 성질에 따라서 정리하고 일정한 기준에 의해 분류함으로써 각각의 담당자가 분담할 직무를 명확하게 하고 관계를 뚜렷이 하는 것을 의미한다. 모든 기업이 마찬가지지만, 환대기업은 여러 기능을 하는 종업원이 참가하고 그들 사이에 협동과 협업을 통해서 경영활동에 참여하여 경영성과를 유지 및 존속시키므로 인해 호텔은 기업 본연의 목적으로 위하여 수행되는 일에 대해 명확하게 구분을 시킬 필요가 있다. 따라서 경영조직은 경영목적으로 달성하기 위해 질서가 유지된 인간 활동의 결합이라고 할 수 있다. 결국 경영조직의 핵심은 경영목적을 달성하기 위해 직업과 인간과를 합리적으로 결합시켜 이를 편성하여 운영해 나가는 것이기 때문에, 조직에 관한 문제는 기본적으로 다음 세 가지 문제가 있다.

첫째, 조직구조Organizational Structure의 문제이다. 직무의 규정과 수행에 필요한 직무 권한의 할당에 관한 직위의 문제 각 직무의 상호관계, 즉 최고경영층 편성 등 조직의 일반적인 구조에 관한 문제이다.

둘째, 조직운영Operation Organization의 문제이다. 일정한 조직구조화에서 전개되는 작업의 흐름과 작업의 상호교섭의 문제, 절차의 체계화라고 하는 협의시스템 구성에 관한 것이다.

셋째, 인간관계Human Relations의 문제이다. 조직이 인간에 의해서 형성되는 것 이상의 인간관계가 문제시되는 것은 당연하다.

따라서 제시된 여러 가지 문제점을 고려할 때 경영조직의 본질은 다음과 같이 요약이 가능하다.

첫째, 경영목적의 달성에 필요한 각 구성원의 직무를 확정하는 것이다.

둘째, 일정한 권한과 책임을 각 구성원에게 배정함으로써 각 직무의 상호관계를 합리적으로 편성하는 것이다.

새로운 경영조직은 민주적인 인간관계 하에서 합리적 · 기능적인 업무 본위의 질서를 의미하며, 조직의 형성에 의해 경영조직 질서가 확립된다고 할 수 있다. 이러한 조직은 어떻게 하면 조직에 능률적으로 참가할 수 있는가 하는 것은 분업화를 통해서 이루어진다고 할 수 있다. 경영조직은 전문화를 통해서 이익이 발생하므로 자기 스스로 어떤 목표를 달성하기 위해 노력하기보다는 더욱더 능률적으로 그들이 가지고 있는 목표가 달성될 수 있다.

2. 환대경영조직의 특성

1) 조직규모의 변화

환대경영조직은 과거조직과 비교해 볼 때 인력, 예산, 기구 면에서 규모가 점진적으로 성장 · 발전했다. 조직이 성장 · 발전하는 원인을 살펴보면 다음과 같다.

첫째, 인간의 자기생활 수준향상을 위한 욕구를 들 수 있다. 고객은 언제나 현재보다 나은 생활을 영위하려고 한다. 즉 높은 수준의 서비스를 고객은 요구하고 있다.

둘째, 커뮤니케이션의 발달을 들 수 있다. 교통 · 통신수단의 발달은 장거리의 커뮤니케이션에 필요한 시각을 단축시켰다. 통신정보수단의 발달은 기업조직관리 기술을 변화시켜 조직의 팽창을 가져왔다.

2) 조직의 복잡화 · 다양화

현대의 기업조직은 과거의 조직에 비해서 더욱 복잡한 것이 특징이다. 과거의 조직은 그 구성이라든지 조직운영이 단순했는데, 조직계층에 있어 그 수가 적었으며 구성원은 단순한 관계였다. 소유주의 절대적 권한에 있어서 총지배인이나 전문경영인의 역할은 미비하였다. 환대산업의 경영조직은 구성이나 내·외부에서 작용하는 모든 요소의 특징은 아래와 같이 다양하게 나타나고 있다.

- 조직에 수행하는 직능이 더욱 전문화되고 있다.
- 목표가 다원화되어 있다.
- 종업원의 권익을 위해 단결할 수 있는 인격을 갖춘 인간으로 대우받기를 원한다.
- 서비스상품에 대한 인식이 변화되어가고 있다.

3) 조직의 전문화

현대사회는 사회구조의 기능적 분화와 더불어 조직에 있어 기능의 전문화 및 분화현상이 광범하게 나타나고 있다. 업무를 수행할 때 나타나는 현상들은 자동화, 전문화, 과학적 관리 등이 필요하여, 결국 전문적인 채용과 관련이 있게 된다. 따라서 환대기업을 운영하는데 제기되는 여러 문제들은 전문적인 지식 및 기술에 근거하여 기업이 추구하고자 하는 목적을 달성하기 위해 어떻게 조화를 이룰 것인가에 대한 과제를 안고 있다. 현재 경영조직은 점점 더 전문성, 통합성, 시기별, 상황별 적응능력이 요구된다.

4) 조직의 통합성과

조직이 추구하는 목적을 달성하기 위해서는 그 구성요소가 분화되어 있어야 한다. 즉 조직의 단위, 서비스, 권한과 책임이 목표 달성에 대해 이바지 될 수 있도록 해야 한다. 그러나 조직 내의 참모들은 권한과 책임의 계층을 통해 분화된 업무를 조정·통제함으로써 목적에 기여할 수 있는 통합 활동이 뒤따라야 한다.

조직의 일반적인 형태가 피라미드형을 구성하면서 그 속에서 계층을 이루고 지휘 · 감독 등 제반적 수단과 방법에 의해 기업 목적을 통일적으로 실현해 나갈 수 있도록 해야 한다. 특히 실천성에서의 기여 차원에서 사회발전과 더불어 기업의 조직 양상도 새로운 변화에 당면하고 있다.

3. 환대기업조직의 원칙

1) 전문성의 원칙

조직의 각 구성원이 가능한 한 특수화된 업무를 전문적으로 담당함으로써 경영활동의 능률을 증진시키고자 하는 것이다. 전문화의 원칙에 따라서 부분화가 이루어지고 업무가 분장되어 각 구성원들의 담당 직무와 종류, 범위가 합리적으로 정해진다. 전문화에 의해서 각 구성원은 직무에 필요한 지식과 기술을 습득하면 능률은 촉진된다.

2) 명령일원화 원칙

"언제나 한 사람의 상사에게만 명령을 받아야 한다는 원칙이 있어야 하며, 책임과 권한의 명확화와 조직의 질서유지를 위하여 필요한 원칙"이다. 이로서 효율적인 통제가 가능하며, 상위자는 하위자와의 명령, 보도관계가 일원화됨으로써 지위에 대한 안정감을 가질 수 있다.

3) 책임과 권한의 원칙

조직을 구성하는 각 구성원에게 업무를 분담함에 있어 상호관계를 명백히 할 것을 강조하는 것이 원칙이다. 즉 상사가 부하에게 업무를 분담케 함에 있어서 일정한 책임의 확정과 그에 연관된 충분한 권한의 행사를 보장해야 하며, 그렇게 함으로서 부하는 직무수행에 대한 결과의 책임을 지게 된다.

4) 조정의 원칙

기업 목적을 효율적으로 달성할 수 있도록 하기 위해 각기 분화된 경영활동을 기업 전체의 관점에서 적절히 조정·통합하는 것이다.

5) 예외의 원칙

경영자나 전반적인 관리자가 경영활동의 전반에 대해 의사결정을 한다는 것은 대규모화되고 복잡한 오늘날의 경영에 있어서 불가하며 있다고 해도 비능률적이다. 따라서 반복적인 업무, 조직에 큰 영향을 미치지 않은 것은 하위자들에게 권한위임을 하며, 자신은 예외적인 사항 또는 우발적인 사항에 대한 처리에 전념한다는 원칙이다.

6) 감독범위 적정화 원칙

한 사람의 부서장이 직접적으로 지휘·감독할 수 있는 부하의 수는 일정한 한계 혹은 범위가 있다는 원칙이다. 일반적으로 한 부서장이 지휘·감독할 수 있는 부하는 5~6명 정도가 적절하다는 의미이다.

7) 계층단위의 단축화

상위의 계층단위가 길게 되면 그만큼 상·하의 의사소통이 불충분하게 되고 명령전달도 늦게 된다. 또한 감독자의 수도 많아지며 인건비도 많이 든다. 따라서 이러한 것을 최소화하기 위해서 조직의 계층을 단순화시켜야 한다. 호텔조직도 팀제 혹은 사업부제 조직을 도입하여 관리강화를 할 필요가 있다.

8) 직능화의 원칙

경영조직의 합리화를 위해서는 특정한 구성원의 능력이나 성실 등에 의존하지 않고 '해야 할 일' 중심으로 형성할 필요가 있다. 비합리적이고 봉건적인 인간관계로 구성되는 것이라 직능 본위로 객관성을 유지한 다음 조직체계가 마련되어야 한다. 각각의 직무에 따라서 적당한 담당자가 배치되어야 하는 것이 그 조직이 합리적으로 구성될 수 있다. 대부분의 호텔조직은 이 같은 원리에서 직계조직으로 구성되어 있다. 이러한 제도는 각 직무의 특성에 따라 등급으로 분류되며, 각 담당업무에 따르는 조직의 계층적 편성을 도모한다.

9) 권한위임의 원칙

경영 규모가 확대됨에 따라서 관리조직의 최고경영자가 경영활동의 전부를 직접적으로 담당할 수 없게 되었으므로, 권한과 책임의 일부를 부하에게 위임할 필요가 높아졌다. 이것이 권한위임의 원칙이다. 상부조직의 권한은 내부통제의 지배직능에 속하는 것 이외 하부조직에 힘입은 경영활동의 시작이다.

10) 탄력성의 원칙

탄력성의 원칙은 변화하는 환경조건에 적응할 수 있도록 필요에 따라서 과감하게 조직을 개편해야 한다는 원칙이다.

11) 모럴Morale 앙양의 원칙

상위자가 리더십을 발휘하여 부하들의 사기를 높일 수 있도록 관리를 해야 한다는 원칙이다.

12) 적재적소의 원칙

조직의 운용 · 원칙을 활용하기 위해 만들어져야 하며, 이상적인 조직을 설계했다고 하더라도 그 조직에 적절한 인물을 배치하지 못했다면 아무 필요가 없다. 인재의 면으로부터 조직의 운용에 제한이 있다는 원칙이다.

02 인적자원관리

1. 인사관리의 의의

인사관리Personnel Management는 조직체에서 인적자원을 관리하는데 관련된 모든 기능과 활동을 의미하는 인적자원의 확보와 활용, 인적자원의 보상과 개발을 포함한 경영의 한 과정이다. 인사관리란, 일반적으로 기업의 경영활동에 필요한 인적자원의 합리적 관리체계로서 기업의 목적달성 및 유지발전을 위해 요구되는 유능한 인재를 확보하고 육성개발하며 보상 및 유지활동을 위한 이론적 · 실천적 지식의 총체라 규정할 수 있다.

따라서 인사관리는 기업경영상의 주체적 요소인 인적자원 확보로부터 노동력의 육성개발과 유지활용에 이르기까지 모든 기능을 대상으로 하는 관리활동체계이다. 이러한 인사관리는 관리대상의 신분이나 관리직능의 내용에 따라 인사관리, 노무관리, 인사노무관리, 인적자원관리, 인간관리 등의 개념이 있으며, 구체적 실시방법과 성격의 규정에 있어서도 내용이 다양하다. 인적자원관리Human Resource Management는 기업이 인적자원의 중요성을 인지하고 보통의 직원이 아닌 인적자원관리 분야에 전문적인 기술과 지식을 소유하고 있는 인사관리 전문가를 필요로 하기 전까지는 '인사관리'라는 용어로 사용되었다.

모든 조직은 설정한 목표를 달성하기 위해 사람, 자금, 물자, 정보 등을 유효하게 조달, 배분, 활용하는 경영관리를 수행하고 있다. 이들 중 사람과 관련된 부분이 인적자원관리이다. 조직의 모든 자원을 운용하는 것은 사람이며, 조직의 경영발전은 사람에 의해 좌우되는 것이다. 따라서 사람은 조직에서 가장 중요한 요소이고 모든 경영활동의 기반이 된다.

오늘날과 같이 치열한 경쟁 속에서 기업이 발전하기 위해서는 다른 기업보다 높은 성과를 올리는 것이 중요하며, 이를 위해서는 기업이 보유하고 있는 인재의 능력을 어떻게 향상시키고 기업 목적의 달성에 어떻게 구현시키는가가 중요한 과제일 수밖에 없다. 기업의 성과는 종업원 각자의 성과의 종합이며, 업적 차이의 원천이 되기 때문이다.

2. 인사관리의 내용

인적자원관리의 내용을 크게 나누면 채용, 평가, 보상, 교육·훈련, 방출과 이직관리로 구분한다. 그런데 경영에서 어떤 일을 관리한다는 것은 그 일에 대한 계획을 잘 세워서 그대로 실행하고, 그 결과를 분석하여 다음 계획에서 토대로 하는 계획Plan – 실행Do – 통제See의 순환과정이 관리이다. 예를 들어, 인적자원의 채용을 관리한다는 의미는 어떤 유형의 사람을 어디서 어떻게 뽑아서 무슨 일을 맡길 것인지에 대한 예측과 계획을 하고, 실행에 옮기고 난 후에 과연 선발과 배치의 기준과 방법이 얼마나 효과적이었나, 더 좋은 방법은 없었는지를 검토하여, 다음에 참고하여 이 일을 반복한다는 의미이다.

다른 측면에서 보면, 인적자원관리는 구조적·제도적 분야가 있고 기능적·인간적 분야가 있다. 전자는 사람관리를 위해 여러 가지 제도를 어떻게 만들 것인지에 초점을 두지만, 후자는 관리대상이 인간 자체를 관리하는 데에 초점을 둔다.

표 2.1 인적관리의 주요내용

	채용	개발	보상	유지	방출
계획	몇 명을? 인력공급 추이?	몇 시간 노동? 무슨 교육?	부족한 점? 공정한가? 적은가?	임금기준은? 욕구와 태도?	직장만족 수준? 이직 이유는? 미래 생산량은? 해고 규모?
실행	모집 홍보 선발 면접 배치	인사평가 교육진행 경력개발	임금책정 복지후생	사기유발 갈등해결 노사분규해결	이직관리 징계 권고퇴직
통제	모집효과 분석? 선발은 잘됐나?	교육효과는? 경력개발 결과? 투입비용 계산?	적정배분 됐나? 보상태도는? 승급체계 문제점은?	사기향상 정도는? 불만 감소량은? 생산에 공헌도는?	이직률은? 징계율 감소?

기업이 존재하는 최대목적은 이윤의 극대화에 있다고 할 수 있다. 생산성을 향상하고 극대화하기 위해서는 종업원의 능력을 최대한 활용함으로써 생산성을 향상시킬 수 있기 때문에 업의 활동 중에서 가장 중요한 요소가 사람의 관리라고 해도 과언이 아닐 것이다. 특히 환대기업의 인사관리는 사람을 대상으로 하는 관리활동이므로, 관리하는 측과 관리받는 측의 사고방식과 행동양식에 의해 관리활동이 달라지기도 한다. 환대기업은 서비스가 주 활동이기 때문에 고객과 서비스 제공자 간의 직접적이 접촉이 이루어지므로 서비스 활동에 종사하는 구성원들의 능력 · 자세 · 활동에 따라 효율성이 달라진다.

인적자원을 효율적으로 관리하기 위한 연구도 활발히 이루어져, 많은 연구자들이 선발, 훈련, 보상, 평가와 같은 구체적인 요소들을 포함한 폭넓은 연구를 실시하고 있다. 인적자원관리에 대한 중요성에 대해서는 학자마다 다른 의견을 가지고 있다. 전략적 인적관리라는 접근방법을 사용하는 학자들은 인적자원관리의 기능과 활동을 조직의 전략적 목표와 정렬하여 접근하고, 국제적 차원에서 중요도를 파악하는 학자들은 세계 경제의 중요도를 인식하는 한편 서로 나른 문화라는 관점에서 인적자원을 육성해야 한다고 주장하고, 정치적 관점을 중시하는 학자들은 명문화되어 있지 않은 비공식적 활동이 인적자원관리프로그램의 설계 및 실행에 효과를 미칠 수 있다고 주장한다.

효율적인 인적자원관리가 기업의 성과개선으로 이어진다는 것은 이제 누구도 부인하지 못한다. 그러나 인적자원관리와 기업성과의 관계에 대하여는 여러 가지 관점에 따라 다르게 해석되고 있다. 인적자원관리와 기업성과의 관계에 대해서 Delery & Doty(1996)는 보편적 관점, 상황적 관점, 형태적 관점으로 구별하며 세 가지 관점에 대해서 정리하고 있다. 근래의 많은 인적자원관리에 대한 연구는 이러한 세 가지 관점을 배경으로 이루어지고 있다.

환대기업 인적자원관리를 한 마디로 정의하면, 기업조직 및 직무에 필요한 인적자원을 확보 유지하여 이들의 잠재능력을 최대한으로 발휘할 수 있도록 조직분위기를 최적으로 조성해야 한다. 이를 활용하여 종업원의 근로만족은 물론 조직목표 달성을 위해 계획하고, 조직하고, 통제하는 관리활동이라고 할 수 있다.

표 2.2 인적자원관리의 세 가지 관점

<table>
<tr><th>관 점</th><th>내 용</th><th>주요연구</th></tr>
<tr><td>보편적 관점</td><td>• 어느 상황에서나 기업의 성과를 높일 수 있는 보편적 인적자원관리제도가 존재한다는 관점
• 특정의 인적자원관리시스템은 기업의 상황과는 독립적으로 기업성과에 영향을 미침

</td><td>Ichniowski, Shaw & Prennushi(1997)
MaxDuffie(1995)
Huselid(1995)</td></tr>
<tr><td>상황적 관점</td><td>• 조직이 처한 환경과 전략에 적합하게 인적자원제도가 달라져야 한다는 관점
• 인적자원관리시스템은 기업의 상황, 특히 전략과 합성을 이룰 때 기업성과에 유의한 영향을 미침
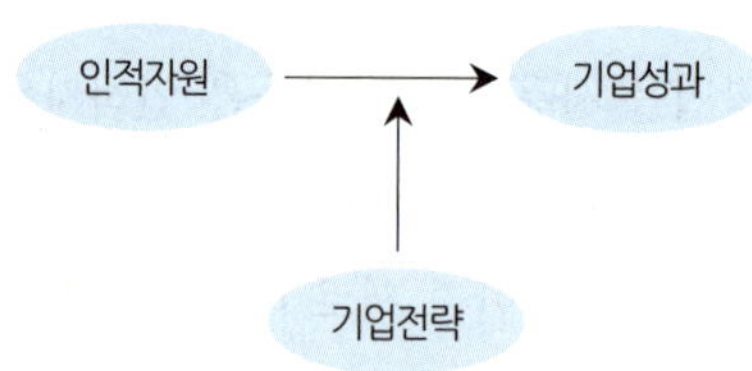
</td><td>Miles & Snow(1998)
Youndt, Snell, Dean, Lepak(1996)</td></tr>
<tr><td>형태적 관점</td><td>• 인적자원제도는 서로 상호작용하여 만들어지고, 이런 조합은 일정한 형태를 갖추고 있다는 관점
• 여러 제도들의 집합체인 인적자원관리시스템은 개별적 보다는 함께 기업의 상황에 맞추어 적용할 때 기업성과에 유의한 영향을 미침
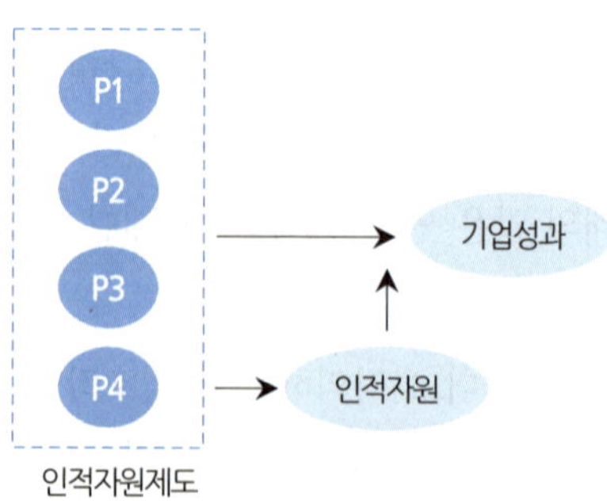
</td><td>Arthur(1992,1994)
Lado & Wilson(1994)
Delery & Doty(1996)</td></tr>
</table>

03 인적관리의 필요성과 효율성

1. 인적관리의 필요성

인적자원관리의 중요성은 주로 조직 내에 한정하여 인식해 왔다. 그러나 조직이 인적자원관리를 어떻게 수행하는가는 조직의 목표 달성만이 아니라 조직구성원과 사회 전체에도 큰 영향을 미친다.

조직의 인적자원관리는 조직활동의 성과를 좌우하는 활동이다. 조직이 자금과 기계, 원료, 정보 등의 생산요소를 결합하여 가치를 창조하는 것은 결합하는 인간의 정신적 · 육체적 능력에 의한 것이며, 이들 성과는 특정인의 능력이나 노력이 아니라, 조직 내에서 서로 다른 활동을 하는 많은 사람들의 협동으로 이루어지는 것이다. 이와 같이 인간이 조직을 통하여 각자의 능력을 발휘하는 과정을 적절히 조직 전체의 역할로 통합하는 것은 경영성과를 높이는데 불가결하면서도 가장 어려운 기능 중의 하나이다.

Appley(1956)는 "경영은 물질의 관리가 아니라 바로 인적자원관리"라고 강조하기도 하였다. 조직이 효율적인 인적자원관리를 통해 기업의 성과를 높인다면 이는 바로 기업의 기본적인 기능, 즉 고객에게 보다 좋은 상품이나 서비스를 보다 좋은 조건으로 제공하는 결과를 가져오므로 이는 고객 개인의 삶의 질 향상은 물론이고 전체 사회의 복지를 높이는 결과를 가져온다(인영면, 2002).

일본은 지난 1955년부터 1973년까지 지속적인 성장을 기록한 대표적인 나라이다. 일본 기업은 특히 1970년대의 석유위기와 원자재의 공급난 그리고 수입 강국의 보호무역정책 등 극도로 불리한 국제환경 하에서 전자, 철강, 화학 등 여러 산업분야에서 세계적인 경제강국이 되었고, 자동차 산업에서도 세계 제일의 위치를 장악하게 되었으며 나아가서는 컴퓨터와 반도체 산업까지도 세계정상에 도전하게 되었다. 이러한 일본 기업의 성공요인으로서 일본정부의 적극적인 산업육성정책과 기업의 계열구조

등 외적인 환경요소를 들고 있다. 그러나 일본 기업의 온정적이고 집단주의적인 인적자원관리제도, 구성원들 간의 신뢰감과 공동체 의식, 그리고 그들의 공동가치에 기반을 둔 기업문화 등 근면한 인력의 효율적인 인적자원관리와 협조적인 조직분위기를 일본기업의 더 중요한 성공요인으로 강조하고 있다(이학종, 2012).

인적자원관리가 다른 분야보다 상대적으로 더 중요한 또 하나의 이유는, 사용자나 회사의 이득뿐만이 아니라 사원들의 삶과도 관계가 밀접하기 때문이다. 다른 자원들의 경우 비효율적으로 관리되었을 때 결과는 기업에서 조직과 기업주에게만 영향을 주지만, 인적자원관리가 잘못되면 기업조직과 기업주는 물론 사원들까지 직접 나쁜 영향을 미친다. 다시 말해, 인적자원관리를 잘못하면 회사의 성과가 오르지 않아서 이익을 못내는 것도 문제이지만, 그보다 더 중요한 문제는 종업원들이 불만스런 직장생활을 하거나 자신들의 특기를 개발하기보다는 발휘하지도 못한 채 무료한 직장생활을 하게 된다.

인적자원관리는 또 다른 자원들의 관리보다 중요한 이유가 하나 더 있는데, 인적자원관리만 유독 그 나라의 법, 문화, 관습, 경제상황, 시장형태 등 그 회사가 속한 사회와 긴밀한 관계에 있기 때문에 매우 복잡하며 어렵다는 점이다. 따라서 인적자원관리를 할 때에는 그만큼 많은 변수가 있기 때문에 더 많은 지식과 주의가 필요하다. 그리고 환경의 복잡성뿐만 아니라 변화속도가 너무 빨라졌다. 환경이 빨리 변할 때 자본과 시설 등의 다른 자원은 환경변화에 대처하는 수단이 될 뿐이고, 이러한 수단을 최대한 활용하여 변화에 대응하려면 인적자원의 역할에 의존할 수밖에 없다. 변화가 없다면 한 번 대처해 놓으면 나머지는 다른 자원이 해결할 것이지만, 오늘날 세상이 계속 급속하게 변하는 경우에는 인적자원의 주도적 역할이 필요하다(임창희, 2004).

환대기업의 경영은 본질적으로 인적자원에 의존한다. 모든 기업경영에 있어서 인적자원이 중요하긴 하지만, 환대서비스의 특성상 인적자원의 중요성은 더욱 강조된다. 인적자원이 기업의 경영성과, 즉 목적달성이 중요한 영향을 미치기 때문이다. 예를 들어, 제조 기업에서 직무수행 능력이나 의지가 부족한 종업원이 생산한 불량품은 검사과정에서 발견되므로 생산비용만큼 실패비용Failure Cost도 발생된다. 그러나 환대기업의 경우 직무수행능력이나 의지가 부족한 종업원은 생산비용만큼의 실패비용을 유발하는 것은 물론이고, 고객과의 직접적인 접촉에서 고객의 불평불만을 야기해 기업의 경영성과에 부정적인 영향을 미친다.

환대기업 인적자원관리의 효율성에 따라 기업의 경영성과도 달라진다. 환대산업의 인적자원 성과는 종업원의 직무에 대한 욕구와 동기, 고객에 대한 태도나 행동 그리고 직무활동에 대한 만족감과 안정감에 따라 결정되고, 종업원의 동기행동과 만족감은 경영관리에 대한 반응으로 나타나게 된다. 따라서 효율적인 인적자원관리는 호텔조직의 유효성과 경영성과의 긍정적 기능에 매우 중요한 기능을 수행하게 된다.

2. 인적관리의 효율성

기업경영의 효율성은 능률성과 효과성을 합친 개념으로서 목표달성도를 반영시키는 생산성을 의미한다. 경영은 근본적으로 목표달성과 깊은 관계가 있다. 기업경영의 과정을 경영목표의 설정, 경영대안 평가, 경영계획 결행의 평가 및 환류라는 흐름으로서 과학적 방법에 기초한 합리적 계획의 모형으로 이해할 때에도 가장 문제가 되는 것은 기업경영의 목표달성이다.

이와 같은 개념정의 구성요소를 구체적으로 살펴보면 다음과 같다.

첫째, 경영목표란 기업이 변화하는 시장 환경과 소비자의 욕구에 따라서 적절한 전략을 수립하여 시장에 적응해야 한다. 이러한 효과적인 적응을 위해서는 기업의 경영 목표에 기초한 경영전략이 선제되어야 한다는 점이다. 기업 목표를 설정할 때의 고려사항으로는 기업의 역사, 최고경영자의 의지, 환경의 변화, 기업의 능력과 자원으로 기업의 사명을 지원가능성 여부, 특성 있는 기업 목표의 설정이 전제되어야 한다.

둘째, 기업들은 일반적으로 여러 개의 부서로 운영되므로 기업 전체 차원에서의 경영 목표를 설정하고 난 후에 자사의 각 부서를 가급적 분명히 확인함으로써 경영대안을 효율적으로 수립 혹은 평가될 수 있는 기반을 구축해야 한다. 이러한 부서의 범위 결정은 기업 차원의 효율적인 활용이라는 측면에서 적절한 수준에서 정해질 수 있도록 해야 한다. 일반적으로 하나의 목표보다는 수익성, 매출성장, 시장점유율 증대, 위험감수, 혁신성 및 명성 등의 여러 목표들을 동시에 추구한다.

셋째, 계획된 전략이 실행된 후에도 부서별로 그 결과를 추적 조사하여 환경 내의 새로운 변화의 내용을 조사해야 한다. 기업은 환경의 계획 및 실행기간 동안에도 계속 변화될 것을 고려하여 환경이 변화할 때 적절한 대응을 해야 한다. 특히, 서비스에 있어서 효율성은 최소한 두 가지 차원에서 구성되는 것을 알 수 있으며, 내적 효율성과 외적 효율성이다.

제조업에서는 내적 효율성과 외적 효율성 사이의 상관관계가 상대적으로 낮다. 이는 단지 고객들은 생산과정을 거쳐 생산된 최종 생산물만을 인식하기 때문이다. 따라서 호텔산업에서 성과에 대한 이해를 바르게 하기 위해서는 서비스가 제조업과 다른 점을 주목할 필요가 있다. 이러한 특성 때문에 고객들은 서비스생산 결과물 그 자체만을 평가하지 않는다. 더욱이 고객들은 단일한 활동만을 평가하지 않으며, 참여하고 인식하는 전체 과정을 평가한다. 측정된 내적 효율성이 통제가능하자면, 높은 성과를 얻기 위해서는 외적 효율성이 보다 더 중요하다고 볼 수 있다. 결국 외적 효율성이 서비스의 품질 또는 고객만족도와 관계가 있기 때문이다.

따라서 효율성은 내면적으로는 물론 외부적으로도 검토되어야 한다. 다만, 고객서비스 및 서비스품질 등의 비가시적인 요인을 효율성에 포함시킬 경우 성과분석의 복잡성을 피하기는 어렵다. 환대기업이 기업 경영환경의 변화와 기업 자체의 핵심역량을 파악하여 기업 장점의 극대화와 단점의 극소화를 통한 전략개발을 통하여 기업 목표의 달성과 목표 달성을 위해 투자된 비용을 최소화하는 것을 기업경영의 효율성이라고 한다.

이와 같은 개념정의의 구성요소를 구체적으로 살펴보면 다음과 같다.

첫째, 환대기업경영의 변화요인은 정치 · 경제 · 사회 · 문화의 변화, 행정적 · 제도적 변화, 경쟁 환경의 변화 등 다양한 경제 주체에 의해 영향을 받는다. 기업은 변화하는 시장 환경과 소비자의 욕구에 따라서 자사의 강점과 약점을 파악하여 핵심역량에 대한 전략을 수립하여 시장에 적응해야 한다.

둘째, 핵심역량이란 최근 기업이 보유하는 경쟁력의 원천으로 특히 강조되고 있다. 기업의 성공에 있어서도 핵심역량의 개발과 축적이 기업성공의 필수적 요건으로 지적되고 있다. 이러한 핵심역량은 사용할수록 감소하는 것이 아니라, 여러 곳에 응용하여 사용할수록 또한 기업 전체가 공유할수록 오히려 향상된다.

셋째, 부서별 목표의 설정은 일반적으로 하나의 목표보다는 여러 개의 목표를 동시에 설정하게 되는데, 수익성 · 생산성 · 성장성 · 시장점유율 · 혁신성 및 호텔기업의 이미지 등 무형의 목표까지도 설정하게 된다.

넷째, 환대기업은 일반적으로 기능별 · 업무별 영역에 따라 여러 개의 부서로 운영되므로, 각각의 업무 성격에 따른 경영목표를 설정해야 한다. 기업의 업무 영역을 설정함으로써 투입에 따른 시간, 비용의 최소화, 부서의 목표 달성도를 효율적으로 수립 혹은 평가될 수 있는 기반을 구축할 수 있다.

04 인적관리의 발전과정

1. 인적자원관리 연구의 접근방법

1) 과정적 접근법

기업조직의 경영활동은 계획 · 조직 · 지휘 · 조정 · 통제의 과정으로 이해할 수가 있다. 과정적 접근법은 인적자원관리를 인력의 확보에서부터 교육 · 훈련, 인사고과, 이직 등으로 이어지는 일련의 과정에 대해 계획하고 조직하며 통제하는 것으로 규정하고 있다. 따라서 과정적 접근법은 인적자원관리의 여러 기능과 조직 내에서의 인적자원의 흐름을 기초로 하여 주요연구 과제를 설정하고 분석하는 방법을 채택하게 된다.

이러한 과정적 접근법의 대표적인 학자로는 Flippo(1984)가 있다. 그는 인적자원관리의 기능을 관리기능과 업무기능으로 구분하고, 관리기능으로 계획 · 조직 · 지휘 · 통제의 네 가지를 들고 있다. 업무기능으로는 확보 · 개발 · 보상 · 통합 · 유지 · 이직이라는 여섯 가지를 들고 있다.

따라서 Flippo는 인적자원관리를 개인 · 조직 · 사회의 목적을 달성하기 위해서 필요한 인적자원을 확보 · 개발 · 보상 · 통합 · 유지 및 이직을 계획 · 조직 · 지휘 · 통제하는 것으로 규정하고 있다. 그러나 이 접근법은 과정적 측면뿐만 아니라 인적자원관리의 기능적 측면을 많이 내포하고 있는 특성을 가지고 있다.

2) 보편적 접근법

인적자원관리에 일반적으로 할 수 있는 최선의 방법이 존재한다고 전제하는 보편적 접근법은 실증적으로 적용될 조사를 통해 이러한 관리기법을 찾는데 주력해 왔다. 조직의 특성과 관련 없이 특정한 인적자원관리 관행을 갖춘 기업이 그렇지 못한 기업에 비해 항상 성과가 높다고 보는 것이다.

보편적 접근법을 통해 실증적으로 제시된 인적자원관리 관행의 내용들은 많은 공통점을 가지고 있는데, 대체로 종업원 개개인의 능력을 발휘(교육 · 훈련의 강화를 통한 종업원 능력의 다양화, 내부승진 제안제도)할 수 있게 하거나 팀워크를 지향하는 것이 그것이다. 특히 보편적 접근법에서 많은 연구를 수행한 Pfeffer(1994, 1998)는 조직의 우수성을 확보할 수 있는 인적자원관리 관행의 특성을 인적자원관리 활동별로 제시하고 있다. 연구 내용은 초기 16개 요소에서 보다 광범위하고 이념적 성향이 강한 7개 요소로 압축되어 제시되었다고 할 수 있는데, 사람을 통한 경쟁력의 확보를 위해 그가 제시하는 인적자원관리의 내용은 고용보장, 선별적인 고용, 자율적인 경영팀과 조직설계에 있어 분권화, 성과를 기초로 한 높은 보상, 다양한 훈련, 직위의 구분 및 장벽의 제거 그리고 조직과 관련된 정보의 공유 등이다.

전략적 인적자원관리의 세 가지 접근법을 함께 비교한 Delery & Doty(1996)는 보편적 접근법이 가장 강한 지지를 받았으며, 특히 이익공유나 결과중심 평가 및 고용보장이 조직의 성과와 밀접한 관계가 있는 것으로 나타났다.

선행연구들을 통해 제시된 인적자원관리의 최선의 주요 내용은 종업원의 참여와 노력에 상응하는 보상의 지급 및 적절한 교육·훈련 등이 공통적으로 제시되고 있음을 알 수가 있다.

표 2.3 인적자원관리 연구의 주요 내용

구 분	내 용
Freund & Epstenin(1984)	직무확대, 직무순환, 직무설계, 공식적 훈련, 유동적 근무시간, 제안제도, 품질분임조, 임금제도, 태도조사, 생산팀, 노동 / 경영위원회, 인센티브의 제공, 이익분배, 종업원 지주제도
Arthur(1992)	직무기술서, 종업원 참여, 공식적 논쟁해결, 정보공유, 수련기술공 자율경영팀, 다양한 기술훈련, 다양한 복지후생, 높은 임금, 월급근로자, 지주제도
MacDuffie(1995)	선별적 고용, 문제해결 집단, 종업원의 기업에 대한 제안, 직무순환, 분권화, 작업팀, 상황에 따른 보상, 직위 차별화의 제거, 신규직원 훈련, 숙련공 훈련
Huselid(1995) Delaney, Reder, Staszewski, & Ritter(1998)	유동적 선발, 성과평가, 인센티브의 제공, 직무설계, 고충처리 절차, 정보공유, 태도평가, 노동 / 경영 참가, 고용의 밀도, 훈련시간, 능력 중심 승진
Youndt, Snell, Dean & Lepak(1996)	선별적 고용, 기술 중심의 훈련, 행위 중심의 보상, 기술 중심의 보상, 보상의 외적 공정성
Delaney & Huselid(1996)	선별적 고용, 훈련, 성과 중심의 보상, 고충처리제도, 권한위임, 내부노동시장 활용, 평등성
Pfeffer(1998)	고용보장, 신중한 선발, 자율경영팀과 분권화, 성과기준 고임금, 광범위한 훈련, 평등성, 정보공유

자료 : Youndit, Snell, Dean & Lepam(1996). Human resource management, manufacturing strategy, and firm performance. Academy of management Journal, 39(4): 836-866.

이러한 관행들은 연구자에 따라 고성과 업무관행, 혁신적 업무관행, 고몰입 업무관행 또는 진보적 인적자원관리 등의 다양한 명칭으로 부르며, 보편적 접근법뿐만 아니라 후에 언급하게 될 상황적 접근법 등에도 활용되고 있다.

개별적인 인적자원관리 관행의 효과를 측정한다는 측면에서 보편적 접근법은 기존의 인적자원관리 연구의 상당부분을 포함한 것이라고 할 수 있지만, 최근 들어 이러한 연구들은 차츰 인적자원관리 관행들 간의 상호보완성이나 일치성을 중심으로 한 제도를 갖는 연구(유규창, 2004)로 이어졌으며, 보완성의 측정 자체의 어려움으로 서로 다른 결과를 가져오는 경우도 나타나고 있지만, 이러한 시도는 전략적 인적자원관리의 특성과 일치하는 것이라고 할 수 있다.

3) 인적자원 접근법

인적자원 접근방법은 인적자원관리 연구의 가장 최근의 접근방법으로서 구성원을 잠재적인 자원으로 파악하고 지속적인 능력개발과 동기부여가 중요하다고 인식하고 집중적으로 연구하고자 하는 접근방법이다. 따라서 조직체의 목적과 성과 달성에 있어서 인적자원 역할의 중요성을 한층 더 강조하는 방법이다. 이러한 인적자원 관점에서 보다 종합적이고 중점적인 인적자원의 확보 · 활용 · 개발을 시도함으로써 실무관리자의 인적자원관리 기능과 조직체 전체의 인적자원관리를 효율화시키려는 것이 이 접근방법의 목적이다.

4) 상황적 접근법

독립변수인 인적자원관리와 종속변수인 조직의 성과 간의 관계를 가정하는 보편적 접근법에 비해, 상황적 접근법은 조직이 직면하고 있는 주요한 상황변수에 따라 양자 간의 관계가 다르게 나타날 수 있다.

모든 조직에 공통적으로 적용될 수 있는 최선의 관행은 존재하지 않으며, 조직의 산업 환경과 구조, 전략 또는 산업 특성이나 기술 특성을 포함한 조직 특성(Jackson, 1989; Macduffie, 1995), 경영자의 능력, 제품수명주기, 조직수명주기, 조직의 생산기술, 경영체제와 정부정책 등의 상황변수들과 인적자원관리 활동 간의 적합성을 중심으로 성과에 긍정적인 영향을 미치는 인적자원관리시스템을 찾고자 하는 노력이 필요하다.

조직의 전략이나 환경에 따라 구성원들의 행동이 달라야 하므로 인적자원관리가 이러한 요구를 수행할 수 있는 방향으로 실시될 때 조직의 효율성도 달라질 수 있다는 것이다. 특히 초점을 맞추고 있는 것은 적합성으로 어느 한 부분의 필요와 요구 · 목적 · 목표 또는 구조가 다른 부분의 필요와 요구 · 목적 · 목표 또는 구조가 다른 부분의 요구 · 목적 · 목표 또는 구조와 일치하는 것을 의미한다(Nadelr & Tushman, 1980).

조직이 적합성을 가질 경우 그렇지 못할 때보다 효과적이고 효율적이라는 전제를 바탕으로 한 것이다(Venkatraman, 1989; Milliman, Von Glinow & Nathan, 1991; Sanders, Lengnick-Hall, Lengnick-Hall & Steele-Clapp, 1988).

구체적으로 조직의 인적자원관리 관행과 기업의 전략적 경영과정 간의 연결에 대한 수직적 적합성과 다양한 인적자원관리 관행들 간의 일치성을 의미하는 수평적 적합성이라는 두 가지 유형으로 나눌 수 있다. 인적자원의 구성요소들이 논리적으로 연결되어 있고, 서로를 지지하는 것을 의미하는 수평적 적합성에 대한 연구는 통합적인 개념적 근거를 바탕으로 하는 것이다. 따라서 개별 관행을 중심으로 연구를 진행해 온 현실로서 기반이 매우 약한 부분이다.

최근 특정 관행들 간의 상승효과 가능성을 지적하여 많은 관심을 모으고 있는 구성체적 접근법의 내용과 일맥상통하는 것이라고도 할 수 있다. 그러나 구성체적 접근법이 최선의 제도가 존재하고 그것이 여러 개일 수 있다고 전제하고 있는데 비해, 상황적 접근법은 상황적 요소의 중요성을 강조하고 있다는 측면에서 양자는 서로 다르다고 할 수 있다. 내적적합성이 이렇게 인적자원관리 관행들 간의 통합성에 관련된 것이라면 외적적합성은 기업의 전략적 태세와 인적자원 간의 이론적·실증적 연결에 초점을 맞춘 것이다(Snell, Youndt, Wright, 1996). 외적적합성에 대한 연구는 기존의 사업전략을 기초로 한 것이며, 이 때 적합성은 인적자원관리시스템이 조직전략의 내용 또는 과정과 통합하는 것을 의미한다.

상황적 접근법에 나타난 상황변수의 내용은 표 2.4와 같다.

조직의 전략이나 제품·조직 수명주기 또는 조직구조의 유형 등이 상황변수로 연구되었는데 가장 보편적으로 연구되고 있다. 가장 보편적으로 연구되고 있는 상황요소는 전략으로 Porter(1980)나 Miles & Snow(1978)의 전략 유형과 조직의 인적자원관리 관행 간의 관련성을 조사하는 것이라 할 수 있다.

표 2.4 인적자원관리의 상황적 내용

연구자	상황적 요소	내 용
Huselid, Jackson & Schuler(1997)	HRM 경영자의 능력, 전문가적 능력	사업관련 능력
Huselid(1995) wright & McMahan(1992) Jackson, Schuler & Rivero(1989)	전략집중화, 차별화전략	혁신전략
Schuler & Jackson(1989)	제품수명주기와 전략, 역동적 성장전략	이익추출전략
Snell & Dean(1992, 1994)	제조시스템, 직무특성	기업환경
Begin(1993)	조직구조 유동적 조직	관료적 조직
Schuler(1989)	조직수명주기 / 전략	HRM Practuces • 성숙, 쇠퇴기 · 비용절감 전략 · 활용형 : 인적자원관리 관행 전환기 · 품질강화 • 전략 · 집적형 : 인적자원관리 관행 창업 • 성장기 · 혁신전략 · 촉진형 : 인적자원관리 관행

BREAK CORNER

성 격차와 제4차 산업혁명

세계경제포럼의 '제10회 세계경제 성 격차 리포트 2015 Global Gender Gap Repprt 2015'는 두 가지 우려되는 상황을 지적했다. 첫째로, 현재의 진보속도로 보면 전 세계적으로 남녀평등이 실현되기까지 118년이 더 걸릴 것으로 예상되었다. 둘째로는, 성 평등 실현이 교착상태에 빠졌다고 할 만큼 굉장히 느린 속도로 진행되고 있다는 점이다.

이런 맥락에서 제4차 혁명이 성별 격차에 미칠 영향에 대해 살펴보는 것은 중요한 일이다. 물리학, 디지털, 생물학 분야에 걸쳐서 가속화되고 있는 기술의 변화가 경제·정치·사회 속의 여성 역할에 어떠한 영향을 미칠 것인가?

여성 참여자가 높은 직군과 남성 참여자가 높은 직군 가운데 어떠한 직업이 자동화에 더욱 민감한지 살펴보아야 한다. 세계경제포럼의 「직업의 미래보고서」에 따르면, 성별 격차 없이 모든 직군에서 대량의 일자리 감소사태가 벌어질 것으로 보인다. 남성노동자 비율이 높은 제조업, 건설, 설비분야의 자동화로 실업률이 높아질 것으로 예상되고, 인공지능의 발달과 서비스분야의 업무디지털화로 개발도상국의 콜센터 직업부터 소매업과 선진국의 행정 분야 업무까지 수많은 업무들이 위험에 처해 있다.

실적은 많은 상황에서 부정적 효과가 크지만, 여성이 노동시장에 진입할 수 있었던 다양한 직업군에서 대량의 실직사태가 벌어질 때 누적되는 효과는 사회적으로 큰 문제를 야기한다. 특히나 저직능 여성이 꾸리던 단일소득 가정이 위험에 처하게 되고, 맞벌이 가정의 경우 총소득이 줄어들게 되며 전 세계적으로 이미 문제가 되고 있는 남녀의 격차가 더욱 벌어지는 결과를 초래하게 된다.

하지만 새로 등장하는 일자리와 직업군은 없을까? 제4차 산업혁명으로 노동시장에 발생할 여성을 위한 기회는 무엇일까? 아직 구체적으로 형성되지 않은 산업분야 내 어떠한 능력과 기술이 필요한지 예측하기는 어렵다. 하지만 기술혁신이 채우지 못하는 틈새를 채우는 능력에 대한 고용시장의 수요가 늘어갈 것이라는 점은 충분히 예상할 수가 있다.

– 클라우스 슈밥의 제4차 혁명에서 –

CHAPTER 03

직무관리

01 직무관리

1. 직무관리

직무관리Job Study는 현대산업 종업원이 담당해야 할 제반 직무의 성격을 분석하고 그 직무가치를 평가하여 시간, 동작 연구와 재설계 등 직무를 중심으로 한 일련의 관리이다.

오늘날 현대산업은 기업의 종류 및 규모가 커지고 조직이 복잡해지면서 보다 많은 직무가 생기게 되었다. 특히 분업화와 전문화를 특징으로 하는 현대산업에 있어서는 직무의 수는 계속 늘어날 것이다. 그런데 각 기업에서 조직된 많은 직무는 모두가 기업의 목표를 달성하기 위해 필수불가결한 것이며, 이러한 직무를 중심으로 직무의 수행에 가장 적합한 여러 가지 여건들을 구비한 사람을 필요로 하고 있다.

인적자원관리란 인간과 직무를 유기적으로 결합시키는 조직적 관리활동이기 때문에 조직의 구성원인 종업원의 능력을 발전시키고, 또한 이들을 보다 효과적으로 이용하여야 한다. 먼저 개개인의 종업원에 대해 그들의 직무가 어떠한 내용과 성격을 가지고 있으며, 과연 그 종업원이 자기가 맡은 직무를 훌륭하게 수행할 능력과 자질의 소유자인지의 여부를 알아야 한다. 또한 직무가 다른 직무와 비교하여 어떠한 가치가 있는지를 평가하며 직무환경이 변화될 때 어떻게 재설계하거나 재편성해야 하는가 등의 연구가 필요하게 된다. 따라서 직무분석, 직무기술서, 직무명세서, 직무평가나 시간연구, 동작연구 등과 같이 직무를 중심으로 하는 일련의 연구를 직무관리라 한다(정수영, 1997).

직무관리는 크게 나누어 다음과 같이 살펴볼 수 있다.

첫째, 직무분석Job Analysis이다. 직무분석이란 경영의 각 기능을 수행하기 위해 필수불가결한 직무를 결정하고 그 직무를 완성하기 위해 어떤 질의 종업원이 몇 사람 필요한가를 결정하는 것이다. 말하자면 직무가 가지고 있는 내용과 성격을 설명하는 것이다.

둘째, 직무평가Job Evaluation이다. 직무분석을 통해 작성된 직무명세서에 의해 기업 내의 각종 직무의 숙련, 노련, 책임의 정도, 직무수행의 난이도 등을 비교 평가함으로써 이들 기업 전 계층의 각종 직무간의 상대적인 서열을 결정하는 절차를 말한다.

셋째, 시간연구Time Study와 동작연구Motion Study이다. 시간연구는 각 종업원이 담당해야 할 과업을 결정하기 위한 전제로써 작업공정이나 작업 단위를 분석단위로 하여 그 작업 수행에 따르는 표준시간을 결정하는 연구이고, 동작연구란 종업원의 작업을 구성하는 각 동작 내지는 요소로 분석한 다음, 그것을 재결합함으로써 보다 능률적인 작업을 위한 동작방법을 발견하기 위해서 이루어지는 연구이다. 이들 연구는 Taylor의 스톱워치Stopwatch와 마이크로필름Microfilm에 의한 시간, 동작 연구에서 비롯된 것이다.

넷째, 직무설계Job Design이다. 조직의 목표를 달성하고 직무를 담당하고 있는 종업원 개인의 요구를 만족시키기 위해 직무의 내용과 방법, 그들의 관계를 구체화하는 것을 말하는 것이다. 직무분석에 의해 각 직무의 내용과 성격을 파악한 다음, 그것에 영향을 미치는 조직적 · 기술적 · 인간적 요소를 규명하여 종업원의 직무만족과 조직의 생산성 향상을 위한 작업방법을 결정하는 절차이다.

표 3.1 직무관련 용어

구 분	내 용
직군(Job Family)	직무들의 집합으로 일반적으로 기능에 따라서 분류되며 생산, 재무, 마케팅, 회계 등과 같이 분류된다.
직종(Job Category)	직군 내 혹은 직군 간에 포괄적인 직함이나 직종에 따른 직무들의 집합이다.
직무(Job)	과업이나 과업 차원이 유사한 직위들의 집합을 의미한다.
직위(Position)	한 개인에게 할당되는 업무들을 구성하는 과업 혹은 과업 차원들의 집합을 의미한다.
과업(Task)	직무수행을 위해 논리적이고 필수적인 단계들인 업무활동을 형성하는 요소들의 집합으로, 언급된 업무들은 차별화되어 구분이 가능해야 한다.
요소(Element)	업무가 개별적인 동작, 이동, 정신적 과정들에 분할될 수 있는 가장 적은 단위를 의미한다.
책임(Responsibility)	주어진 과업과 임무를 수행할 종업원의 의무이다.
임무(Duty)	직무에서 주어진 책임을 수행하기 위한 과업이다.

인사관리의 중요한 토대가 되는 직무관리Job Study, 직무분석Job Analysis, 직무설계Job Design, 직무평가Job Evaluation로 구성된다. 인적자원관리에서 직무관리의 중요성은 매우 크며 그 이유는 직무관리와 사람관리가 연결되어 있는 부분이 많기 때문이다. 즉 직무분석, 직무설계, 직무평가 모두가 인적자원의 확보, 개발과 유지, 인적자원의 보상, 인적자원의 방출 등이 사람과 밀접한 관련이 있다.

2. 직무관리의 중요성

기업 간의 경쟁이 치열하고 새로운 조직과 새로운 일이 생겨나면서 일에 대한 내용과 가치가 변하고 있다. 조직의 변화는 필수적으로 직무변화를 수반하면서 그 내용과 일에 대한 사람들의 가치매김도 달라지게 하고 있다. 이러한 변화된 환경 속에서 직무나 과업을 어떻게 정의해야 하며 어떻게 분석해야 하는가에 대한 의문이 있다.

직무나 과업은 구분이 쉽지 않다. 직무는 과업보다 넓은 개념으로서 여러 과업이 모여 직위, 즉 한 사람이 수행하는 일의 묶을 형성하고 유사한 사람들이 모여 직무를 형성한다. 따라서 직무는 여러 사람이 수행하며 여러 사람들이 합친 추상적인 개념이다. 직무는 인사관리의 목적상 필요해서 인위적인 개념이기 때문에 직무의 정의가 연구자와 조직마다 차이가 난다. 이에 비해 과업은 작업자의 행동과 일의 결과가 긴밀히 연결된 확실한 개념이기 때문에 분류상 혼돈이 일어날 필요가 없다. 기능적 직무분석을 활용하기도 한다.

표 3.2 직무, 직위, 과업 간 관계

직무군 / 직무	비 서	접수원	부기원
직위	과업 A, B, C를 수행하는 사람 1	과업 D, E, F를 수행하는 사람 3	과업 G, H, I를 수행하는 사람 5
	과업 A, B, C를 수행하는 사람 2	과업 D, E, F를 수행하는 사람 4	과업 G, H, I를 수행하는 사람 6
과업	A : 서류 타이핑 B : 회의 일정 잡기 C : 지시를 따름	D : 전화응대 E : 손님접대 F : 명부작성	G : 자료입력 H : 서류갱신 F : 명부작성

BREAK CORNER

시간연구와 동작연구

표준시간을 기준으로 생산활동을 조직적으로 관리하기 위한 방법으로, 어떤 작업을 하는데 있어서 어느 정도의 시간이 소요되는가를 측정·분석·기록하여 표준시간을 설정하는 방법으로, 흔히 동작연구(動作硏究)와 함께 실시하는 것이 보통이다. 요즘은 동작 불능시간 중에서 보전시간, 개수시간, 보급 대기시간을 제외한 시간을 나타내는 관리시간(Administrative Time, 管理時間)이라는 개념까지 생겨났다.

'시간연구'의 창시자는 테일러(F. W. Taylor)로서 그의 과학적 관리법의 일환으로 개발된 것이다. 시간관리의 방법으로는 여러 가지가 있으나, 일반적으로 사용되고 있는 것은 스톱워치법(Stop-watch)과 워크팩터법(Work Factor Method) 및 엠티엠법(Method-time Measurement Method) 세 가지가 있다. 그 중 스톱워치법(Stop-watch)은 테일러에 의해 창안된 것으로서, 이는 표준화된 작업을 평균 노동자에게 실제로 수행하게 하여 그 시간을 스톱워치로 측정하고 일정한 보정(補正)을 하여 표준 작업시간을 설정하는 방법이다

시간관리는 과학적 관리법(Scientific Management)으로 알려진 테일러가 19세기 말부터 발표한 기법이며, 표준화, 계획화, 통제화한다는 원리를 근거에 의해서 생산활동을 합리적으로 운영하려고 하는 것이다. 테일러는 작업자의 작업분석이나 시간 및 동작연구로부터 시작하여 공정관리방식 등의 생산관리로, 그리고 기능직 직장제도의 고안 등 관리조직론, 다시 종업원의 선택, 배치 및 훈련 등 노무관리에까지 넓은 영역에 걸쳐서 발표했다. 그 뒤 길브레스(F. B. Gilbreth) 부부 등에 의해서 방법을 더욱 발전시켰다.

과학적 관리법의 특색은 현실적이며 어디까지나 생산성 향상을 목적으로 해서 현장의 조사연구에 입각하여 확립되고 있다는 점이다. 기법에 대해서는 현재의 IE(Industrial Engineering, 경영공학)의 기초가 되었다.

스톱워치(Stopwatch)나 정규(Rule)를 사용하는 방법은 효율, 대량생산의 기술, 작업의 전문화에 크게 진보했다하여도, 그것은 세습적인 신분제도와 같은 조직계층을 고정시키는 제도를 만들어냈으며 작업을 지루하고 제약적인 것으로 하고, 기계적이며 비인간적인 것으로 해버렸다. 관리자에 있어서 일반적인 동기부여는 돈과 노동의 비인간적인 교환으로 간주하고 있는데, 즉 1개의 작업을 1개의 임금으로 보는 시대가 되었던 것이다.

02 직무분석

1. 직무분석의 개념과 목적

조직의 규모가 비교적 작을 때에는 조직구성원 각자가 수행해야 할 활동과 그러한 활동과 관련된 특성들을 어느 정도 손쉽게 파악할 수 있다. 그러나 조직의 규모가 일정한 수준 이상으로 확대되면 조직 내에서 이루어지는 활동의 내용과 특성, 그리고 활동 수행자의 인적 요건 등을 직관에만 의존하여 파악하기가 힘들어진다. 따라서 좀 더 체계적이고 과학적인 방법이 요청되는데, 그러한 체계적이고 과학적인 방법을 제공해 주는 것이 바로 직무분석이다.

직무분석Job Analysis은 인적자원관리나 관리기능에 사용하기 위해서 직무의 내용 및 성격과 관련된 정보를 수집하고 분석하며 종합하는 과정이라 할 수 있다. 즉 조직구성원들이 수행해야 할 직무의 내용과 직무를 수행하는데 필요한 직무수행자의 개인적 특성 등에 관련된 정보를 수집 · 분석 · 종합하는 과정인 것이다. 따라서 직무분석은 다음 질문에 답을 구해가는 과정이라고도 할 수 있다.

- 중요한 과업들을 수행하는데 어느 정도의 시간이 소요되는가?
- 어떠한 과업들이 통합되어 하나의 직무를 이루는가?
- 구성원들이 직무성과를 향상시킬 수 있도록 직무를 설계하고 구조화시키는 방법은 무엇인가?
- 특정한 직무를 수행하기 위해 필요한 행동은 무엇인가?
- 어떠한 특성을 지닌 사람들이 특정한 직무를 수행하는데 가장 적합한가?
- 직무분석을 통해 얻어진 정보가 활용될 수 있는 분야는 어디인가?

분석과정을 통해 직무기술서와 직무명세서가 작성된다. 직무명세서는 직무수행자의 능력 · 기능 · 지식 등의 자격요건을 명시하고 있으며, 직무기술서는 직무의 내용, 즉 직무를 수행하는 목적과 그 직무에 포함되어 있는 과업 · 행동 · 의무 · 관계 · 책임 등을 기술하고 있다.

효율적인 인적자원관리의 핵심적인 도구로서 선발, 인사고과 등에 다양하게 활용되므로 체계적으로 작성되어야 한다. 따라서 환대기업이 합리적인 인적자원관리를 위해서는 먼저 직무분석을 하여 직무를 정의하고 이를 기준으로 필요한 인적자원을 계획하고, 선발 · 배치 · 평가 · 이동 · 훈련 · 보상하는 원칙을 준수할 필요가 있다.

사람 중심의 관리가 아닌 일 중심의 인적자원관리를 위해서는 기본적으로 직무분석이 선행되지 않으면 안 된다. 그러나 조직은 시간이 흐름에 따라 상황이 변하기 때문에 직무가 겹치거나 공백 없이 효율적인 배열이 되도록 정기적으로 분석될 필요가 있다. 최근 기업이 구조조정을 통해 직무 및 인적자원을 재배치하는 과정에서 혼란이 발생하는 경우가 종종 있는데, 이는 근본적으로 직무분석을 소홀히 한 결과이다.

2. 직무분석의 방법

직무분석 방법에 있어서 학자들과 실제 기업에서 사용되어지고 있는 형태는 각양각색이다. 그 중에서 대표적인 분석방법에는 면접 방식, 설문지 방식, 종합적 방식 등으로 분류하고 있다(정수영, 1997). 이 방법 이외에도 여러 가지 다양한 형태의 질문 방법을 예로 들 수 있다.

일반적으로 적용될 수 있도록 이들을 종합하면 다음과 같다. 직무분석 방법은 경험법Experience Method, 관찰법Observation Method, 면접법Interview Method, 설문지법Questionnaire Method, 기록법Employee Recording Method 등을 활용할 수 있으며, 각 기업의 현실에 맞게 적용해야 한다.

'경험법'은 직접 그 직무를 경험하여 판단하는 것이다. 이러한 평가는 직무 자체에 대해 자세하고 깊게 판단할 수 있으나, 시간과 비용이 많이 들며 현실적으로 실행하는데 많은 어려움이 따른다.

'관찰법'은 해당 직무를 수행하는 직원 옆에서 관찰하는 것이다. 이는 정신적인 직무를 수행하는데 있어 직무를 관찰하는 것은 한계가 있으며 관찰시간도 많이 걸리고 옆에 관찰자가 있으면 가식적으로 활동할 수 있는 것이 한계점으로 나타날 수 있다. 관찰법은 관찰자가 실제 작업에 참여하는 참여적 관찰Participative Observation, 관찰자가 작업집단에 아무런 역할을 담당하지 않는 비참여적 관찰Non Participative Observation로 나눌 수 있다.

'면접법'은 직접 면접인과 피면접인 간에 면접을 통해서 정보를 수집하는 방법이며, '설문지법'은 설문지를 통해서 정보를 수집하는 방법이다. 일반적으로 기업에는 수많은 직무가 있고 종업원의 숫자는 제한적이기 때문에 한 번에 설문지를 배포하여 자신이 맡은 직무에 관해 응답하는 방식이다.

'기록법'은 작업일지 작성과 같이 작업자가 자신의 직무를 완료 후에 기록한 것을 토대로 직무를 분석하는 것이다. 질문법, 업무일지 분석법, 관찰법, 현장조사법, 면접법 등으로 일반화하여 분류하는 것이 바람직하다.

표 3.3 직무분석의 장 · 단점

구 분		내 용
경험법	장점	• 직접 경험을 하기 때문에 방법에 대한 이해가 빠름
	단점	• 시간과 비용이 다른 방법에 비해서 많이 소요됨
관찰법	장점	• 다른 방법에 비해서 정보의 수집이 비교적 쉬움 • 직무수행이 짧은 직무에 적당한 방법임 • 가장 보편적인 직무정보 수집방법
	단점	• 정신적인 직무에서 관찰이 불가능한 직무에는 활용되지 않음 • 직무수행이 긴 직무에는 적합하지 않음 • 종업원의 직무수행에 지장을 줄 수 있음 • 다수의 관찰자가 동원되지 않는 이상 신뢰성과 타당성에 문제가 제기될 우려가 있음 • 피관찰자인 종업원의 의도적인 행동이 나타날 수 있음
면접법	장점	• 종업원으로부터 직접적인 정보수집이 되므로 실질적인 정보가 수집될 수 있음 • 정신적인 직무에 관한 정보수집방법으로 유용하게 활용될 수 있음 • 직무수행시간이 장기화되는 직무에 적용이 가능함
	단점	• 직무수행자의 이해에 영향을 미치므로 정보가 왜곡되어 전달될 수 있음 • 면접자의 역량에 따라 정보의 질이 달라질 수 있음 • 상대적으로 다른 정보수집 방법에 비해 많은 시간이 소요됨

구 분		내 용
질문지법	장점	• 상대적으로 다른 방법에 비해 짧은 시간에 정보를 수집할 수 있음 • 여러 직무의 정보를 수집하기에 적당한 방법임
	단점	• 질문지를 작성하는데 시간과 비용이 많이 소요됨 • 질문해석상의 오류로 부정확한 정보가 제공될 수 있음 • 종업원의 의도적인 왜곡이 있을 수 있음
기록법	장점	• 종업원이 직접적으로 기록한 일차적인 정보이므로 다른 정보수집방법에 비하여 신뢰성이 높음 • 다른 방법으로 수집하기 어려운 정보수집이 가능
	단점	• 포괄적인 정보를 수집하는 방법으로는 한계가 있을 수 있음 • 작업 기록이 불필요한 직무에는 적용할 수 없음

3. 직무분석의 활용 목적

설문지 활용 목적은 가장 통상적으로 채용, 훈련, 보수 등 인사업무의 기초자료를 수집하는 수단이 되기도 하고 조직설계를 위한 조직관리 기법으로도 활용되며 업무의 전문성 제고나 업무량 배분을 합리적으로 하기 위해 사무관리 업무에 응용되기도 한다.

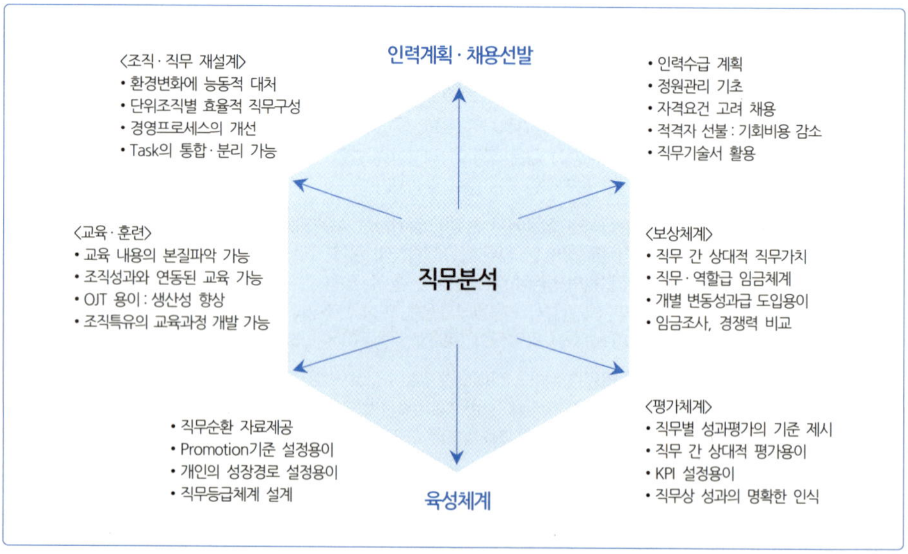

그림 3.1 직무분석의 활용분야

직무분석은 다음과 같은 네 가지 일들을 수행하고 있다.

- 조직설계, 직제 · 업무분담의 기초자료를 위한 기능분석
- 성과책임의 정의에 근거한 직무급 기초자료의 작성
- 성과평가와 보상을 위한 기준의 설정
- 일하는 방식의 개선Business Process Re-engineering

결과적으로 첫 번째는 전통적으로 과거 총무처에서 정부조직 설계와 인원 배정을 위해 행해 온 투입Input 중심의 업무량 분석이다. 두 번째와 세 번째의 방식은 다른 일에 다른 보수를 지급하는 직무급 체계의 설계와 다른 성과에 다른 보수를 지급하는 성과급 체계의 설계로 요약될 수 있다.

4. 직무분석에 대한 결과와 분석

직무분석Job Description과 직무명세서Job Specification, 성과기준, 보상요소, 직무분류 등으로 작성할 수 있는데, 직무기술서란 직무를 있는 그대로 기술해 놓은 것으로, 예를 들면 직무 명칭, 수행임무와 책임, 직무 환경 등에 관하여 일목요연하게 정리한 것이다. 직무명세서는 해당 직무를 효율적으로 수행하기 위해 담당자가 갖추어야 할 자격과 능력의 상세한 직무요건을 나열한 것이다. 환대기업은 이러한 직무분석에 대한 결과로 각각의 직무에 대한 직무기술서와 직무명세서를 작성할 수 있다. 직무분석을 통해 나타나는 결과물은 다음과 같다.

표 3.4 직무분석을 통한 주요결과

구 분	내 용
직무기술서	작업자가 무엇을, 언제, 어떻게, 어디서 작업을 수행하는가에 관한 직무의 전반적인 기술서
직무명세서	직무담당자에게 요구되는 지식, 스킬, 능력 및 기타 특성에 관한 요건과 관련된 명세서
성과기준	직무성과를 평가하는 척도
보상요소	보상의사 결정에 근거로 사용되는 직무와 개인의 특성
직무분류	직무, 작업자 및 환경 특성에 따른 직무의 집단화

5. 직무보상의 측정

직무분석의 직무보상 접근법은 직무의 외상적 보상Extrinsic Reward과 내재적 보상Intrinsic Reward을 추론하는 과정이다. 직무분석에 있어 직무보상 접근법은 비교적 최근이며 제한적이다. 직무분석의 직무보상 접근법을 적용하기 위해서는 직무와 관련이 있거나 개인이 경험하는 보상목록을 가지고 측정하는 것이 편리하다. 보상법에는 직무진단Job Diagnostic Survey; JDS과 미네소타직무기술설문Minnesota Job Description Questionnaire; MJDQ이 있다.

1) 직무진단조사

직무조사JDS는 종업원의 관점에서 직무 그 자체의 측면을 측정하기 위해 설계가 기초가 되었으며, 심리상태는 직무 자체에 포함되어 있는 핵심직무 차원에 의해 영향을 받는다.

2) 미네소타직무기술설문

미네소타직무기술설문지MJDQ는 해당 직무의 상급자에 의해서 작성되며 21개 보상이 해당 직무에 존재하는 정도에 따라서 서열을 매기도록 되어있다. 한편 직무진 조사는 내재적 보상에 초점이 맞추어져 있으며, 미네소타직무기술설문지는 내재적 보상과 외재적 보상도 포함되어 있다.

표 3.5 MJDQ와 JDS 비교

MJDQ		JDS	
1	능력활용(Ability Utilization)	1	스킬의 다양성(Skill Variety)
2	성취(Achievement)	2	과업의 정체성(Task Identify)
3	활동성(Active)	3	과업의 중요성(Task Importance)
4	진보성(Advancement)	4	자율성(Autonomy)
5	권한(Authority)	5	직무의 피드백(Feedback From The Job)

MJDQ		JDS	
6	기업의 정책 및 절차 (Company Policies and Procedure)	6	대리인의 피드백 (Feedback From the Agents)
7	보상(Compensation)	7	타인과의 관계(Dealing with Other)
8	동료(Co-worker)		
9	창의성(Creativity)		
10	독립성(Independence)		
11	도덕적 가치(Moral Value)		
12	인정(Recognition)		
13	책임(Responsibility)		
14	안정(Security)		
15	사회적 서비스(Social Service)		
16	사회적 지위(Social Status)		
17	감독 및 인간관계(Supervision & Human Relation)		
18	감독 및 기술(Supervision & Technology)		
19	다양성(Variety)		
20	작업조건(Working Condition)		
21	자율성(Autonomy)		

6. 직무분석이 지니는 한계

1) 사회 · 문화적 차원

(1) 합리성이 결여된 사회 · 문화적 풍토

우리사회에는 많은 발전을 이루었지만 여전히 사회 전반에 합리적 문화 요소에 비해 비합리적인 문화요소가 보다 많이 잠재해 있다고 볼 수 있다. 조직의 운영에 있어서도 합리성과 실용성을 토대로 삼는 풍토가 미약하여 직무분석의 중요성을 인식하면서도 이에 대한 관심과 노력이 소홀하게 된 측면이 존재하고 있다.

(2) 사람 위주의 조직운영 방식

조직관리적 차원에서 볼 때, 조직의 두 구성요소에는 사람과 직무가 있다. 이 두 가지 요소 중 어느 쪽을 우선시하는가에 따라 조직의 운영방식이 달라질 수 있다. 미국의 경우는 직무를 우선시하여 직무에다 사람을 맞추는 방식인데 비해, 우리나라는 사람에다 직무를 맞추는 운영방식이라고 할 수 있다. 조직운영 풍토 하에서는 자연히 직무분석의 필요성이 낮아질 수밖에 없다. 설령 직무분석이 체계적으로 이루어진다 하더라도 그 용도는 극히 제한적일 수밖에 없으며, 경우에 따라서는 직무분석의 결과가 무용지물이 될 수도 있다. 우리나라에서는 미국식의 경력개발프로그램CDP: Career Development Program이 근본적으로 적용되기 어려운 이유도 바로 여기에 있다.

(3) Generalist의 지향적인 채용 관행

전반적으로 무한경쟁과 경영혁명이라는 시대조류에 따라 인사파괴니 학력파괴니 하여 전공분야의 지식Specialist보다는 잠재능력과 적응능력에 중점을 두는 채용방식으로 선화하고 있다.

(4) BPR 등 업무분석 중심의 경영혁신

Hammer의 Reengineering 개념이 도입된 이후, 조직의 생존을 모색하기 위해 전략적 차원의 혁신작업을 추진하고 있다. 이 과정에서 일부조직은 근본적 변화를 모색하기 위해 혁신작업의 일환으로 직무분석을 실시하는 경우도 없지 않다. 그러나 대부분의 조직들은 개개의 직무에 대한 체계적인 분석보다는 직무 간의 프로세스에 초점을 두고 주요 프로세스 단축 등 소위 업무분석 차원에 관심을 기울이고 있다. 본질적인 의미에서 직무분석은 사실상 이루어지지 않고 있다. 또한, 직무분석을 실시한 조직도 그 결과의 활용에 있어서 제한적이어서 전체적으로 볼 때 우리나라의 조직에는 직무분석이 전반적으로 정착되지 않았다고 볼 수 있다.

(5) 업무의 급격한 변화

조직을 둘러싼 환경의 변화는 과거와는 질적으로 다른 차원에서 전개되고 있으며, 변화의 속도도 이전과는 비교도 안 될 정도로 갈수록 가속도가 붙고 있다. 또한 정보 및 통신 분야를 시작으로 기존에 없던 새로운 업무영역이 생겨나고 있으며, 4차산업시대를 맞아 경쟁 양상이 과거와 판이하게 달라지고 있다. 그 결과 직무분석이 체계적으로 실시되었다하더라도 급속히 변화하는 직무체계에 즉각적으로 대응하고 이를 문서상으로 수용하는 데는 조직의 입장에서 일정한 한계가 있다.

2) 조직진단 경험을 통해 본 한계

(1) 최고관리층의 관심 미약

조직진단 과정에 있어서 직무체계를 파악하고 이를 개선하기 위한 작업으로 실시하는 직무분석에 대해 최고관리층은 이에 대한 이해와 관심이 미약한 것이 일반적이다. 설령, 직무분석에 대한 이해가 있는 경우라도 직무분석을 인사조직 관리에 폭넓게 활용하려는 의도보다는 정원의 감축 등 부분적인 목적에 활용하려는 경우가 있다.

(2) 구성원의 반대

직무분석을 실시할 경우, 대다수의 구성원은 직무분석의 의도를 잘못 이해하여 직무분석 작업에 반대하는 경우가 많다. 이로 인해 면담이나 직무조사표에 대한 응답과 기재에 있어서 소극적으로 임하여 사실과 일치하지 않는 정보를 말하거나 기술하는 경우가 있다.

(3) 겉치레 혹은 위신용의 직무분석

조직에 따라 단지 대외적으로 자신의 조직이 직무분석을 실시했으며 직무분석의 결과로 나온 직무기술서와 직무명세서를 지니고 있음을 과시하기 위해 직무분석을 실시하는 경우도 있다. 특히, 공공기관의 조직인 경우 상급 정부기관의 연례 업적평가에서 점수를 획득하기 위해 이에 대한 대비로 직무분석을 실시하는 경우도 있다.

3) 노동시장 구조의 차이에서 오는 한계

미국은 외부 노동시장이 고도로 세분화되어 발달해 왔다. 다시 말해, 산업별 · 직종별 · 직무별로 노동시장이 체계적으로 정비되어 있어 직무분석의 결과가 인적자원의 채용과 개발에 실질적으로 활용될 수 있는 기반이 형성되어 있다고 할 수 있다.

따라서 조직 내부의 직무분석 결과가 외부 노동시장의 직무체계와 대응하는 구조를 지니고 있기 때문에 인적자원에 대한 요건의 규격화가 가능할 뿐만 아니라 해당 직무에 대한 전문가의 전·출입이 가능한 풍토가 형성되어 있다. 우리나라는 외부 노동시장이 미국처럼 세분화되어 발달하지 못하기 때문에 조직 내부에서 직무분석이 체계적으로 실시되었다하더라도 이 결과로 나온 직무체계가 외부 노동시장의 그것과 대응하는 것은 아니다. 따라서 그 활용은 미국에 비해 제한적이며 나아가서 직무분석의 필요성이 체감되는 풍토가 조성될 수밖에 없다.

03 직무설계

1. 직무설계의 개념

직무분석이 기존 직무를 그대로 분석함으로써 기업의 인적자원관리를 위한 정보수집을 목적으로 하는 반면, 직무설계Job Design는 기계적·구조적인 관점뿐만 아니라 동기부여인 관점에서 직무의 내용을 개선하고 효율성Efficiency을 높이기 위한 목적으로 실시되므로 직무를 다시 설계하는 의미를 지닌다고 볼 수 있다. 따라서 직무설계는 하부단위 과업들을 연결시키고 짜 맞추는 작업을 의미한다.

2. 직무설계 접근법

관리자들은 다양한 방법으로 설계할 수 있는데, 직무설계와 관련해서는 경영학, 심리학, 공학 등 다양한 관점에서 연구가 진행되었다. 이러한 연구는 기계적 접근법, 동기적 접근법, 생물학적 접근법, 지각운동 접근법으로 분류할 수 있다.

1) 기계적 접근법Mechanistic Approach

기계적 접근법은 능률의 극대화에 초점을 맞춘 방법으로, 과업의 전문화 · 단순화 · 표준화를 통해 직무를 설계함으로써 누구든지 신속하게 훈련을 받아 업무를 수행할 수 있다. 기계적 접근법 중 하나인 과학적 관리법을 들 수 있는데, 과학적 관리법은 직무를 단순하게 설계함으로써 조직은 개별 종업원에 대한 의존성을 줄일 수 있다.

2) 동기적 접근법Motivational Approach

동기적 접근법은 심리적 의미와 동기유발 잠재력에 초점을 두며 만족, 내재적 동기유발, 직무몰입과 같은 직무태도와 같은 행동적 변수를 두며 직무설계의 중요한 결과변수로 간주하게 된다. 동기적 접근법은 직무 확대Job Enlargement, 직무 충실화Job Enrichment 등의 직무설계 방법을 통해 직무의 복잡성을 증대시키는 역할을 하였다.

3) 생물학적 접근법Biological Approach

생물학적 접근법은 인간의 신체가 작용하는 방식에 따라서 물리적 작업 환경을 구조화함으로써 작업자의 신체적 피로를 최소화하며 작업자의 건강에 초점을 맞춘다.

4) 지각운동 접근법Perceptional Motor Approach

지각운동 접근법은 인간의 정신적 수용능력과 한계에 초점을 맞추고 있는 접근방법으로, 지각운동법의 목표는 작업이 인간의 정신적 수용능력과 함께 한계를 초과하지 않도록 설계하는 것이다.

3. 직무설계 방법

전통적인 직무설계는 단순화, 표준화, 전문화로 생산의 효율성과 경제적 합리성을 추구했으나 결과적으로 직무담당자의 불만과 소외감을 증대시켰다. 이러한 결과를 바탕으로 작업자들에게는 인간적인 만족감을 주어야 한다는 취지하에 직무효율 중심이 아닌 인간 중심으로 재설계하려는 움직임이 일어났는데, 이러한 시도도 종업원들의 근로의욕을 고취시켜 생산성을 향상시키려는 취지에서 시작되었다고 볼 수 있다. 이러한 직무설계 방법은 양적 직무확대와 직무충실화, 직무특성이론으로 살펴볼 수 있다.

1) 양적 직무확대

양적 직무확대 관점에는 직무순환Job Rotation과 직무확대Job Enlargement 등이 있다. 직무순환은 작업자들이 완수해야 하는 직무는 그대로 놓아둔 채 작업자들의 자리를 교대로 이동시키는 방법이다. 직무확대는 한 개인이 다루는 작업의 종류가 다양할수록 만족도가 증가한다는 연구결과에 착안하여 분담시킬 때 한 사람에게 한 가지 직무만 맡길 것이 아니라 두 가지 이상의 직무를 맡기는 것을 의미한다. 하지만 직무확대를 한 경우에도 작업자는 각각의 직무에 대한 담당시간이 짧아서 새로운 문제점이 생길 수가 있다. 이러한 문제점에 대해 두 가지 이상의 작업을 묶어서 하나의 직무를 만들어 놓고 다른 직무담당자와 직무순환으로 교대시키는 방법이다.

2) 직무충실화

양적 직무확대를 통해서 작업자들이 느낄 수 있는 문제점이 해결되는가했는데, 이러한 방법도 근본적인 해결책은 아니었기 때문에 1950년대부터 장기적인 직무설계 방법으로 작업자들이 맡은 임무를 직접 구상하고 조직 · 통제 · 평가하는 권한과 책임을 부여하게 되었는데, 이를 직무충실화라고 한다. 직무충실화를 통해서 동기부여를 높이며 성취감을 높일 수 있다.

3) 직무특성화

직무특성 이론은 Hackman & Oldman(1971)은 아래와 같은 특성을 지닐 때 작업자들이 상위욕구를 충족시킨다고 하였다.

(1) 의미성

의미성Semanticity 직무는 그 자체로 담당자에게 큰 의미를 줄 수 있어야 하며 중요하다는 인식을 주어야 한다. 이러한 목적을 달성하기 위해 다음과 같은 부분이 필요하다.

(2) 기술다양성

기술다양성Skill Variety은 직무는 직무담당자가 보유하고 있는 다양한 기술이나 지식이 최대한 많이 사용될 수 있도록 설계되어야 한다는 의미이다.

(3) 직무정체성

직무정체성Task Identify은 직무담당자가 보유하고 있는 기술이나 지식이 최대한 많이 사용될 수 있도록 설계해야 한다.

(4) 직무중요성

직무중요성Task Significance은 직무담당자 본인이 수행하는 직무가 전체적인 큰 틀에서 수행해야 한다.

4) 책임성

책임성Responsibility은 직무를 수행하는 담당자가 자신의 직무에 대해 책임감을 가지고 수행해야 하는데, 그러기 위해서는 많은 자율성을 직무담당자에게 부여하는 것이 중요하다.

5) 피드백

직무담당자가 자신이 수행한 직무완성도를 평가할 수 있도록 하는 것이 많은 도움이 될 수 있다. 이를 위해서 기술다양성 · 직무정체성 · 직무충실성 · 자율성 · 피드백

등인데, 이러한 것들이 직무설계 시 고려해야 한다.

(1) 직무의 조합

여러 직무를 조합하여 수행하게 되면 기술다양성과 직무정체성을 많이 수행해야 한다.

(2) 직무의 주체

직무수행자가 직무 주체라는 인식을 갖게 되면 본인이 수행하는 직무에 대한 책임감과 중요성을 느낄 수 있다.

(3) 고객과의 관계

직무담당자가 본인이 수행하는 직무와 관련하여 고객들과의 많은 관계를 형성하면, 그 직무에 대한 자율성, 피드백 등이 상승한다.

(4) 권한 위임

직무수행자에게 권한 위임을 시켜서 동기부여가 가능하다.

(5) 피드백 구조

동료나 상사 등에게 피드백을 받으면 결과를 평가하는 도움이 될 수 있다. 한편 직무동기 유발 잠재력지수Motivation Potentional Score; MPS는 직무특성 모형에서 제시된 핵심직무 특성의 작업자가 수행하는 직무의 잠재적 동기유발을 측정하는데 사용된다.

$$\frac{\text{스킬다양성} + \text{과업정체성} + \text{과업중요성}}{3} \times \text{자율성} \times \text{피드백}$$

6) 목표설정이론

직무를 설계할 때 달성해야 할 최종 목표수준을 미리 정해놓을 뿐만 아니라 직무

수행 단계와 기간 등 직무를 미리 수행하면서 일어날 수 있는 모든 절차와 대안을 정해놓고 직무를 수행하게 되면, 직무에 대한 동기부여 수준이 높아져 더 좋은 성과를 올릴 수 있는 방법이라는 이론이 목표설정이론이다. 목표설정을 위해 구체성, 수용성, 참여도 등이 있다.

(1) 구체성

조직이 요구하는 혹은 상습자가 기대하는 목표가 무엇인지를 작업자가 알 수 있도록 구체적이고 명확해야 하는데, 그 목표가 구체적이어야 한다. 첫째, 가능한 계량화 · 수치화가 필요하고, 둘째, 그 목표는 기록되어야 하고, 셋째, 장기적인 것보다 단기적인 것으로 세분화되어야 하고, 넷째, 기간 · 절차 · 방법이어야 한다.

(2) 도전성

목표가 너무 쉬우면 도전감도 안 생기고 관심과 흥미를 잃기 쉬우므로, 담당자의 능력 수준보다 악긴 이려운 것이 좋다.

(3) 수용성

목표 수준이 너무 어렵거나 목표설정 시 담당자가 직접 참여하지 않으면 그것을 받아들이지 않기 때문에 담당자와 상의하면서 설정하는 것이 좋다. 목표가 설득되고 업적에 대한 보상도 명백하게 이해될 수 있어야 그의 노력이 커지게 된다.

(4) 참여도

목표설정 과정과 중간평가 과정에 담당자의 의견을 참여시키거나 그에게 선택권을 준다면, 목표달성에 대한 직무담장자의 관심도를 높여줄 수 있다.

7) 직무설계와 자율성

종업원들의 자율성Autonomy은 종업원들이 직무를 수행하는데 중요한 요인 중 하나라고 할 수 있다. 자율성의 개념은 Huchman & Oldman(1980)은 작업장에서 몰입을 증대시키고 작업장을 인간화시키려는 노력에 의해 직무설계 분야로부터 구체화되기 시작하였다. 하지만 Breaugh(1985)는 이와 같은 개념으로 달리 직무차원을 분리하고 구체화시키므로 자율성에 관한 정의를 자세히 하였다. 자율성을 작업 목표, 작업 방법, 작업일정 계획에 대한 작업자의 자율재량 또는 선택의 정도이다.

정의에는 자율성의 세 가지 측면이 포함되어 있는데, 작업 목표의 자율성은 작업자들이 그들의 목표를 설정하거나 수정하는데 보유하는 자율재량 또는 선택의 정도이다. 작업 방법의 자율성은 작업자의 작업 활동 특성인 일정계획, 작업순서, 시기 등을 통제할 수 있다.

(1) 자율성의 필요성

종업원의 직무를 수행하는 자율성이 매우 필요한 요인이 되고 있다. 왜냐하면, 기업은 빠른 속도로 정보화 · 글로벌화 됨에 따라 경쟁자와의 경쟁이 더욱 치열해지고 있다. 소비자의 욕구가 점점 다양화 · 고급화됨에 따라서 고객의 요구와 욕구에 부응하지 않으면 안 되고, 제품을 적절한 시기에 공급하기 위해서는 종업원이 자율성을 가지고 직무를 수행하지 않을 수 없다. 또한 기업의 작업자는 복잡하고 고난도의 직무를 수행하고 있기 때문에, 기업경영자는 이러한 작업자를 전통적인 명령과 통제로 관리할 수 없고 개인이나 팀 또는 조직에게 업무를 자율적으로 수행하도록 위임 정도가 점점 늘어나고 있다.

종업원은 자율성을 통하여 소비자의 요구에 빠른 대응을 할 수 있도록 다양한 서비스를 제공하고, 나아가 적극적 투자를 통해 규모의 경제 및 범위의 경제를 동시에 이룰 수 있다.

(2) 통제와 자율성

Ouchi(1977)는 통제를 한 조직 실체가 다른 실체의 행동과 결과에 다양한 수준에 미치는 힘이라고 정의하였다. Robision(1973)은 통제란 전략 결정을 기업 목표와 합치되도록 정해진 권한에 의해 이루어지게 하고, 전술적 결정은 선택된 전략과 일치하게 하며 실제 운용은 조화를 이루도록 하기 위해 고안된 도구라고 하였다.

통제는 기업에서는 매우 중요한 문제인데, 지역적으로 분산되어 있고 사회 · 문화 · 정치 · 법률적으로 다른 환경에서 경영활동을 하는 다국적기업에서는 중요한 문제이다. 호텔산업을 운영 중인 체인호텔들도 전 세계적으로 분포되어 있는 자사의 호텔을 관리해야 하는데, 이러한 관점에서 호텔기업에게도 통제의 문제는 매우 중요하다고 할 수 있다. 현재 페스트푸드점, 치킨점을 중심으로 한 프렌차이즈 기업 등이 우리 주변에 많으며 각 프랜차이즈 본부에서도 각 점포에 대해서 통제와 자율성을 부여하고 있다.

기본적으로 다음에 언급될 인적 통제시스템, 관료적 통제시스템 사회화에 의한 통제, 행동적 통제, 성과 통제 등의 통제의 유형은 기업에서 인적자원관리를 위한 이론이다. 세계적인 브랜드체인을 가진 호텔기업의 통제와 관련된 연구는 다음과 같다.

① 인적 통제시스템

Child(1973)은 다국적기업의 본사가 해외 자회사를 통제하는 유형을 인적 통제시스템과 관료적 통제시스템으로 나누었는데, 인적 통제시스템은 자회사의 활동하고 통제하기 위하여 자회사의 주요직책에 본사의 신뢰할 만한 관리자를 파견하는 것을 말한다. 호텔기업에서 General Manger(GM)와 같은 Top Management 중에서 관리자들을 본사에 파견하여 이러한 통제시스템을 구축하고 있다.

② 관료적 통제시스템

관료적 통제시스템은 다국적기업의 본사가 자회사의 관리자 역할과 권위를 제한할 목적으로 광범위한 규칙Rule, 규정Regulation 및 절차를 수립하여 통제하는 시스템을 의미한다.

③ 사회화에 의한 통제

Edstrom & Galbraith(1977)은 Child가 언급한 인적 통제시스템과 관료적 통제시스템 이외에 새로이 사회화에 의한 통제Control by Socialization란 개념을 주장하였으며, 사회화에 의한 통제의 특징은 자회사 상급 및 중간관리자 같이 본사에서 파견한 관리자 비율이 높으며 본사 및 자회사의 사이에서 정보교환이 빈번하게 이루어지고 공식적인 작성을 통제보다는 비공식적 통제를 통한 인적 통제가 중요시된다.

④ 행동 통제

Eglhoff(1984)는 Ouchi(1973)의 이론을 근거로 다국적기업에 적용하였는데, Ouchi는 통제를 행동 통제Behavioral Control와 성과 통제Output Control로 분류하였다. 행동 통제는 감독자 자신이 스스로 하급자의 행동을 감시하고 평가하는 것으로, 측정은 개인행동이다.

⑤ 성과 통제

성과 통제는 판매 및 수익에 관한 자료가 업무 통제를 위해서 사용하는 정도를 감시하는 것으로, 측정대상은 그 행동이 결과로서 산출되는 재화와 용역이 된다. Egloff (2004)는 행위 통제 및 성과 통제에 대한 이들 개념을 다국적기업으로 확장시켜 성과보고시스템과 본사관리자의 해외 자회사의 파견과 같은 자회사 통제방법을 주장하였다. 성과시스템을 해외 자회사들은 본사에 다양한 자료를 제출하게 되는데, 다국적기업에 있어 가장 가시적인 통제시스템이라고 할 수 있으며 Ouchi의 행동 통제와 동일한 개념이다.

⑥ 직접 통제

Youself(1975)는 자회사의 의사결정 과정에 본사에 직접적으로 영향을 미치는 정도에 따라서 직접 통제Direct Control와 간접 통제Indirect Control로 분류했다. 직접 통제는 본사 파견자에 의한 해외 자회사 경영이라는 점에서 그 특징이 있는데, 이는 자회사 최고경영자의 국적 및 자회사 최고경영자의 선발 및 훈련 시 본사의 영향력에 의해 측정된다.

⑦ 간접 통제

간접 통제는 표준적인 관리시스템에 의한 통제라는 점에서 그 특징을 발견할 수 있으며, 이는 해외부문에서 예를 들어보면 각 부문 간 조직구조, 회계절차, 작업흐름, 제품설계상의 표준화 정도를 조절함으로서 통제할 수 있다.

8) 자율성과 직무성과

(1) 직무설계와 자율성

기업의 통제에 관련하여 선행연구들과 같이 기업들의 통제과정을 높이는 통합의 압력으로는 현지 및 경쟁자, 연구개발을 포함한 막대한 투자와 비용절감의 압력 등을 들 수 있다. 기업들은 현지시장에서 기업을 운영하기 위해서 대규모 투자가 불가피하고 경쟁자들에 비해 보다 앞선 경쟁우위를 확보하기 위해 규모의 경제와 글로벌 효율성을 추구하게 된다. 그러나 이러한 본사 중심의 통제는 자회사의 다양한 시장 변화에 대응하려는 욕구를 충족시키지 못한다.

자회사의 자율성에 문제가 발생할 수 있으나 Cray(1984)는 자회사의 환경이 본사와 이질성이 크면 자율성이 높아진다. 다국적기업은 글로벌화와 현지화의 압력을 동시에 받으면서 자회사에게 의사결정 권한을 부여할 것인지의 문제인 자회사 자율성 문제는 매우 중요한 문제이다. 환대기업 등을 포함하여 기업들의 글로벌화가 가속되면서 자회사의 자율성은 중요하다.

(2) 자율성과 성과

기업은 기업성과가 중요하기 때문에 자율성이 자회사에 미치는 영향은 매우 크다. 기존의 다국적기업 성과와 관련된 연구들은 다국적기업의 전체 성과와 관련된 연구들이 대부분이다. 최근 다국적기업 자회사의 역할 및 비중이 증가하면서 자회사만의 성과와 관련된 연구들이 시작되고 있는 시점이다.

조직이론에 있어 종업원들의 자율성과 임파워먼트가 기업 성과에 미치는 영향과 관련 연구들이 많은 연구가 진행되었다고는 하지만, 세계적인 체인기업들과 같은 다국적기업의 자율성과 그 성과 간의 관계에 관한 연구는 미미하다. 그러나 이러한 연구가 있다고 하더라도 지속적인 연구가 필요하다.

조직이론적인 관점에서 종업원들의 자율성은 기업의 불확실성과 복잡성에 대응하여 보다 신속하고 유연하게 혁신적으로 대응할 수 있다. 자율성은 종업원들의 내재적 동기부여에 의해 그들이 가지고 있는 다양한 잠재력 능력을 최대한 활용할 수 있는 기회를 제공해 줌으로써 조직의 핵심역량을 배양시키는 주된 요소이다.

다국적기업의 본사와 자회사의 관계는 본사가 자회사에 대하여 높은 기준을 자회사가 현지시장 환경에 대하여 적합한 운영을 할 수 있도록 기회를 제공해줌으로써 자회사의 핵심역량Core Competencies을 배양시킬 수 있다. 핵심역량을 보유한 자회사들은 자회사의 역할에 있어 많은 학자들이 분류한 대로 현지 사상에서 자회사 스스로 핵심역량을 보유하여 높은 성과를 올리면서 이러한 핵심역량을 다국적기업 전체에 영향을 미치는 자회사의 유형인 'Centers of Excellence'로 자리매김이 가능하다.

자회사의 역할과 중요성에 초점이 맞추어져 있으면서도 본사와 자회사의 관계 및 자회사에 관한 연구들이 활발히 진행되고 있다. 주제와 관련된 부분이 자회사의 역할인데, 여러 학자들은 현지시장의 중요성, 자회사의 역량, 자회사의 역량이 다국적기업 전체에 미치는 영향 등에 따라서 자회사의 역량을 분류하였고, 이렇게 다른 역할을 수행하는 자회사들은 각각의 역할에 따라서 각각 다른 자율성을 보유하게 된다.

조직이론의 관점에서 능력 있는 직원을 갖춘 기업이라 할지라도 의사결정 시기를 놓치게 되면 경쟁에서 이기기 힘들다. 따라서 현장에서 고객 · 공급자 등과 직접 접촉하는 조직구성원은 가장 적합한 정보와 대응책을 파악할 수가 있으며, 현장 담당자에게 주요 권한을 위임함으로써 대응의 민첩성이 뒤따른다. 조직이론적인 관점에서 자회사의 자율성에 적용했지만, 자회사는 현지시장에서 기업을 운영하는데 있어 신속한 의사결정을 통하여 빠른 속도로 가장 적합한 정보와 대응책을 강구할 수가 있다. 마케팅적인 측면에서 현지 소비자의 다양한 취향을 지리적으로 멀리 위치한 본사보다 더 잘 파악하는 것이 가능하기 때문에 자회사의 높은 자율성은 자회사의 성과를 높이게 된다.

기존 연구에서 성과가 높은 다국적기업의 해외 자회사들은 다른 자회사들보다 일반적으로 더 높은 정도의 자율성을 누리고 있는 것으로 나타나고 있다. 현지 자회사의 성과가 높으면 본사의 통제가 약한 반면, 경영성과가 좋지 않으면 본사는 자회사의 경영활동에 적극적으로 개입하려 하기 때문이다. 높은 조정 강도는 현지 경영자의 창의력과 현지 경영실적 수준 및 지역적 융통성에 역기능이 작용되고, 본사에 대한 권한집중과 과도한 조정은 자회사의 효율성에 부정적 영향을 미치므로 가능한 최대한의 자율성이 현지경영에 맡겨야 한다.

자율성은 종업원의 직무에 대한 창의성과 조직의 혁신 및 조직의 전념을 통한 성과 향상을 위해 매우 중요하다. 이러한 점은 많은 글로벌파워를 가진 체인호텔에의 인적자원관리에 적용이 필요하다.

04 직무평가

1. 직무평가의 개념

직무평가Job Evaluation에 대한 정의는 학자에 따라 다양하게 제시되고 있다. French (1980)는 기업이나 일반조직에 있어서 각 직무가 가진 상대적인 가치를 결정하는 과정이라고 정의하고 있다. Yoder(2002)는 직무와 임금수준이라는 관점을 중시하여 "조직 내의 직무에 상대적 가치를 부여하여 직무 간의 임금격차를 조정하는 인사관리의 한 기법"이라고 정의하고 있다. 따라서 직무평가란, 각 직무가 가지는 난이도와 기업에 대한 기여도 또는 중요도를 비교 평가해서 상대적인 가치를 결정하는 체계적 절차이다.

직무평가는 직무 간의 노동의 질과 양에 따라 합리적인 임금격차를 확립하여 동일노동에 대해서는 동일임금을 적용하고, 높은 가치가 인정되는 직무에 대해서는 보다 많은 임금을 책정할 수 있는 원칙을 실현할 수 있게 함으로써 직무급제를 실시하는 기초가 된다. 따라서 직무평가는 직무 자체의 성질, 내용 등을 조사·분석하는 직무분석과는 구별된다. 직무평가란, 어디까지나 직무 그 자체의 가치를 결정하기 위한 것이며, 결코 직무상의 인간을 평가하는 것은 아니다.

조직이 직무평가를 실시하는 목적은 첫째, 직무급 체계의 확립, 둘째, 임금관리에 활용, 셋째, 협조적인 노사관계의 설정, 넷째, 적절한 인사이동 등에 있다. 직무급 체계를 확립함으로써 동일 노동, 동일 임금의 원칙을 실현할 수 있다. 또한 직무평가의 결과는 결국 합리적인 임금의 책정 및 임금격차의 정당성을 제공하고 전체적인 인건비의 평가와 통제에 활용될 수 있다. 노동조합과의 임금교섭의 기초자료를 제공하여 노사협력체계의 발전에 기여하게 한다. 또한 종업원의 교육, 승진, 전환 등을 용이하게 하고, 작업상의 위험도 제거에 활용될 수 있다.

2. 직무평가의 목적

종업원들의 채용, 배치, 이동, 승진 등 고용관리의 합리화로서 직무분석 결과로 작성된 자료는 조직 내 각 직무의 특성 및 내용과 직무수행 요건에 적합한 자질과 능력을 갖춘 인재를 채용, 배치, 이동시키는데 중요한 기준적 자료로서 제공하는 역할을 한다. 종업원의 교육 · 훈련 및 능력개발을 촉진시키는 목적이 있으며, 종업원의 교육 · 훈련 계획을 수립하고 능력을 촉진하는데 기여할 수도 있다.

직무분석Job Analysis은 직무평가의 기초자료로써 각 직무의 상대적 가치를 평가하고 가치의 등급을 분류하는 직무평가의 기초적인 자료로 활용된다. 직무급 도입 등 임금관리의 합리화를 자료로 활용된다. 직무 중심의 조직설계 및 업무개선은 직무분석 자료를 중심으로 분류되고, 평가된 직무정보 자료는 직무확대 및 직무충실의 직무 재설계와 조직설계에 활용할 수 있으며, 조직 내의 업무개선에 활용이 가능하다. 업무 분담의 적정화와 산업안전관리의 확립이다.

종업원의 담당직무에 대한 분석자료는 업무 분담의 적정화를 이루기 위한 기초자료로 활용할 수 있으며, 업무의 적정배분을 통한 산업재해의 미연방지 등 산업안전관리의 확립에 기여할 수 있다.

3. 직무평가의 방법

직무평가방법은 종합적인 방법과 분석적인 방법으로 구분할 수 있으며, 종합적인 방법은 평가대상의 직무를 포괄적으로 판단해서 직무가치를 결정하는 방법으로 서열법Ranking Method과 분류법Classification Method이 있다. 분석적인 직무평가 방법은 평가대상 직무를 직무요소별로 세분화하고 이를 계량적으로 평가하는 방법으로, 점수법Point Rating Method과 요소비교법Factor Comparison Method이 있다.

표 3.6 직무평가방법의 비교

	직무 전반	구체적 직무요소
직무 대 직무	서열법(Ranking Method)	요소비교법(Factor Comparison Method)
직무 대 기준	분류법(Classification Method)	점수법(Point Rating Method)

1) 서열법

서열법Raking Method은 직무기술서와 직무명세서를 기초로 기업의 목표 달성을 위하여 공헌도, 직무수행의 난이도, 작업 환경, 육체적 · 정신적 부담의 직무의 내용과 직무수행자의 자격요건을 포괄적으로 고려하여 각 직무의 상대적 가치를 서열화하는 직무평가방법이다.

표 3.7 직무평가 방법의 비교

직무		순위
일련번호	직무명	Most Valued
1	객실	프런트
2	식음료	하우스키핑
3	조리	린넨
4	영업관리	음식
5	경영지원	연회
6	시설	조리
		IAST Valued

정확한 서열을 매기기 위해서는 각자가 매긴 서열을 평균적으로 계산하는 방법이 있고, 두 개의 직무를 짝을 만들어 우열을 나누고 우수그룹에서 다시 우열을 나누고 열등한 그룹에서 다시 우열을 나누면서 우열을 나누는 방법이다.

2) 분류법

분류법Classification Method은 직무등급과 등급내용에 대한 부분을 포함하는 등급기술서를 기초로 하여 평가대상 직무가 어느 등급에 해당하는지를 판단하여 직무의 가치를 평가하는 방법이다. 다시 말해, 직무에 대한 등급표를 1~5등급 혹은 상 · 중 · 하 등으로 미리 분류하여 각 등급에 해당하는 직무요소들의 기준을 설명해 놓은 다음에 직무를 살펴본 후에 각 기준에 부합하는 등급을 분류하고 배치하는 직무평가방법이다.

표 3.8 직무분류를 위한 직급(임금표 : General Schedule) 기준

Grade General Schedule 1
(1) 사무실, 사업 및 재정업무 등에서 단순하고 정형적인 업무, 혹은 (2) 전문적 · 과학적 · 기술적 분야에서의 기초적인 업무를 보조하는 것과 같이 독립적인 판단을 필요로 하지 않으며, 직접적인 감독 하에서 수행되는 모든 직위(Position)와 의무(Duties)를 포함한다.
Grade General Schedule 5
(1) 일반적인 감독 하에서 사무실, 사업 및 재정관리 등에서 난이도와 책임을 수반하는 업무 혹은 전문적 · 과학적 · 기술적 분야에서의 비교 가능한(Compatable) 업무보좌로써 다음 중 어느 한 가지의 요구사항에 접목되어야 함. 즉 (A) 상당한 훈련과 감독 혹은 타 경험의 요구, (B) 사무실, 연구실, 공학, 과학 및 기타 공정과 실행에 대해 특정 주제와 관련하여 광범위한 직무지식의 보유, (C) 한정된 분야에서의 독립적인 판단의 요구, (2) 직접적인 지시 하에서 독립적인 판단이 필요 없는 전문적 · 과학적 · 기술적인 훈련 정도가 초대졸, 대졸자와 동등한 수준으로서 단순하고 기초적이며 경험이 요구되지 않는 직무, (3) 기타 동일 수준의 중요성, 난이도, 책임감 및 비교 가능한 자격을 요구하는 업무를 수행하는 모든 직위(Position)와 의무(Duties)를 포함한다.
Grade General Schedule 13
(1) 특정기술, 감독 혹은 관리 라인 내의 비일상적인 난이도와 책임감 및 독립적인 판단을 요구하는 관리자적 성격의 업무를 수행함. 따라서 전문적이고 관리자적인 훈련과 경험으로 리더십과 목표달성을 나타냄. (2) 조직 수뇌부의 보좌업무(비교가능한 수준의 업무)를 수행함. (3) 독립적인 판단의 적용범위가 상당히 넓으며 관리자적인 역할을 수행함. 또한 비일상적인 난이도와 책임감이 전문분야, 과학, 기술훈련 및 경험분야에서 요구되며 리더십과 목표달성이 요구되고 있음. (4) 기타 동일수준의 중요성, 난이도, 책임감 및 비교 가능한 자격을 요구하는 업무를 수행하는 모든 직위(Position)와 의무(Duties)를 포함한다.

3) 점수법

점수법Point Rating Method은 평가대상 직무의 가치를 판단하는 방법이다. 점수법에 의한 직무평가는 다음 표 3.9와 같다.

표 3.9 점수법에 의한 직무평가

평가요소		만 점	직무 A	직무 B
숙련(50)	기초지식	18	17	17
	교육수준	17	6	11
	판단력	15	12	11
노력(15)	심리적 긴장	7	5	4
	육체적 부담	8	6	6
책임(20)	지도감독 책임	13	6	13
	타인의 위협	7	5	2
직무환경(15)	재해위협	6	5	5
	작업장 분위기	9	8	6
총 점		100	70	170

4) 요소비교법

요소비교법Factor Comparison Method은 기업이 목표를 달성해 나가는데 있어서 꼭 있어야 하는 대표적인 직무를 선정하여 그 직무를 대상으로 평가요소별 서열을 매기는 방법이다. 이러한 요소의 비교적 방범에 비해 신뢰성과 타당성이 높은 방법이다.

이러한 요소의 비교법은 비교적 다른 방법에 비해 신뢰성과 타당성이 높은 편이지만, 대표직무의 서열화 작업에 주관적인 입장이 반영될 소지가 있고, 평가방법이 다른 방법에 비해 상대적으로 복잡하기 때문에 직무평가에 있어 종업원 자신들이 수용할 의사가 있는 여부가 단점이다.

표 3.10 요인평가시스템 : 9요인

직위에 요구되는 지식
1. 요구되는 지식이나 기능의 성격, 종류
2. 업무에 어떠한 방법으로 활용되는가의 여부

감독 / 통제
1. 업무할당
2. 업무수행을 위한 종업원의 책임감
3. 업무 재검토

지 침
1. 업무수행을 위한 지침의 성격
2. 기존지침 혹은 새로운 지침 적용의 필요성

복잡성
1. 과업할당의 성격
2. 필요로 하는 업무를 판단하는 난이도
3. 업무수행의 난이도 및 본질

범위와 노력
1. 업무의 목표
2. 업무생산성 혹은 서비스의 영향

대인접촉

접촉의 목적

물리적 요구사항

근무환경

5) 균형성과표에 의한 평가

(1) BSCBalanced Score Card

과거 수요가 공급을 초과하여 '만들기만 하면 팔리는 시대'는 무조건 많이 만드는 것이 기업의 이익을 좌우하고 규모의 경제를 통해 대량생산을 하는 기업이 경쟁에서 승리하는 기업이 되는 것을 의미했다. 현재는 공급이 수요를 초과하여 규모의 경제는 더 이상 기업의 전략이 될 수 없는 상황이 되었고 제품의 가격만으로 경쟁우위를 확보할 수 없으며, 기업은 부문 고유의 기술을 특화하는 것이 아니라 부문을 횡단하여 통합된 업무프로세스로 경영해야 함을 의미한다. 기업은 경영패러다임을 제품 중심에서 고객지향 및 서비스 중심 경영으로 방향을 수정해 왔다. 기업은 급격한 경영환경 및 기술변화와 심화되어가는 경쟁상황에 대처하기 위해 인적자원관리, 정보 및 연구개발에 덧붙여 고객관계 관리에 많은 주의를 기울이고 있다.

기업의 전반적인 성과를 측정하는 차원은 크게 재무적 성과 측정치와 비재무적 성과 측정치로 나눌 수 있다. 성공적인 기업의 경영자들은 재무적 성과 측정치 또 는 비재무적 성과 측정치 중 어느 하나에 의존하지 않고 모두를 사용하고 있다. 재무적 성과 측정치는 과거활동의 결과를 요약한 것으로 기업의 소유주, 채권자, 경영자, 직원 등에게 중요한 것들이며, 비재무적 성과 측정치는 현행 활동에 중점을 두는 것으로 미래재무적 성과의 동인이 되어야 한다.

전통적인 성과평가시스템은 매출액, 영업이익, 영업실적, 영업이익률 등과 같은 단기적 성과에만 치중함으로써 부분최적화 문제를 초래하고 있다. 기존의 재무적 성과 지표만으로는 최적화를 해결할 수 없고 기업에서 정보나 지식, 핵심역량 같은무형자산의 중요성이 높아짐으로써 무형자산의 가치를 반영할 수 있는 새로운 성과측정치의 필요성이 대두되었다.

첫째, 재무적 측정치와 비재무적 측정치 간의 균형Balance Between Financial and Non-financial Measure, 둘째, 외부측정치와 내부측정치 간의 균형Balance Between External and Inter Napper For Manic Perspectives, 셋째, 선행측정치와 후행측정치 간의 균형Balance Between Lagging and Leading Indicators, 넷째, 단기목표와 장기목표 간의 균형Balance Between Short-term and Long-term Objectives이다.

BSC는 Kaplan & Norton(1992)이 제시한 네 가지 관점인 고객 관점, 내부프로세스 관점, 학습과 성장 관점, 재무적 관점에 따라 조직전략과 비전을 제시하고, 목표를 달성할 수 있도록 기업의 전략목표 및 주요 성공요인을 달성하는데 공헌할 수 있는 전통적인 재무적 지표와 비재무적 지표들을 균형 있게 반영하여 하나루 통합한 종합적인 측정 · 관리시스템이라고 할 수 있다.

따라서 BSC는 단순히 재무적 성과와 비재무적 성과를 함께 측정하여 기업의 성과를 평가한다는 차원에서 벗어나 다양한 영역의 성과지표들을 사업단위의 독특한 전략으로부터 도출하고, 상호 인과관계로 연계시킴으로써 조직이 취하는 모든 노력이 조직이 설정한 전략을 달성하기 위해 응집되도록 하며, 성과평가를 통해 자신의 전략을 새로이 수정할 수 있도록 하는 전략적 경영시스템으로써 보다 큰 가치를 가지고 있다.

(2) BSC의 특성

BSC는 1990년대 처음 도입된 이후 민간기업부터 공공부문에 이르기까지 크게 확산되었다. 국외의 경우 BSC는 기업의 비전을 구체적이고 측정 가능한 목표로 전환하기 위한 방안이나 사업의 우선순위에 따라 자원을 할당하고 사업계획의 수립을 위한 의사소통의 수단으로 많이 활용되고 있다. 국내의 경우 기업의 구조조정과 성과중심의 연봉제 실현을 위한 인사평가시스템을 위해 도입되어, 내부의 필요성에 의해 전략경영을 위한 수단이라기보다 주로 성과지표 개발을 통한 조직과 개인의 성과평가 수단으로써 도입한 면이 강하다.

기존의 전통적인 성과측정시스템은 상대적 불완전성, 정확성 및 중립성 결여, 역동적이고 다양한 근무환경 내에서의 균형부족 등이 단점으로 미래지향적 관점의 성과측정과 관리의 중요성이 대두되어 공공부문에서도 이를 보완한 BSC를 이용한 성과측정시스템이 활발하게 도입되고 있다. BSC가 조직의 성과평가 모델로 크게 확산된 이유는 다음과 같은 독특한 특성을 가지고 있기 때문이다(전용선, 2009).

첫째, 조직의 사명과 비전 그리고 전략을 성과지표와 연계시킨다는 점이다. BSC는 조직이 나아갈 방향을 제시해주는 성과지표가 조직의 사명, 비전 그리고 장기전략과 연계를 가지고 개발되어야 함을 강조한다.

둘째, 재무적 성과와 비재무적 성과의 균형을 중시한다. 환경이 급변하는 정보화 시대에 재무적 지표만으로는 조직이 살아남을 수 없으므로 조직의 경쟁력에 영향을 미치는 비재무적 지표에도 관심을 갖고 재무적 지표와 비재무적 지표 사이에 균형이 필요하다는 점을 강조한다.

셋째, 과거의 성과와 미래의 성과 사이에 균형을 중시한다. 과거의 성과를 나타내는 재무적 지표와 미래의 성과에 기여하는 고객만족도, 내부혁신프로세스, 구성원의 학습 및 성장잠재력 지표 등과의 균형이 필요하다는 점을 강조한다.

넷째, 핵심적인 성공요인Keysuccess Factors에 초점을 맞춘다는 점이다. BSC는 조직의 성과를 평가함에 있어 가장 핵심적인 측면, 즉 재무적 측면, 고객 측면, 내부프로세스 측면 등 핵심적인 측면에 주목한다.

(3) BSC의 구성요소

BSC를 구성하는 측정지표들은 조직의 구성원들이 기업 전체의 비전을 향해 나아갈 수 있도록 설계된다. 기업전략의 구체적 행동지침으로 표현되는 것이다. 종합적이고 다차원적인 경영관리를 위해 재무적 관점을 포함한 비재무적 관점인 고객의 관

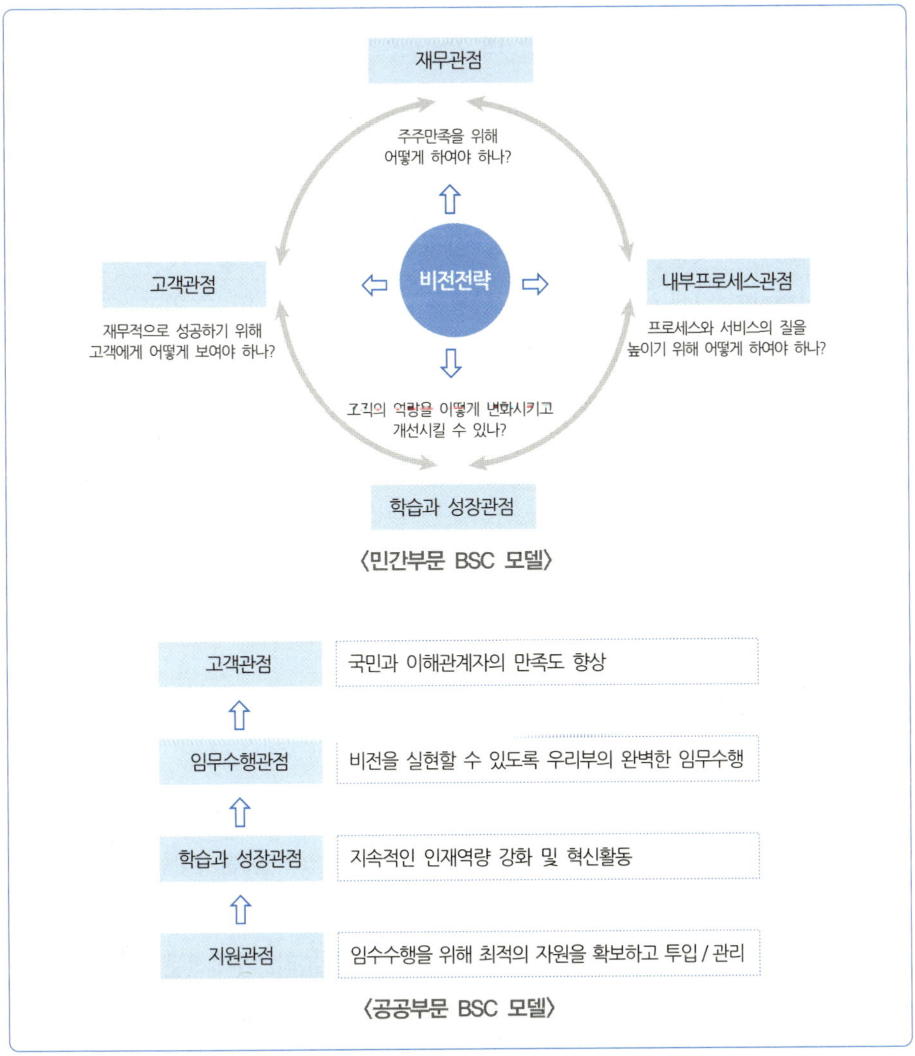

그림 3.2 Kaplan & Norton's Balanced Score Card

점, 내부프로세스의 관점, 학습과 성장의 관점이 의미하는 바는 '계량화하기 힘든 부분의 자료를 이용해 기존의 성과측정시스템이 접근하지 못한 부분을 반영함으로써 기업가치 창출의 정확한 요소를 밝혀낸다'는 것을 말한다(Kaplan & Norton, 1992).

BSC는 경영자들에게 미래의 경쟁에서 성공할 수 있는 필요한 계측기의 고안 및설치방안을 제공하고 있는데, 이는 그들 조직의 목표와 그 목표달성 방안들에 대해 정확한 이해가 필요하기 때문이다. 이 목표달성에 대한 강조와 이를 가능하게 해주는 성과동인들이 포함되는 다음과 같은 네 가정의 균형적인 관점(즉 재무적 관점, 고객의 관점, 내부프로세스의 관점, 학습과 성장의 관점)에서 조직의 성과 등을 평가하게 된다.

BSC는 단일지표로 평가함으로 인한 위험을 완화하면서 지나치게 많은 성과평가기준을 도입하는 것을 제한하는 역할을 한다. 이 측정치들을 분석하면 기업이 경쟁우위를 실현하기 위해 어떠한 변수에 신경을 쓰는가를 쉽게 알 수 있고, 고객지향적 인지, 기업 전체의 최적화에 신경을 쓰는지, 장기적 업적에 관심을 갖는지 등의 당면한 목표뿐만 아니라 목표를 달성하는 방법의 선택도 파악할 수 있다.

- 고객들이 우리 기업을 어떻게 보는가?(고객의 관점)
- 우리 기업은 무엇이 탁월해야 하는가?(내부프로세스의 관점)
- 우리기업은 계속해서 가치를 향상시키고 창출해 낼 수 있는가?(학습과 성장의 관점)
- 우리 기업은 주주들에게 어떻게 보일까?(재무적 관점)

(4) 환대기업에서 성과측정과 BSC

어떤 기업이든 경영자에게 동기를 부여하고 그들의 업적을 평가하는 것은 상당히 어려운 문제이다. 그러나 환대기업은 기업의 특수성으로 인해, 일반기업에 비해 더욱 미묘한 어려움을 가지고 있으며, 특히 소유와 경영의 분리, 환대전문경영기업 또는 경영자들이 기업소유자로부터 가진 이종의 목적에 의해 확대되었다.

환대기업 소유주들은 우수한 투자수익을 추구하는 반면, 환대기업들은 가장 큰 가능수익을 추구한다. 호텔의 성과평가시스템이 의미를 지니려면, 이를 감독·감시하는 이해관계자들에게 유용성을 갖는 효과적이고 신뢰할 만한 정보를 제공해야 한다. 일반적으로 바람직한 성과평가시스템은 다음과 같은 기준을 충족시켜야 한다.

- 지향적Resultoriented
- 중요한 핵심적 지표의 강조
- 신뢰할 만한 자료의 활용
- 의사결정자에의 유용성
- 자료에의 접근용이성

대다수의 환대기업들은 성과평가에 있어 비재무적인 평가를 무시하고 재무적 측정지표만을 이용하고 있다. BSC의 도입을 회피하는 주된 이유는 해석상의 문제가 발생한다든지 또는 적절한 측정지표 선정에 대한 합의도달이 어렵다. 기업의 장·단기 목적을 더욱 정확히 묘사할 수 있는 BSC를 도입함으로써 기업의 핵심사항 및 현안문제에 대한 전 종업원의 토론 및 참가를 활성화시키는 것이 바람직하다.

4. 직무기술서와 직무명세서

1) 직무기술서

직무기술서Job Description는 직무분석의 결과에 의해 직무의 내용·성격·수행방법 및 직무에 기대되는 결과 등을 간략하게 정리해 놓은 서식으로, 직무해설서라고 한다. 이것은 직무의 능률적 수행을 위해 직무분석의 결과 그 개선점을 고치고 정리 후 그 요점을 기술한 문서이다. 직무기술서는 구성원의 모집·배치의 적정화와 직무의 능률화를 목적으로 개개인 직무의 책임·의무·활동정도 및 범위를 설정한 문서로 기초평가의 기초자료가 된다.

2) 직무명세서

직무명세서Job Specification는 특정한 직무를 만족스럽게 수행하는데 필요한 작업자의 지식 · 기능 · 능력 및 기타 특성 등을 기술해 놓은 문서를 말한다. 직무명세서는 그 직무 자체의 내용을 파악하는데 초점을 맞춘 것이 아니라, 직무를 수행하는 사람의 인적 요건에 초점을 맞춘 것이다.

직무명세서를 작성할 때는 직무기술서의 내용을 토대로 하여 그 직무의 수행에 적합한 인적 특성을 도출할 수 있다. 호텔에 따라서는 직무명세서를 따로 작성하지 않고 직무수행 요건을 직무기술서에 합쳐서 작성하기도 한다. 이러한 경우 단순히 직무기술서라고 한다.

표 3.11 호텔의 직무기술서와 직무명세서

〈직무 기본정보〉

직 무	숙박기획 · 개발
직무목적	올바른 인재 채용, 업무평가, 부서 이동, 상벌, 급여, 퇴사업무, 복리후생 관리, 근태 관리를 수행할 수 있다.

〈직무책임 및 역할〉

주요업무	책임 및 역할
채용 업무하기	• 기업의 경영이념에 기초하여 기업에 필요한 인재상을 확립한다. • 기업의 채용관리 규정에 따라 다양한 채널을 통해 직원 채용공고를 한다. • 인원 채용요청서에 따라 채용 대상자를 서류로 선별한다. • 지원서 평가, 시험, 상급자의 면접과정을 통해 최종 선발자를 선출한다. • 기업의 채용관리 규정에 따라 면접 합격자를 대상으로 경력 및 신원조회, 신체검사를 통해 채용을 최종 확인한다. • 기업의 채용관리 규정에 따라 최종 선발자에 대해 통보하고 입사관련 서류를 수령한다.
업무 평가하기	• 업무평가 규정에 따라 업무평가를 시행한다. • 호텔의 평가관리시스템에 따라 직무수행자의 성과, 태도, 능력을 평가하고, 업무평가서를 작성 및 보고한다. • 호텔의 평가보상시스템에 따라 직원의 업무평가 결과를 인사고과(승진, 직무전환, 급여인상)에 반영한다.

주요업무	책임 및 역할
부서 이동하기	• 호텔의 전보규정에 따라 부서 이동을 실행하고 인사명령을 시행한다. • 회사 내부 직원채용 규정에 따라 사내공고를 통해 직원들에게 부서 이동에 대한 신청서를 취합한다. • 동기부여 및 생산성 향상을 위해 직원들의 적성에 맞는 부서 이동을 계획한다. • 회사의 인력관리 계획에 따라 직원들의 부서 간 이동을 활성화하여 다양한 부서 경험을 쌓은 인력 풀을 구축한다.
상벌 관리하기	• 취업규칙에 의거 공정한 상벌 규정을 확립한다. • 회사의 상벌 규정에 따라 우수사원을 선발하고 이에 대한 포상을 실시한다. • 회사의 징계위원회 관리규정에 따라 회사규정 위반자에 대한 징계위원회를 운영한다. • 회사의 징계위원회 관리규정에 따라 규정위반에 대한 징계처분의 범위와 정도를 결정한다. • 회사의 상벌규정에 따라 상벌을 통해 급여 및 승진에 반영한다.
급여 관리하기	• 최저임금보장법 등 관계법령에 따라 법정 최저급여를 직원의 급여에 반영한다. • 직원들의 동기부여에 대한 지식을 바탕으로 급여체계의 내적 공정성 확립 방안을 수립한다. • 회사의 급여 테이블에 따라 신입(경력)사원에 대한 급여를 결정한다. • 회사의 급여 관리규정에 따라 매월 급여 기초자료(근태, 상벌, 인사이동)를 작성한다. • 회사의 급여 관리규정에 따라 개인별 급여 리포트를 작성, 보고한다.
퇴사 관리하기	• 회사규정에 따라 직원 퇴사절차를 운영한다. • 인력운영 계획에 따라 퇴직으로 인한 결원을 대체한다. • 퇴사관리 규정에 따라 접수된 퇴직 관련 서류를 정리한다. • 퇴직면담 절차에 따라 퇴직 사유를 파악한다. • 퇴직면담 절차에 통해 잠재적인 분쟁을 방어한다. • 퇴사관리 규정에 따라 퇴직 직원의 회사물품을 회수 및 처분한다.
복리후생 관리하기	• 회사의 취업규칙 및 복리후생 규정에 따라 승인된 인건비 내에서 복리후생 운영계획을 작성한다. • 복리후생 규정에 따라 경조사비, 학자금과 같은 복리후생제도를 운영한다. • 복리후생 규정에 따라 복리후생비용 신청 및 지급 운영절차를 수행한다. • 직원만족도 조사를 정기적으로 수행한다. • 경쟁사의 복리후생 수준을 파악하고 비교한다.
근태 관리하기	• 근태 관리규정에 따라 근태 관리의 기준, 방법, 절차를 명확히 규명하고 시행한다. • 근태 관리규정에 따라 효율적이며 공정한 근태 관리를 시행한다. • 근태 관리규정에 따라 종업원의 지각빈도수, 결근일 등을 기록한다. • 연간 휴가계획에 따라 직원들이 계획적인 휴가 사용 및 휴가 수집을 시행한다. • 상벌 규정에 따라 근태 불량자에게 징계를 내린다.

〈직무수행 요건〉

구 분	상세내용	
경력사항	4년제 대학 이상	(전공 : 호텔관광경영 관련 전공)
	관련 직무교육 과정	(분야 : 호텔관광경영 관련 전공)
자격증	호텔경영사	

지식 · 기술

- 호텔 인재상에 대한 정보
- 호텔 채용프로세스에 대한 절차
- 온라인 채용사이트 운영에 대한 정보
- 호텔 면접방법에 대한 지식
- 채용요청서 작성기술
- 면접프로세스 조직기술
- 지원서 평가운영기술
- 커뮤니케이션을 위한 문서화 능력
- 호텔상품 파악 능력
- 업무평가서 작성 절차
- 승진, 직무전환, 급여처리에 대한 지식
- 호텔 인사평가시스템에 대한 지식
- 호텔 직급체계 정보
- 업무평가보고서 작성기술
- 업무평가 결과에 대한 해석 능력
- 승진관리기술
- 직무전환관리기술
- 급여정책기술
- 부서 이동 관련 규정
- 사내공고에 대한 절차
- 동기부여에 대한 지식
- 호텔 적정인원 관리에 대한 정보
- 인사명령서 작성기술
- 호텔 경영진과의 효율적인 커뮤니케이션을 위한 문서화 능력
- 결과에 대한 직원설득기술
- 상벌규정에 대한 정보
- 우수사원의 선발에 대한 지식
- 징계위원회 운영방법에 대한 지식
- 취업규칙에 대한 지식
- 상벌규정의 업무처리기술
- 우수사원 선발운영기술
- 징계위원회 운영기술
- 법정 최저급여에 대한 지식
- 급여 관리계획에 대한 지식
- 직원들의 동기부여에 대한 지식
- 급여 리포트작성기술
- 적정급여 책정기술
- 급여테이블 작성기술
- 퇴직처리 절차 관련 규정
- 호텔 내 · 외부의 환경 분석에 대한 지식
- 인적 · 자원관리에 대한 지식
- 퇴직 인터뷰 방법
- 퇴직원 수령 및 처리기술
- 고충처리 능력
- 절차에 따른 퇴직 운영기술
- 회사 복리후생 규정에 대한 지식

	• 경쟁사의 복리후생에 대한 정보 • 직원만족도에 대한 정보 • 효율적인 복리후생 운영기술 • 직원만족도 관리능력 • 효율적인 커뮤니케이션을 위한 문서화능력 • 근태관리에 대한 지식 • 근태 불량자의 징계처리방법 • 호텔 내부규정에 관한 정보 • 퇴직 및 이직관련 지식 • 회사 사규의 공정한 근태관리기술 • 근태관리대장 작성기술 • 근태관리에 대한 직원 피드백관리기술 • 연간 휴가계획 작성기술 • 휴가사용 촉진에 대한 실행 능력 • 지각빈도, 결근일 관리기술 • 연 · 월차 휴가일수 관리기술
사전직무 경험	경영지원 담당

〈직무수행 진단〉

진단영역	진단문항	배우 미흡	미흡	보통	우수	매우 우수
채용 업무하기	1. 나는 기업의 경영이념에 기초하여 기업에 필요한 인재상을 확립할 수 있다.	①	②	③	④	⑤
	2. 나는 기업의 채용관리 규정에 따라 다양한 채널을 통해 직원 채용공고를 할 수 있다.	①	②	③	④	⑤
	3. 나는 인원채용 요청서에 따라 채용 대상자를 서류로 선별할 수 있다.	①	②	③	④	⑤
	4. 나는 지원서 평가, 시험, 상급자의 면접과정을 통해 최종 선발자를 선출할 수 있다.	①	②	③	④	⑤
	5. 나는 기업의 채용관리 규정에 따라 면접 합격자를 대상으로 경력 및 신원 조회, 신체검사를 통해 채용을 최종 확인할 수 있다.	①	②	③	④	⑤
	6. 나는 기업의 채용관리 규정에 따라 최종 선발자에 대해 통보하고 입사관련 서류를 수령할 수 있다.	①	②	③	④	⑤
업무 평가하기	1. 나는 업무평가 규정에 따라 업무평가를 시행할 수 있다.	①	②	③	④	⑤
	2. 나는 호텔의 평가관리 시스템에 따라 직무 수행자의 성과, 태도, 능력을 평가하고 업무평가서를 작성 및 보고할 수 있다.	①	②	③	④	⑤
	3. 나는 호텔의 평가보상 시스템에 따라 직원의 업무평가 결과를 인사고과(승진, 직무전환, 급여 인상)에 반영할 수 있다.	①	②	③	④	⑤

진단영역	진단문항	매우 미흡	미흡	보통	우수	매우 우수
부서 이동하기	1. 나는 호텔의 전보규정에 따라 부서 이동을 실행하고 인사 명령을 시행할 수 있다.	①	②	③	④	⑤
	2. 나는 회사 내부직원 채용 규정에 따라 사내공고를 통해 직원들에게 부서 이동에 대한 신청서를 취합할 수 있다.	①	②	③	④	⑤
	3. 나는 동기부여 및 생산성 향상을 위해 직원들의 적성에 맞는 부서 이동을 계획할 수 있다.	①	②	③	④	⑤
	4. 나는 회사의 인력관리 계획에 따라 직원들의 부서 간의 이동을 활성화하여 다양한 부서 경험을 쌓은 인력 풀을 구축할 수 있다.	①	②	③	④	⑤
상벌 관리하기	1. 나는 취업규칙에 의거 공정한 상벌 규정을 확립할 수 있다.	①	②	③	④	⑤
	2. 나는 회사의 상벌 규정에 따라 우수사원을 선발하고 이에 대한 포상을 실시할 수 있다.	①	②	③	④	⑤
	3. 나는 회사의 징계위원회 관리 규정에 따라 회사 규정 위반자에 대한 징계위원회를 운영할 수 있다.	①	②	③	④	⑤
	4. 나는 회사의 징계위원회 관리 규정에 따라 규정 위반에 대한 징계처분의 범위와 정도를 결정할 수 있다.	①	②	③	④	⑤
	5. 나는 회사의 상벌규정에 따라 상벌을 통해 급여 및 승진에 반영할 수 있다.	①	②	③	④	⑤
급여 관리하기	1. 나는 최저임금보장법 등 관계 법령에 따라 법정 최저급여를 직원의 급여에 반영할 수 있다.	①	②	③	④	⑤
	2. 나는 직원들의 동기부여에 대한 지식을 바탕으로 급여체계의 내적 공정성 확립 방안을 수립할 수 있다.	①	②	③	④	⑤
	3. 나는 회사의 급여 테이블에 따라 신입(경력)사원에 대한 급여를 결정할 수 있다.	①	②	③	④	⑤
	4. 나는 회사의 급여관리 규정에 따라 매월 급여 기초자료(근태, 상벌, 인사이동)를 작성할 수 있다.	①	②	③	④	⑤
	5. 나는 회사의 급여관리 규정에 따라 개인별 급여 리포트를 작성, 보고할 수 있다.	①	②	③	④	⑤
퇴사 관리하기	1. 나는 회사규정에 따라 직원 퇴사 절차를 운영할 수 있다.	①	②	③	④	⑤
	2. 나는 인력운영 계획에 따라 퇴직으로 인한 결원을 대체할 수 있다.	①	②	③	④	⑤
	3. 나는 퇴사관리 규정에 따라 접수된 퇴직 관련 서류를 정리할 수 있다.	①	②	③	④	⑤
	4. 나는 퇴직 면담절차에 따라 퇴직사유를 파악할 수 있다.	①	②	③	④	⑤
	5. 나는 퇴직 면담절차에 통해 잠재적인 분쟁을 방어할 수 있다.	①	②	③	④	⑤
	6. 나는 퇴사관리 규정에 따라 퇴직 직원의 회사 물품을 회수 및 처분할 수 있다.	①	②	③	④	⑤

진단영역	진단문항	매우 미흡	미흡	보통	우수	매우 우수
복리후생 관리하기	1. 나는 회사의 취업규칙 및 복리후생 규정에 따라 승인된 인건비 내에서 복리후생 운영계획을 작성할 수 있다.	①	②	③	④	⑤
	2. 나는 복리후생 규정에 따라 경조사비, 학자금과 같은 복리후생제도를 운영할 수 있다.	①	②	③	④	⑤
	3. 나는 복리후생 규정에 따라 복리후생비용 신청 및 지급 운영 절차를 수행할 수 있다.	①	②	③	④	⑤
	4. 나는 직원만족도 조사를 정기적으로 수행할 수 있다.	①	②	③	④	⑤
	5. 나는 경쟁사의 복리후생 수준을 파악하고 비교할 수 있다.	①	②	③	④	⑤
근태 관리하기	1. 나는 근태관리 규정에 따라 근태관리의 기준, 방법, 절차를 명확히 규명하고 시행할 수 있다.	①	②	③	④	⑤
	2. 나는 근태관리 규정에 따라 효율적이며 공정한 근태관리를 시행할 수 있다.	①	②	③	④	⑤
	3. 나는 근태관리 규정에 따라 종업원의 지각 빈도수, 결근일 등을 기록할 수 있다.	①	②	③	④	⑤
	4. 나는 연간 휴가계획에 따라 직원들이 계획적인 휴가사용 및 휴가 소진을 시행할 수 있다.	①	②	③	④	⑤
	5. 나는 상벌 규정에 따라 근태 불량자에게 징계를 내릴 수 있다.	①	②	③	④	⑤

〈평가결과〉

진단영역	문항수	점 수	점수÷문항수
채용 업무하기	6		
업무 평가하기	3		
부서 이동하기	4		
상벌 관리하기	5		
급여 관리하기	5		
퇴사 관리하기	6		
복리후생 관리하기	5		
근태 관리하기	5		
합 계	39		

* 자신의 점수를 문항수로 나눈 값이 '3점' 이하에 해당하는 영역은 업무를 성공적으로 수행하는데 요구하는 능력이 부족한 것으로, 교육·훈련이나 개인학습을 통한 개발이 필요함.

05 조직구성 및 직무별 분류

환대기업Ospitality Enterprise은 호텔, 음식서비스, 카지노, 관광에 제한하지 않고 넓은 범위의 다양한 서비스산업을 포함하는 산업이다. 대표적으로 호텔을 중심으로 해서 살펴보고자 한다.

1. 호텔기업의 조직 및 직무

1) 호텔기업의 조직

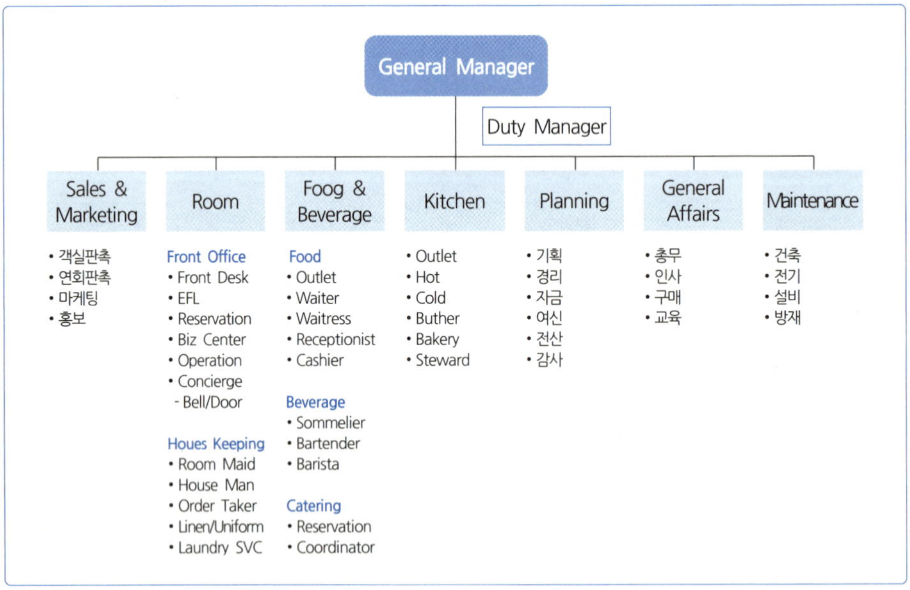

그림 3.3 호텔기업의 조직

2) 호텔기업의 직무

(1) Front Office

① Manager

- 객실부 연간 운영계획 수립
- 객실부 Service Standards 유지 · 관리
- 객실고객에 관련된 전빈적인 업무감독
- Front Office System 유지개발
- Key Time시 Front Desk와 Lobby에서 업무지원
- 객실예약 및 가용 객실상태 일일 확인
- 고객의 요구사항에 대한 서비스 제공 우선순위 관리

② Assistant Manager

- Front Office Manager 부재 시 업무대행
- 경쟁사 객실판매현황 숙지 및 Front Office Manager에게 보고
- 객실부 Service Standards 개발 및 직원교육
- 객실고객에 관련된 각종정보 숙지
- Front Office System 전반적인 업무 숙지
- 고객 요구사항을 식속하게 파악 및 대처
- Key Time시 Front Desk와 Lobby에서 실무 업무

③ Receptionist

- 객실고객의 체크-인, 체크-아웃 업무 수행
- 객실고객의 기록사항시스템에 등록
- Walk-in 고객에게 적절한 요금으로 객실 판매
- 객실 키의 체계적인 관리
- 환전업무 및 귀중품 보관 업무

- 고객이 지불하는 객실요금을 정확하고 신속하게 처리
- 프런트데스크 시스템의 활용 숙지

④ Bell Attendant

- 호텔시설, 영업시간, 기타 상세한 정보 숙지
- 고객 동행 시 객실 시설상태 점검
- VIP의 명단 숙지 및 최상의 서비스 제공
- 고객의 수화물 보관 또는 객실로 전달
- Key Time 시 고객차량 Parking서비스 지원
- 고객요청 시 택시 호출서비스 제공
- 주차장에 대기 중인 고객 차량기사 호출 방송
- VIP 차량번호 숙지하여 최상의 서비스 제공
- 호텔시설 및 영업시간, 기타 상세한 정보를 고객에게 제공
- 현관 앞 주차통제 및 원활한 소통 유지

⑤ House Keeping

- Executive Housekeeper
- 객실의 안락한 분위기 유지 및 객실청소 및 정비관리
- 린넨류, 세탁물의 효율적인 관리
- 객실청소 외부 용역업체 관리
- 복도, 공공장소, Staff Area청소 관리
- 고객 불평사항 해결 및 분석
- 직원 Uniform 관리
- Housekeeping 운영비용 관리 및 운영계획 수립
- Public Area Cleaning 업무계획 수립
- Public Area 내에 있는 시설물상태 점검 및 확인
- 린넨류 비용절감 및 연간 운영계획 수립

- 일일 린넨의 불출 및 반입관리
- 입고된 린넨류의 상태와 질 파악
- 매월 린넨류 재고 파악하여 분실 및 훼손 파악
- 직원 안전교육 및 건강상태 파악
- 린넨 창고 정리정돈 관리
- Public Area 및 Back Side 청소상태 점검

⑥ Houseman

- 고객의 불평사항을 접수 및 보고
- 객실 내 가구의 청결유지
- 고객의 요청한 물품 Delivery
- 객실고객의 세탁물을 오전에 Pick-up, 오후에 Delivery서비스 제공
- 청소용 화학제품에 대한 사용법 인지
- 청소기기 사용법 인지
- 고객 Order 정확하고 신속하게 객실관리 업무 담당자에게 전달 및 확인
- 일일 객실점유율 및 객실 운영상황 숙지
- 부서 내 Office Coordinator 업무 및 문서접수 처리
- 경쟁사 객실 운영상태 파악 및 비교분석
- Lost · Found관리

⑦ Housekeeping

- 고객의 불평사항 접수 및 보고
- 객실 내 가구의 청결유지
- 고객의 요청한 물품 Delivery
- 객실고객의 세탁물을 오전에 Pick-up, 오후에 Delivery서비스 제공
- 청소용 화학제품에 대한 사용법 인지
- 청소기기 사용법 인지

(2) F&B

① Manager

- 식음료 매출증진을 최대화 할 수 있는 영업방안 모색
- 식음료 부서의 실질적 지휘감독 및 운영책임 및 문제점 해결
- 식음료부 직원의 서비스교육 및 업장의 고객관리 총괄
- 각 업장 지배인의 역할을 지도, 감독 및 정기적 부서
- 영업회의 주관
- 일일 및 매월 매출분석과 직원 채용계획 및 관리
- 월별 · 계절별 식음료이벤트 계획 및 실시
- 메뉴개발, 동종업계 동향 분석
- 유관부서와의 업무협조가 원활히 유지되도록 관리 · 감독
- 고객의 욕구를 만족할 수 있는 서비스교육을 계획 실시
- 업장의 실질적 서비스 계획 및 현장교육 실시
- 정기적 부서 영업회의 주관 및 참석
- 전 식음료업장 지배인들의 근무스케줄 및 영업관리
- 고객과의 적절한 유대관계 유지하여 단골고객으로 확보방안 모색
- 매출증진, 비용절감 방안계획 및 시행
- 전 식음료업장 고객의 불평처리

② Outlet Manager

- 해당업장 총괄 매출증진 및 서비스향상과 청결유지 관리 감독
- 정기적 F&B Meeting 참석, 영업문제점 보고 및 해결방안 모색
- 업장 내 Food Inventory 정기적 · 비정기적으로 실시
- Supervisor의 Order Slip 감독
- 업장, 린넨 청결유지 및 기물관리 지시
- 업장 직원 근태관리 · 감독
- 업장 매출 원가관리

- 고객 불평처리

③ Waiter & Waitress

- 정확한 고객주문처리 및 신속한 식음료서비스 제공
- 친절한 서비스 제공
- 다양한 메뉴숙지 및 칵테일 주조기술 습득
- 위생청결 유지
- 영어 및 업무 필수 언어교육 및 서비스교육 적극 참여
- 고객의 불평사항 신속히 상사에게 보고처리
- 업-셀링Up-selling : 동료 간 · 상하 간 원활한 유대관계 유지

④ F&B Coordinator

- 식음료 부서장을 위한 행정업무 수행
- 식음료부 각 업장별 업무시달사항 전달
- 식음료부 각 업장의 메뉴작업
- Monthly P & L Meeting
- F&B Promotion Meeting
- F&B Marketing Meeting
- 식음료부로 접수된 이메일 확인
- 고객 식음료예약관리 및 부서 간 업무메모 전달
- 각종 신청서 및 식음료부 직원 개별파일 관리
- 각 업장의 결재서류 취합 및 부총지배인에게 결재처리 후 전달

⑤ Banquet Reservation Clerk

- Wedding 관련 고객 직접상담
- 각종 Family Event 관련 고객 직접상담
- 각종 Conference, Seminar, Meeting 관련 고객 직접상담

- 위와 관련된 모든 전화상담 및 예약 관련 업무

⑥ Banquet Waiter

- 정확한 고객주문처리 및 신속한 식음료서비스 제공
- 친절한 서비스 제공
- 다양한 메뉴 숙지 및 칵테일 주조기술 습득
- 위생청결 유지
- 영어 및 업무 필수 언어교육 및 서비스교육 적극 참여
- 고객의 불평사항 신속히 상사에게 보고 처리
- 업-셀링Up-selling, 동료 간·상하 간 원활한 유대관계 유지

(3) Sales & Marketing

① Reservation

- 전화, e-mail, Fax 등을 통한 객실예약 업무
- 객실평균단가 및 객실매출액 고려, 최상가의 객실판매 실시
- 고객 History Profile 업데이트 실시
- No Showed Guest에게 확인전화 및 원인 분석
- Reservation Slip 관리
- 예약고객 1일 전 사전확인 및 결과 Front Office에 통보
- 호텔을 대표하는 의사소통센터로서의 역할
- 고객전화 응답 시 세련되고 상냥한 서비스 제공
- 객실고객에게 요청받은 메시지 전달
- 전화상 접수된 고객 불편사항 신속처리
- 고객요청 시 모닝콜서비스 제공
- 인터넷상의 객실예약 확인 및 접수결과 회신

② Director

- 객실 및 연회 판촉부문 총괄기획 및 관리
- 연간 판촉계획 및 예산수립, 목표달성 위한 세부마케팅 계획 시행
- 기간별 세부판촉 활동보고 파악, 마케팅에 적극 반영
- 판촉 예상목표의 효과적 달성을 위한 각종 이벤트상품 기획 및 집행
- 고객 및 거래선과의 원활한 관계유지 위한 고객의 영접과 응대
- 거래선 방문을 통한 고객의 요구사항 지속적으로 파악하여 마케팅에 반영
- 판촉활동의 효과분석과 효율성 제고 및 향후 방향제시
- 식음료 및 연회행사 유치계획 수립 및 시행
- 시장경향 조사 및 분석
- 국내 · 해외 패키지 개발 및 패키지 실적 관리
- 호텔판매 상품의 주기적인 마케팅 플랜 및 실행
- 다양한 제휴사와의 긴밀한 관계유지 및 계약 담당
- 제휴사와의 이벤트기획
- 커뮤니케이션 채널확보 및 프로모션 기회 모색
- 홍보물의 질과 품질 유지
- 업무 측면의 타부서와 적극적인 커뮤니케이션

③ Manager

- 객실 및 연회판촉 부문의 세부사항 책임과 판촉지배인 총괄관리
- 세부마케팅 시행 사항에 따른 주간, 월간, 연간 판촉계획 수립 및 실행
- 판촉지배인의 세부 판촉활동 파악, 분석 및 보고
- 고객 및 거래선과의 원활한 관계유지 위한 고객의 영접과 응대
- 거래선 방문을 통한 고객의 요구사항을 지속적인 파악 및 마케팅 반영
- 판촉지배인의 효과적 판매활동을 위한 계획수립 및 실행
- 식음료 및 연회행사 유치에 따른 판촉지배인들의 세부 활동

④ Assistant Manager

- 객실 및 연회 판촉 담당분야 계획수립 및 실행
- 세부 기간별 판촉계획 및 결과 보고
- 기존 및 신규 거래선 또는 고객과의 원활한 관계 유지 위한 고객의 영접과 응대, 거래선 방문 등을 통한 고객 요구사항
- 지속적 파악 및 마케팅에 반영되도록 보고
- 거래선의 효과적인 관리 위한 거래선별 개별데이터 작성 및 방문일지 기록
- 투숙고객이나 거래선들의 불평사항 수렴하고 마케팅정책에 반영되도록 보고
- 고객과의 유대관계 강화를 위하여 투숙실적에 따른 고객관리
- 장기투숙객 관리, 투숙고객과의 상담, 장기투숙고객 파티 개최
- 판촉인쇄물의 DM발송

⑤ Sales Coordinator

- 연간 판촉예산 및 마케팅 계획 수립 보좌 및 관리
- 판촉지배인의 기간별 실적분석 및 마케팅 결과보고서 작성
- 해외 거래선 및 Hotel Head Office의 견적 및 보고서 작성
- 마케팅시장 동향변화 파악 및 판촉활동의 전산화 통한 효과분석 및 효율성 제고
- 경쟁사 동향파악 및 정보수집 통한 향후 마케팅 방향 제시
- 판촉지배인의 각종 업무자료 관리의 일원화 통한 효율성 도모
- 인터넷 통한 온라인시장의 고객관리 및 판촉계획 수립
- 부서 행정업무 및 판촉활동에 따른 타부서와의 긴밀한 업무협조 유지

⑥ Public Relation

- 내 · 외적으로 호텔과 관련한 홍보기획
- 호텔을 대표하는 언론적 대변인 역할 수행
- 호텔 내 객실, 연회 등 각종 상품 홍보전략 기획
- 광고, 언론, 지역사회 등 유관행사 유치 및 진행

- 언론매체와의 긴밀한 유대관계 유지
- 호텔 관련 모든 홍보, 판촉물에 관한 총괄 관리
- 홍보간행물 제작 및 감독
- 인터넷상의 호텔 홍보활동 관리
- 스페셜이벤트 기획
- 영문 홍보자료 제작으로 수준 높은 호텔이미지 창출
- 호텔 관련 영문 보도자료 작성
- 호텔 대내·외 각종 이벤트 및 판촉행사 관련 영문 판촉물 제작
- 해외 언론매체에 호텔 홍보자료 게재
- 영문 기획기사 개발

(4) Finance Accounting

① Financial Controller

- 경영보고서·재무보고서·매출채권보고서 작성
- 매입 채무전표 검토 및 확인
- 호텔 대차대조표 근거한 월 결산 집행
- 경영층 및 각 부서에서 필요로 하는 각종 회계자료 제공
- 일일 Cash Flow를 확인하고 연간 Cash Flow 예측
- 월간 예산을 예측하고 연간 호텔 예산책정에 총지배인과 해당 부서장에게 조언
- 거래업체의 대금지급이 계약에 근거하여 시행되는지 관리
- 해외계좌 송금 시 필요서류 구비여부와 정확한 금액 입금여부 정기적 점검
- 결산조정 준비
- 결산자료 입력관리 및 점검
- MIS보고서 등 재정관련 보고서 작성 및 검토
- 현금계정과목 점검 및 확인, 월 결산 전·후 각 계정처리 확인
- 자산 및 부채계정 점검 및 확인
- Hotel Head Office에서 요청하는 보고서 준비(월 매출보고서, 월 GOP 보고서,

월 BENCHMARKS 보고서 등)

② General Cashier

- 현금 출납업무 담당
- 캐셔의 출납업무
- 각종 청구서의 증빙첨부 확인하고 정확한 계정과목으로 회계
- 시스템에 입력
- 거래처 계산서 조합 및 검토
- 거래처 질의에 신속히 응대
- 채권자에게는 매월 정해진 시기에 지급
- 청구서 회계시스템에 정확히 입력 여부 확인
- 월말결산 관련 업무 수행
- 구매허가서와 검수서류가 일치여부
- 월말 외상매입명세서 작성 및 확인
- 은행 계좌별 입 · 출금 내역 확인
- 총계정 원장의 잔액 점검

③ Income Auditor

- 영업회계 감사 업무
- 청구서와 전일 매출실적 확인 검토
- General Cashier가 준비한 전일 현금 입금내역서 검토
- 전일 Allowance, Paid-out 내역서 검토
- House CheckENT & Official Check 검토하여 월말보고서 작성 및 총지배인 승인
- 식음료 캐셔, 프런트 캐셔 업무 관리감독
- 영업회계 감사 업무
- 채무자 대금지급이 거래계약에 근거하여 지불되는지 검토
- 장기 채무자에게 채무상환을 요구하는 공문 발송

- 적정시기 청구서 발송 확인
- 채무자의 요구와 질의사항에 신속응답 및 처리
- 월말결산 관련 업무
- 신용판매자료 대행업체에 전송
- 카드사별 입금 확인
- 신용판매 관련한 고객 질의응답

④ Cost Controller

- 원가관리 담당 업무
- 정기적인 식음료 및 일반창고재고 실사 및 평균재고수량 실사
- 식음료 관련 적정비용 대비 매출관리
- 식음료 및 일반창고에서 발생되는 제반사항에 대한 관리 책임
- 창고 입·불출 관련된 정확한 장부기장 및 관리
- 식음료업장 및 창고 재고물량 점검보고서 작성
- 각 식음료업장과 창고의 적정재고량 유지관리
- 지정 창고관리를 업무절차에 따라 입고, 보관, 출고
- 전 제품에 대한 적정온도, 습도, 송풍 유지
- 「식품위생법」 등 관련 법률을 준수 및 창고정리
- 창고의 적정 보안시스템 유지여부 확인
- 유관부서와 협조, 3개월 평균 소비량에 준한 평균, 최소, 최고 재고량의 설정과 관리
- 상기 내용에 준한 창고물품의 적정 재고수량 유지

⑤ Purchasing

- 전체 구매물품에 관한 검수 실시
- 저울의 청결과 정확한 영점 유지
- 구매물품에 대한 정확한 수량 및 무게 측정

- 개별 구매물품의 실제 주문과 비교한 수량, 단위 확인
- 입고 지연, 누락, 입고 시 물품 파손발생 시 구매부에 통보
- 구매 승인된 물품의 구매전표 확인
- 구매주문을 의뢰한 각 부서에 해당 물건의 도착 및 수령 통보
- 회사물품 반출 시 물품 반출절차에 따라 서류작성 및 확인
- 전체 호텔 구매품목에 대한 적정업체 계발 및 관리
- 구매의뢰서, 구매주문서, 공급업자, 물품가격 및 재고 검토
- 일일 식자재의 발주
- 사안별 계약조건 설정, 계약체결 및 관리
- 해외 구매선의 계발 및 발주, 수입업무
- 호텔시설 개·보수 시 기술팀과 공조하여 예산/구매 계획 수립 및 구매

(5) Human Resources

① Training Coordinator

- 호텔 인사정책과 부응하는 교육계획 및 예산수립, 교육프로그램 시행
- 지속적인 Training Needs 파악을 통한 고객의 만족서비스 교육 실시
- 서비스향상을 위한 직원들의 부서별 직무교육 시행 및 관리
- 새로운 교육 모듈 마련
- 교육프로그램의 평가 및 교육·훈련 자료의 지속적인 업데이트
- 신입사원에게 Induction 교육 및 Grooming Standard 교육 실시
- 각종 직원행사 적극 지원
- 인사규정 관련 신입사원 교육 지원
- 수습 및 직원평가 업무관리 지원
- 각종 복리후생 관련 업무 담당
- 지속적인 훈련욕구Training Needs 파악을 통한, 고객의 만족서비스 교육 실시 지원
- 호텔 인사정책과 부응하는 교육계획 및 예산수립, 교육프로그램 시행 지원
- 교육프로그램의 평가 및 교육·훈련 자료의 지속적인 업데이트

② Director of Human Resources

- 연간 인력운영 계획수립
- 직원 채용면접 및 관리업무
- 직원 승진심사 업무관리
- 직무분석Job Description관리
- 연봉제 평가 및 관리업무
- 신입사원 교육 및 교육계획 실행관리
- 노사협의회 운영관리
- 연간 직급별 임금조정 작업
- 회사규정 유지관리
- 각종 직원행사 운영관리
- 인사규정 관련 신입사원 교육
- 인사마스터 업데이트와 급여 변동사항 관리
- 각종 인사발령
- 직원 정기승진심사 및 연봉조정 작업
- 수습 및 직원 평가관리
- 계약사원 계약관리
- 각종 복리후생 관련업무
- 인사행정 업무

③ H/R & G/A Coordinator

- 직원 근태 및 휴가관리
- 각종 법정수당 확인(연장근로수당, 심야근무수당, 택시비 등)
- 대관·기관 업무를 비롯한 인허가 신규 및 변경업무
- 각종 호텔행사 및 직원행사 기획관리
- 직원 구역관리 총괄업무
- 각종 호텔 사업관련 세금업무

- 호텔 등급심사 관련업무
- 호텔 관련 법률개정사항 및 호텔과 관련된 정보수집
- 직원 채용업무 진행
- 인사 규정관련 신입사원 교육 보조
- 각종 인사발령 관리
- 수습 및 직원 평가관리
- 각종 복리후생 관련업무
- 각종 인사행정 업무관리 등

(6) Executive Office

① Admin Coordinator

- 총지배인 비서 및 행정업무 수행
- 각종 문서작성 및 시행
- 각 부서의 정확하고 신속한 정보를 제공
- 뛰어난 외국어로 친절하고 세련된 매너의 전화응대
- 총지배인 주관의 회의소집 및 회의록 작성
- 각 부서장 또는 직원과 총지배인의 의사소통 역할
- 본사와 업무적으로 긴밀한 협조유지
- 각종 회의 통·번역 역할 수행

(7) 기타

- 부대시설
- 헬스클럽

3) 여행사 및 외식기업

여행사와 외식기업을 생각하면 보편적으로 여행사는 하나투어, 모두투어를 비롯한 유명브랜드 외식기업을 떠오르게 된다. 외식기업은 개인기업보다는 프랜차이즈Franchise형 기업인 패밀리레스토랑, 치킨집 등을 먼저 생각하게 된다. 최근 여행사든, 외식기업이든 프랜차이즈 가맹계약을 통한 운영이 일반적이다.

동일한 상표, 상호 등을 사용하여 본부와 동일한 이미지, 상품판매, 용역제공 등 일정한 영업활동을 하며, 본부는 각종 영업지원 및 통제를 하고, 가맹계약자는 가맹계약을 통해 부여받은 권리 및 영업상 여러 가지 지원을 받는다. 이 같은 특징으로 볼 때 호텔, 여행사, 외식기업 등이 보편적인 운영형태이다.

지역주변에 여행사, 외식업체들이 소규모로 영세하게 운영되고 있어 많은 어려움이 있기 때문에 프랜차이즈 가맹계약을 맺어 업체를 운영한다. 그러나 호텔과 같은 조직으로 운영되기에는 많은 어려운 점이 많지만, 각각의 업체규모, 전문성, 특징에 맞추어 조직화해야 한다.

Hospitality Industry

Human Resource Management

환대산업인적자원관리

CHAPTER 04

채용 및 배치관리

Hospitality
Industry
Human Resource Management
환대산업인적자원관리

01 채용관리

1. 채용관리의 의의

직무가 설계되고 어떠한 직무에 어떠한 사람이 필요한가가 정해지면, 거기에 알맞은 인적자원을 찾아서 배치하는 과정을 인력의 채용 혹은 충원이라 한다. 구체적으로 인력을 모집한 후에 여러 가지 도구를 가지고 각각의 지원자를 평가하여 적합한 인력을 선발하고 그들에게 필요한 직무에 배치하기까지가 채용관리Recruitment Management의 대상이다. 미국은 인사관리와 관련 활동 중 인력채용관리 활동에 가장 많은 시간과 비용을 들인다.

채용은 개인은 물론 기업과 사회에도 많은 영향이 있다고 볼 수 있다. 기업의 입장에서 보면, 기업의 장기적인 전략을 수립하고 목표를 달성하기 위해 채용전략이 필요하며 개인적인 측면에도 기업이 인적자원들을 채용하지 않으면 일자리가 없다. 기업의 채용전략은 작게는 한 개인에게 영향을 미치지만, 크게는 가계나 사회적으로 많은 영향을 미치게 된다. 기업의 채용전략이 실행되지 못하면 노동시장에 인력이 남아돌아 상승하게 되고 사회적으로 여러 가지 문제점이 발생하게 된다. 기업의 채용관리는 크게 모집과 선발과정으로 나누어 선발하게 된다.

1) 모집

(1) 모집

모집Recruitment은 기업이 인적자원 선발로 자원자를 모으는 과정으로 정의를 할 수 있는데, 이러한 모집활동은 기업이 인적자원을 기업 외부에서 모으는 외부방법과 내부모집으로 구분이 가능하다. 모집은 중요하며 모집방법에 따라서 지원자의 요건이 달라지며 궁극적으로 신입직원의 요건에 영향을 미치게 된다. 모집을 잘못하여 지원자가 적으면 선발수준을 낮출 수밖에 없고 향후 신규종업원을 교육시키고 훈련을 시키는데 초과비용을 지불해야 한다. 모집 시기에 우수한 인력이 지원하지 않으면 인력채용에 많은 노력을 해야 하며, 이에 따른 시간과 비용을 투자하게 되어 결국 기업이 전체적으로 보면 많은 희생을 감수해야 한다.

따라서 우수한 인력을 선발하려면 효율적인 모집이 선행되어야 하는데, 이를 위해선 모집방법과 모집 절차가 적절하게 이루어져야 한다. 우선 내부모집을 할 것인지, 외부모집을 할 것인지를 결정해야 한다. 많은 지원자를 확보하려면 어떠한 매체를 활용할 것인가도 중요한 변수가 되며 모집 시기에도 관심을 기울여야 한다. 모집 시기와 관련하여 조직 외부로부터 인원을 충원하는 것은 어느 정도의 시간이 필요하다.

기업들은 상당한 시간적인 여유를 가지고 모집활동을 하는 것이 일반적이라고 할 수 있다. 언제 모집활동을 시작하는 것이 적절한지를 판단하기 위해서는 시간경과자료Time Lapse Data를 사용하는 것이 효율적이다. 시간경과자료란 외부 충원과정상 발생하는 주요의사결정 과정에서 소요되는 평균시간이다.

이러한 조건 하에 모집인원이 많지 않으면 모집전략을 다시 한 번 점검해 보고 전반적인 인적자원관리 전략에도 확인할 필요가 있다. 위에서 언급된 모집방법 중 내부모집과 외부모집에 대한 장·단점은 다음과 같다.

(2) 모집방법

① 모집방법 선택

기업이 모집방법을 선택할 때 어떠한 방법이 합리적인 기간과 비용 한계에서 조직에 필요한 인력의 숫자와 수준 높은 인적자원 창출이 가능한지를 고려해야 한다.

- 노동력 공급량: 모집방법에 따라 창출되는 지원자의 수가 달라지는데, 광고와 같은 모집방법은 다수의 지원자가 생긴다. 만약 기업이 다수의 인력을 필요로 할 때 광고와 같은 광범위한 매체가 적절하다.
- 노동력의 질: 모집과정에서 양질의 지원자 확보에 관심이 큰 조직은 특정조직을 집중적으로 훈련시키고 개발하는 학교에서 집중적으로 모집하는 것이 효과가 크다.
- 모집방법의 가용성 여부: 기업의 모집방법에 영향을 주는 요인이다. 기업은 모

집방법으로 항상 모든 모집방법을 사용하는 데는 많은 어려움이 있다고 판단된다. 따라서 상황에 따라서 가장 적절한 방법들이 필요하다.

- 예산 : 모집방법에 따라서 소요되는 비용도 차이가 크다. 이러한 예산의 제약으로 인해 기업의 상황에 맞는 모집방법이 필요하다.

② 모집유형

- 내부모집 : 내부모집이란 내부 노동시장에서 지원자를 모집하는 방법으로 사내에 모집공고Job Posting System를 내고 기존의 사원들이 응모하면 선발, 이동, 승진, 배치하는 모집방법이다. 호텔기업에서도 프런트 부서에 근무하다가 식음료부서로 이동된다거나, 벨 업무를 하다가 프런트 업무로 이동하는 등 내부모집이 발생할 수 있다. 내부모집은 기업과 종업원 모두 서로를 잘 알고 있다가 충분한 검토를 통해서 지원자들을 적재적소에 배치할 수 있는 장점이 있다고 할 수 있다. 기업의 입장에서 보면, 내부모집을 통해서 외부모집의 비용을 절감할 수 있고 내부적으로는 조식문화를 잘 이해하고 있는 내부인을 채용함으로써 교육 · 훈련 비용을 절감할 수 있다.
- 외부모집 : 외부모집은 지원자를 외부에서 모으는 방법을 말하며, 모집방법으로는 모집광고를 통한 방법, 기업을 대신하여 헤드헌터 등 외부기관을 통해 모집하는 방법, 대학교 등 교육기관과 연계하여 모집하는 방법, 일정기간 동안 인턴십을 통해 모집하는 방법이 있다.

표 4.1 모집방법에 따른 장 · 단점

모집방법	내부모집	외부모집
장점	• 사기가 높아짐 • 능력개발 • 모집비용 절감 • 평가의 정확성	• 새로운 분위기 조성 • 인재채용 폭이 넓어짐 • 교육비 및 훈련비 절감
단점	• 모집범위의 제한성 • 탈락자들의 불만고조 • 경쟁과다 • 전환배치 시 교육비용 증가	• 적응기간이 필요함 • 내부직원들의 사기가 저하 • 잘못된 평가가 있을 수 있음

2) 선발

(1) 선발

선발Selection은 모집된 지원자들에 관한 정보를 수집하여 자격심사를 하고 적격자를 확정짓는 과정이라고 할 수 있다. 직원들의 선발 절차를 살펴보면, 모집에서 시작하여 서류 및 자격심사 과정을 거쳐 면접과정을 거쳐 선발하고, 선발된 인적자원을 교육하는 과정을 거치게 된다. 선발은 경제적인 관점과 전략적인 관점에서 기업에 많은 영향을 미치게 되므로 기업은 신중한 입장을 거치게 된다. 새로운 인력을 선발할 때는 효율성, 형평성, 적합성 등을 고려해야 하는데, 효율성이란 선발된 인원들이 기업에 입사했을 때 최소한 기업에서 보상하는 비용보다는 공헌도가 더 커야 한다는 의미이다.

형평성은 모든 지원자들에게 동등한 기회를 부여해야 한다는 의미이고, 적합성이란 기업의 전략이나 목표에 적합한 인력을 발해야 한다. 기업은 직무분석을 통해 직무를 수행하는 필요한 지식, 스킬, 스킬 능력을 식별할 수 있는데, 이러한 자료를 분석함으로써 지원자를 측정하고 평가하여 조직의 개인과 직무적합도를 상승시킬 수 있다. 기업들은 조직요건에 맞는 인적자원을 개발하고자 인적자원을 선발하는데, 기업에 따라 차이는 있을 수가 있지만 일반적으로 기업들은 자사의 가치관이나 문화에 적합한 인적자원을 선발하려는 경향이 강하다고 볼 수 있다.

(2) 선발도구

기업에서 인력을 선발하는 방법으로 여러 가지가 있지만, 대표적인 방법이 서류전형, 필기시험 및 검사, 면접 등이 있다.

① 서류전형

기업들은 새로운 인력 확보를 위한 선발도구로서 서류전형을 실시하는데, 서류전형은 기업들은 이력서, 자기소개서, 졸업증명서, 자격증, 추천서 등을 통해서 인력을 선발하는 기초적인 자료 중 하나이다.

② 시험 및 검사

기업에서 일반적으로 선발하는 유형으로는 성격검사, 능력검사, 지능검사, 적성검사 등이 있다. 성격검사를 통해서 기업들은 성격과 맡은 직무와의 깊은 것을 파악할 수 있는 계기가 된다. 능력검사를 통해 지원자의 일반적인 능력과 과업에 관련성을 파악하게 된다. 지능검사를 통해서 지원자의 능력을 파악하게 되며, 적성검사를 통해 선발 후 지원자들을 배치할 때 이 점을 최대한 고려하게 된다.

③ 면접

면접Interview을 통해서 지원서나 선발시험을 통해 잘 파악하지 못한 지원자 특성을 파악하는 과정이라고 할 수 있다.

면접의 유형은 구조적 면접과 비구조적 면접으로 볼 수 있는데, 비구조적 면접이란 직무에 관한 전문능력 파악을 위해 질문사항을 미리 준비하여 비전문가도 면접관으로 충분한 역할을 진행할 수 있다. 비구조적 면접이란 질문 내용이 준비되지 않은 채 면접이 진행되기 때문에, 면접 후 평가부분에 대해 평가하는데 많은 신경을 써야 한다. 면접 유형은 집단 면접, 위원회 면접, 스트레스 면접, 상황 면접 등이 있으며, 각각 특징을 살펴보면 다음과 같다.

- 집단 면접 : 집단 면접은 복수의 지원자들을 면접하는 방법으로 다수의 지원자들을 비교 평가하는 방법으로 진행되어 시간이 절약된다는 장점이 있지만, 개인의 특성을 파악하기 힘들다는 단점이 있다.

- 위원회 면접 : 여러 명의 면접관이 한 명의 지원자를 대상으로 집중적인 질문을 하고 평가 시에도 면접관 전원이 토론하면서 평가하면서 진행된다. 정당의 공천 심사가 대표적인 예다.

- 스트레스 면접 : 면접관들은 지원자의 약점 등 스트레스를 주고 그 상황에서 지원자의 반응을 살피는 면접이다.
- 상황 면접 : 기업이 취업 후에 일어날 수 있는 상황을 설정한 후, 지원자의 대응을 살피는 형태의 면접이다. 그 외 여러 가지 형태의 면접이 진행되고 있다.
- 면접관이 주의해야 할 점 : 첫째, 부정적인 측면에 과도하게 집착하지 말아야 한다. 둘째, 앞 · 뒤의 사람과 비교하는 대조 오류를 범하지 말아야 한다. 셋째, 첫인상이나 초반 면접에서 성급하게 판단하지 말아야 한다. 넷째, 직무와 무관한 사항들에 대해서 집착하지 말아야 한다. 다섯째, 몸가짐이나 옷차림 등 비언어적인 단서에 치우치지 말아야 한다.
- 응시자가 주의해야 할 점 : 첫째, 기업에 대한 사전지식을 입수해야 한다. 둘째, 자신의 표현에 대한 준비와 훈련이 필요하다. 셋째, 복장과 예의를 갖추어야 한다. 넷째, 어투와 대화법에 신경을 써야 한다. 다섯째, 본인의 질문과 요구사항을 정확하게 제시한다.

BREAK CORNER

상황 면접

요즘 면접을 보다보면 특수한 상황을 제시해 주고 어떻게 할 것인지를 묻는 상황 면접이 많이 출제되고 있다. 주로 회사에서 일어날 수 있는 다양한 상황에서 지원자가 어떻게 문제를 해결하는지를 묻는 형식이다. 다양한 상황에 어떻게 대처해야 할지 방향성에 대한 이해가 되어있지 않다면 올바른 납변을 하기가 어렵기 때문에, 미리 기출문제와 예상문제를 정리하고 올바른 업무처리에 대한 이해가 되어있어야 한다.

상황 면접

- 상사와 갈등이 생긴다면 어떻게 해결하실 건가요?
- 상사의 부정을 알게 된다면 어떻게 행동하겠습니까?
- 상사가 나의 아이디어를 가로챈다면 어떻게 하겠습니까?
- 직무가 적성에 맞지 않으면 어떻게 하겠습니까?
- 업무 중 상사와 의견이 맞지 않으면 어떻게 하겠습니까?
- 중요한 개인용무와 회사업무가 겹친다면 어떻게 하겠습니까?
- 고객이 사규로 금지된 골프접대를 요구하면 어떻게 하겠습니까?
- 이유 없이 고객이 화를 낸다면 어떻게 하겠습니까?
- 자기 일부터 먼저 처리해 달라고 윽박지르는 고객이 있다면 어떻게 하겠습니까?
- 중요한 고객이 이성적으로 접근한다면 어떻게 하겠습니까?
- 사이가 나쁜 동료와 한 팀이 된다면 어떻게 하겠습니까?
- 첫 월급을 타면 어떻게 쓸 건가요?

* 납품을 해야 하는데, 품질이 다소 저하된 상태입니다. 하지만 당장 물건을 보내지 않으면 회사가 위태로운 상황에 빠질 수 있습니다. 이런 상황에서 납기와 품질 중 둘 중 하나를 선택한다면 어느 쪽을 택하겠습니까?

상황 면접에서 실수를 많이 하는 이유로는

- 면접관에게 잘 보이기 위해 무조건 상사의 의견에 복종하겠다는 대답
- 원칙과 유연함에 대한 판단착오
- 업무처리 프로세스에 대한 이해부족 등에 있다.

따라서 면접관의 질문 의도를 정확하게 파악하고 어떠한 답변이 올바른 것인지에 대한 준비가 되어 있고, 장기적인 관점에서의 기업발전 방향과 업무프로세스에 대한 이해가 필수적이다.

– 2016.05.12 Planner Kim 중에서 –

표 4.2 면접의 전형단계

단 계	지원자	면접자
사전단계	• 복장 검토 • 현장 도착 • 대기 중 면접 준비물 검토	• 이력서 검토 • 면접지침 검토 • 질문사항 준비
인사 및 분위기 형성	• 인사 • 요청 시 착석 • 좋은 인상	• 인사 • 착석요구 • 적절한 화제로 분위기 유도
직무관련 질문	• 교육배경 제시 • 작업경험 제시 • 개인스킬과 능력 설명 • 직무에 대한 적절한 동기 제공	• 교육배경 요청 • 근무경험에 대한 관련된 세부사항 요청 • 특수한 스킬과 능력 논의 • 지원자의 근무동기 파악
지원자 질문에 대한 답변	• 임금 및 복지후생 질문 • 승진기회 및 조직문화 등 질문	• 조직 입장에서 지원자 질문응답 • 조직에 대한 긍정적 인상을 주기 위한 시도
마무리	• 면접자로부터 종료되었다는 신호를 기다림 • 다음 전형 준비	• 면접이 거의 종료가 되어간다는 것을 보여줌 • 다음단계는 무엇이 될지 설명 • 일어서서 인사

3) 채용 형태의 변화

경영환경의 변화로 채용 형태의 변화가 여러 부문에 걸쳐 일어나고 있는데, 이러한 변화 중에서 가장 두드러진 부문이 아웃소싱Outsourcing과 비정규직의 증가이다.

(1) 아웃소싱

아웃소싱Outsourcing은 기업이 수행하는 여러 가지 다양한 활동 중에서 전략적으로 중요하면서 가장 잘할 수 있는 분야나 핵심역량에 모든 자원을 집중시키고, 나머지 업무에 대해서는 그 분야에 대한 전문적인 외부의 우수한 기업에게 맡기거나 조달하는 것을 의미한다.

아웃소싱은 기업의 핵심역량을 핵심 분야에 집중하면서 외부의 전문가 도움을 얻어 자사의 경쟁력을 높이기 위한 경영혁신운동의 일환이라고 할 수 있다. 아웃소싱은 일반적으로 외부조달, 외부화란 용어로도 사용되고 있으며, 많은 기업들이 실시하는 상황이며 아웃소싱의 개념으로 하청 · 외주 · 인력파견 · 업무대행 등이 대표적이다.

하청은 업무의 일부를 외부에 위임하는 것으로 부품과 기능을 일부 외부기업에 발주하는 것을 포함한다. 하청은 넓은 의미에서 아웃소싱의 일부라고 할 수 있지만, 기획 등 업무의 핵심적인 부문이 발주한 기업에 있다는 점에서 아웃소싱과는 약간의 차이가 있다고 할 수 있다. 외주란 기업의 외부자원의 활용이라는 점에서 아웃소싱과는 약간의 차이가 있다.

외주는 기업의 외부자원 활용이 가능하다는 점에서 아웃소싱과 동일하나, 외주는 하청 · 업무대행 등을 포괄적으로 포함한다. 인력파견이란 업무를 지원할 목적으로 인력을 지원하는 것인데, 인력공급업체는 업무의 운영과 설계를 하지 않으며 업무수행과 관리만을 책임지는 것이다. 아웃소싱의 장 · 단점은 다음과 같다.

① 아웃소싱의 장점

○ 핵심사업에 주력

핵심사업은 자사가 다른 기업보다 상대적인 우위에 있으므로, 내부인력을 활용하는 것이 외부인력을 사용하는 것보다 효율성이 더 크지만, 비핵심사업은 부가가치가 낮아서 인건비를 감당하는 것도 어려울 때가 있으므로, 이러한 핵심사업을 더 잘하는 기업에 위탁하여 성과만을 활용하면 더 경제적일 수 있다. 아웃소싱을 하는 이유는 주력 업무에 경영자원을 집중하여 핵심역량을 강화하기 위하여 아웃소싱은 인력과 자금이라는 관리의 기초자원을 재분배하며 결과적으로 적절한 배분이 가능하다.

○ 인력관리의 유연성

최근 급속한 경영환경의 변화로 정규인력만 채용하여 기업을 운영하는데 매우 어려움이 따른다. 그런데 아웃소싱은 일반적으로 한시적으로 계약하기 때문에, 기업이 인적자원관리 정책을 유지하는데 유연성을 제공한다. 하지만 아웃소싱 인력근로자의 입장에서 보면, 미래예측을 하기가 힘들고 고용에 대한 안정성이 떨어지기 때문에 아웃소싱이 바람직한 방법만은 아니다.

○ 근로자 요구감소

근로자들의 요구가 다양해지고 있기 때문에 기업이 많은 부담을 안게 되는데, 그 결과 많은 기업들은 아웃소싱으로 기업의 조직운영 부담에서 벗어나려는 경향을 보이고 있다. 그 이유는 아웃소싱을 제공해 주는 인력기관들은 노동자를 임시직 혹은 비정규직으로 고용하는 경우가 많아 정규직보다 사용자에 대한 요구가 한정되어 있다.

o 신규사업 진출

경영환경 변화로 사업 분야가 다양해지기 때문에, 기업은 경험과 전문적인 지식이 없는 사업에 투자할 때 종업원을 자사의 인원들로만 확충하기보다는 위험관리의 차원에서 그 사업 분야에서 경쟁력 있는 기업의 인적자원들로 구성하려는 경향이 나타날 수 있는데, 이러한 이유로 아웃소싱이 활성화된다고 할 수 있다.

o 조직 활성화

아웃소싱을 조직적인 관점에서 살펴보면, 단순하고 반복적인 업무를 외부에 맡기기 때문에 기업조직이 슬림화 되는 장점이 있다. 아웃소싱을 통해서 의사결정의 속도가 빨라지고 커뮤니케이션이 활발해지기 때문에 조직이 활성화된다. 또한 유연성 있는 고용형태와 직무급 등의 급여체제에도 실현가능성이 있다.

o 비용절감

비용적인 측면에서 아웃소싱은 고정비가 변동비가 되어 매출변동이 되어 비용절감이 가능해지도록 운영할 수 있기 때문에 사업초기 진입되는 막대한 초기 투자비용을 절감할 수 있는 장점이 있다.

② 아웃소싱의 단점

o 관리적 요소

아웃소싱Outsourcing의 단점 중 관리적인 요소와 관련된 부분은 첫째, 통제와 유연성 문제를 들 수 있는데, 기업이 관리자 관점에서 아웃소싱은 자사의 직원들이 아니기 때문에 인적자원들의 통제와 유연성에 문제가 생길 수 있다. 둘째, 장기적인 관점에서 발주기업들은 자신들의 경력진로를 외부의 아웃소싱 인력에 의해 위협을 받을 수 있다. 셋째, 근로자로부터 고용안정, 직무몰입 감소 및 정규직과의 갈등이 존재한다.

○ 비용적인 요소

아웃소싱Outsourcing 업자와의 의사소통과 의견조정을 하기 위한 조정시간이 증가함에 따라서 조정비용의 증가와 잠재비용의 발생 문제가 생긴다.

○ 갈등요소

모 기업의 목표와 아웃소싱 업체의 목표가 서로 다르기 때문에 발생하는 문제가 발생할 수 있으며, 이런 경우에 두 번째 요소인 조정기간과 조정비용이 증가할 수 있다. 아웃소싱 업체와 발주기업 간의 보안과 기밀에 대한 문제가 발생하여 서로 보완적인 관계에 좋지 않은 영향을 미칠 수가 있다.

(2) 비정규직

최근 가장 이슈가 되고 있는 문제 중 하나가 비정규직 문제라고 할 수 있는데, 이러한 비정규직 고용의 증가 이유는 정규직에 비해서 낮은 임금수준과 해고·선발의 용이성 때문이다. 갈수록 심화되는 취업난과 구직난으로 비정규직이라도 취업하려는 근로자들이 증가하는 것도 비정규직이 증가하는 이유 중 하나이지만, 본격적으로 이러한 용어가 나타나기 시작한 것은 MF구제금융 이후부터이다.

비정규직의 근로 유형은 파트타임 사원, 파견근로자, 계약직 사원, 도급근로자 등이 대표적이다. 파트타임 사원은 정규직보다 근로시간이 적으며, 파견근로자는 인력파견근로자에게 채용하여 요구하는 기업에 일정기간을 근무하도록 한다. 계약직 사원은 채용 시 고용기간을 보통 1년에서 3년 정도 정해 놓고 하게 된다. 도급근로자는 계약당사자 일방이 어느 한 가지 단위의 일을 완성해 줄 것을 약속하고, 그 일이 완성되면 사원에게 보수를 지급함과 동시에 계약이 완료되는 형태이다. 비정규직과 관련하여 우리나라 기업들의 인적자원관리에서 가장 중요한 부문 중 하나이며, 많은 직원들이 비정규직으로 근무하고 있는 환대산업에서는 더욱 중요하다.

BREAK CORNER

압박 면접? 모욕 면접

►그 나이 먹도록 뭐 했나 ►공부 엄청 못했나봐 ►인물이 떨어져서…

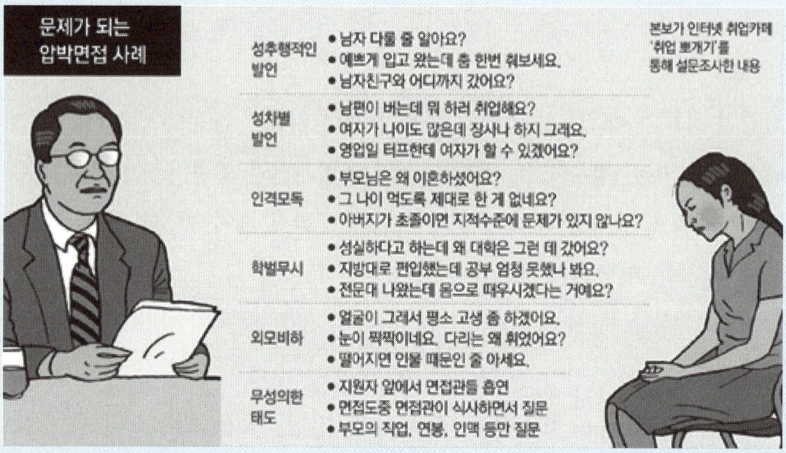

취업준비생 이현경 씨(가명)는 2년 전 그날을 떠올리며 눈시울을 붉혔다. 한 휴대전화 제조업체 면접장에서의 일이다.

"아버지가 안 계시느냐는 질문에 "이혼하셨다"고 답했더니 "부모님이 왜 이혼을 했느냐"고 묻더군요."

생전 처음 받아본 질문에 당황한 이씨는 "아버지가 외도 문제가 있으셔서…"라고 했다. 면접관은 다시 "언제 이혼했느냐"고 물었고, 이씨는 "제가 중학교 때"라고 답했다.

"중학교 때면 별로 상처 안 받았겠네. 그래도 그런 일 겪고 나면 남자 못 믿게 되지 않니? 우리 회사 남자직원들 많은데 잘 지낼 수 있어요?"

이씨는 주변의 남자친구들을 거론하며 "공과 사는 구분한다."고 답했지만, 말끝이 흐려지기 시작했다. 다시 면접관의 질문이 이어졌다. "이현경 씨. 지금 눈물 흘리려는 거 같은데…. 그것 봐, 눈물 흘리잖아. 이 상황을 이기지 못하는 거잖아요. 그래가지고 사회생활 하겠어요?"

이씨는 눈물을 머금고 면접장을 나왔지만 그날 일은 그에게 깊은 상처가 됐다. "이후로 면접을 네 번 더 봤는데, 혹시라도 그 질문이 나올까봐 자꾸 위축이 돼요. 얘기를 잘하다가도 부모님 관련한 질문이 나오면 자꾸 말이 꼬이고…."

서울의 한 4년제 대학을 졸업한 취업준비생 김영준 씨(가명)는 23일 기자에게 일기장을 보여줬다. 지난해 12월 국내 최대 규모의 인터넷 다운로드 업체에서 면접을 본 날 쓴 일기였다. "나라는 인간이 한없이 비참하다. 정말 열심히 해서 언젠가 면접관이 되면 나는 절대 그러지 않으리라."

그날 김씨가 만난 면접관 8명 중 4명은 담배를 피우고 있었다. "회사에 입사하면 누가 제일 갈굴(괴롭힐) 것 같아요?" "누가 제일 일 못하게 생겼어요?"

'군대에서 신병을 괴롭힐 때나 나올 질문'이라는 생각에 김씨는 기가 막혔다. 한 시간 가까이 이어진 면접. 가운데 앉아 있던 면접관이 담배를 끄며 말했다. "김영준 씨, 안 뽑을 테니 나가 보세요."

청년백수 35만 명 시대. 기업 면접장에서는 어떤 일들이 벌어지고 있는 걸까. 본보는 회원수 128만 명으로 국내 최대 규모의 인터넷 취업카페인 '취업 뽀개기'를 통해 설문조사를 했다. 설문에 응시한 386명 가운데 63%인 241명이 면접 도중 부당한 대우를 받은 적이 있다고 답했다. 이 중 인격적인 무시를 당했다고 답한 비율이 37%로 가장 많았고, 면접관이 성추행으로 느껴지는 언행을 하거나 성차별적인 발언을 했다고 답한 사람도 19%에 달했다.

영업직에 지원한 여성구직자는 "영업을 하려면 술자리에서 고객의 비위를 잘 맞춰야 하는데, 남자를 다룰 줄 아느냐"는 질문을 받았다. 여성 지원자를 일으켜 세워 모델워킹을 해보라고 시키는 사례도 있었다. 문제가 된 기업 관계자는 "우리 나름의 방식으로 압박면접을 한 것"이라고 해명했다.

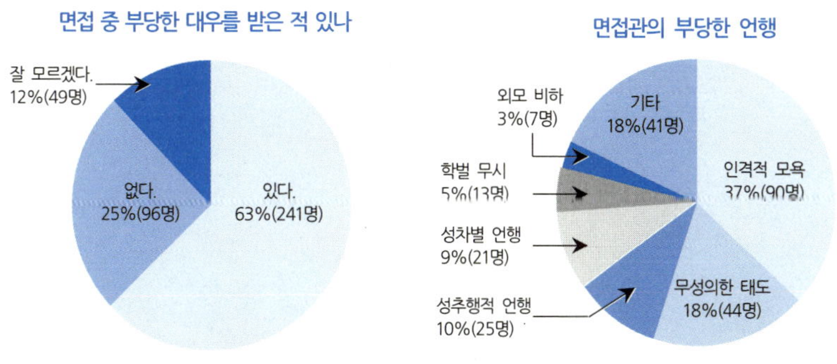

자료 : 인터넷 취업카페 '취업 뽀개기' 회원 386명 설문조사

압박면접은 지원자의 약점을 파고들어 발언의 진위를 검증하고 돌발 상황에 대처하는 자질을 평가하는 방식이다. 제2차 세계대전 당시 미국정보국이 첩보원을 선발하려 만든 이 방식이 미국 금융가에서 주로 쓰였다.

취업 컨설팅업체인 '커리어 코치' 윤영돈 소장은 "한국기업들도 지난 10여 년간 압박면접을 해왔다"며 "사생활 침해와 성차별 관행에 관대한 우리문화의 특수성이 녹아들다보니 압박면접이라는 이유로 인권이 침해되는 사례가 빈발하고 있다."고 말했다.

압박면접을 비교적 성공적으로 정착시켰다고 평가받는 한국얀센. 이 회사는 매년 채용 절차가 시작되기 전 면접관을 대상으로 3차례에 걸쳐 면접교육을 진행하고 지원자를 논리적으로 압박하는 자체 매뉴얼도 개발했다. 면접관들끼리도 서로 교차 평가하는 제도를 도입해 인권침해 소지를 최소화했다

한국얀센 오경아 이사는 "면접관 교육을 할 때 외모나 학력, 가정사 등 직무능력과 무관한 부분은 건드리지 않도록 가이드라인을 주고 있다."고 설명했다. 정신과 전문의가 면접에 참여하기도 한다.

건국대 의대 신경정신과 하지현 교수는 "압박면접 자체가 고도의 심리적 과정이기 때문에 면접관들이 일반 면접보다 훨씬 심도 깊게 준비해야 한다."며 "압박을 통해 무엇을 검증할지를 분명히 설계하지 않으면 압박면접이 모욕면접으로 전락하기가 쉽다."고 말했다.

– 신광영 기자(neo@donga.com), 동아일보 –

02 배치관리

1. 배치의 의의

종업원을 각 직무에 적합한 인재에 임무를 맡기는 것이 '배치Placement'이며, 배치된 종업원을 필요에 의해 현재의 직무에서 다른 직무로의 전환을 하는 것을 '이동'이라 한다.

기업은 급격한 환경변화와 이에 따른 능력주의가 되면서 종업원의 적재적소에 배치가 중요하다. 종사원의 능력에 맞는 배치와 유연적인 인사고과가 없다면 조직의 경직화와 종업원의 사기저하는 조직이 추구하는 목표를 달성할 수 없게 된다.

급변하는 환경에 능동적으로 대처하고 적응하기 위해서는 능력주의적인 인사관리와 적절한 배치가 필수적이다. 종업원의 사기향상과 기업의 발전을 위한 기회를 가지기 위해서는 중장기적인 조직의 생산성 향상과 조직의 유효성을 추구한다.

2. 배치의 원칙

1) 적재적소의 원칙

환대기업은 종업원의 능력과 성격 등을 고려하여 최적의 자리에 배치해야 한다. 따라서 적재적소주의는 능력중심의 인사관리를 위한 가장 기초적인 요건이다.

2) 능력주의

능력주의는 능력을 발휘할 수 있는 영역을 제공하며 그 일에 대해서 올바르게 평가하고 평가된 능력과 업적에 대해서 만족할 만한 대우를 하는 원칙을 말한다. 능력은 현재의 가치적인 능력도 중요하지만, 미래의 잠재적인 능력도 고려해야 한다. 또한 배치 및 이동에 대해서도 능력을 개발하고 양성하는 측면을 함께 고려해야 한다.

3) 육성주의

소속된 종업원을 소모시키며 사용하지 않고 성장시키면서 사용해야 한다는 원칙이다. 이러한 원칙은 구성원의 자주성이나 자율성이 존중되는 현 시점에는 더욱더 중시되기 때문에 이러한 점을 조직에서는 고려해야 한다.

4) 균형주의

단순히 특정인만을 적재적소에서 고려해야 할 것이 아니라 상 · 하 · 좌 · 우의 직책과 직급의 모든 소속 종업원들에게 적재적소에 배치를 할 수 있도록 기업 내 · 외부 전체를 고려하여 판단할 필요가 있다.

3. 배치를 위한 전제조건

1) 직무분석과 직무평가

적재적소 배치와 능력주의의 실현을 위해서는 합리적인 직무분석과 직무평가가 선행되어야 한다.

2) 공정한 인사고과

능력주의를 실현함에 있어 종업원의 불평불만을 제거하고 긍정적인 조직분위기를 마련하기 위해서는 인사고과가 필수적이며 매우 중요하다.

3) 실시기관의 확립

배치와 이동의 실시 주체를 마련함으로써 조직체계를 확립하고 직장의 질서유지를 위해서는 실시기관의 확립이 필수적이다.

4) 조직구성원의 욕구조사

적재적소의 원칙이 이루어지기 위해서는 조직구성원의 욕구가 고려되어야 한다. 조직구성원의 배치 · 이동을 조직차원에서 보는 것만이 아니라 인간존중을 해야 된다는 생각도 있어야 됨은 물론, 각 개인 간의 차이도 고려해야 한다.

5) OJTOn the Job Training, 사전실시

배치 · 이동이 실효성을 거두기 위해서는 배치 · 이동을 위한 직무와 능력에 대해 사전에 교육을 실시해야 한다.

Hospitality Industry
Human Resource Management
환대산업인적자원관리

CHAPTER 05

교육·훈련·개발관리

Hospitality Industry
Human Resource Management
환대산업인적자원관리

01 교육 · 훈련관리

1. 교육 · 훈련의 개념

교육 · 훈련Education & Training은 종업원의 업무능력을 직접적으로 향상시키는 것이다. 즉 인력개발을 위한 도구로 교육은 이해력과 지식활동을 활성화시킴으로써 지식 및 기능을 습득하는 과정으로, 훈련은 주로 반복적인 연습을 통해 지식 및 기능을 습득하는 과정이라고 할 수 있다(박경규, 1999). 교육 · 훈련을 통해 인간을 사리를 잘 분별하고 진상을 이해하며 정확한 판단력으로 최선의 처리를 행할 수 있게 된다.

환대기업에서의 교육 · 훈련은 용어에서 의미하는 바와 같이 기업을 위해 짜인 계획 하에 기업 내부에서 행해지는 교육 · 훈련을 일컫는 말이다. 즉 종업원에게 객관적인 직무수행에 필요한 제 지식을 바탕으로 인간의 능력을 함양하는 것으로, 교육 · 훈련은 현장 종업원에서부터 감독자, 관리자 그리고 경영자에 이르기까지 기업 내부의 모든 사람들에게 필요하며 일정 시기마다 계속적으로 실시되어야 한다.

교육 · 훈련은 직무기술을 전제로 이루어지기 때문에 직무가 필요로 하는 직무요건이 밝혀져야 하고, 현재의 직무기술이 미흡한 부문은 교육 · 훈련에 의해서 보충되어야 한다. 일반적으로 부분적인 교육 · 훈련보다는 전반적인 교육 · 훈련의 필요성을 중요시하고 계획과 실시 및 효과에 주력해야 한다.

교육 · 훈련에 대한 내용을 종합하면, 호텔 교육 · 훈련의 정의를 하자면 기업의 종업원으로 하여금 직무지식, 기능, 기술 및 태도 등을 향상시키고 현재 또는 장래에 수행해야 할 직무를 효과적으로 수행케 함으로써 환대기업의 목표를 달성하고자 하는 계획적이고도 조직적인 경영관리활동이라 할 수 있다.

2. 교육 · 훈련의 필요성

기업이 교육 · 훈련을 실시하기 위해서는 반드시 필요성 분석이 선행되어야 한다.

필요성 분석이 제대로 시행될 때 교육 · 훈련의 목적 및 내용이 구체화 될 수 있다. 이러한 필요성 분석은 크게 조직차원의 분석, 직무차원의 분석, 개인분석 등으로 할 수 있다. 그러나 이들은 개별적 분석이 아니라 통합적인 필요성 분석이 되어야 하고, 교육 · 훈련 프로그램에 통합적으로 반영되어야 한다.

1) 조직수준

조직차원에서 어느 분야를 훈련 및 개발하여 성과를 향상시킬 것인가를 결정하는 과정이라 할 수 있다. 이러한 조직분석은 교육 · 훈련의 미실시로 발생할 수 있는 문제를 사전에 예방하면서 전략적 방향에서 조직성과를 향상시킬 수 있는 토대가 된다. 따라서 조직차원의 필요성 분석은 조직의 장 · 단기 목표, 조직에 영향을 미치는 일반환경 및 외부환경, 조직의 현재능력, 성과, 조직풍토 및 이미지가 고려되어야 한다.

2) 직무수준

조직은 목표를 달성하기 위해 다양한 직무가 차질 없이 조화롭게 수행될 필요가 있다. 직무수행이 장기적으로 원만하게 진행되기 위해서는 조직구성원이 보유하고 있는 직무기능을 파악하여 교육 · 훈련 및 개발에 적절히 반영되어야 한다.

조직구성원이 보유한 직무기능의 적절성 여부는 직무요건에 따라 달라진다. 직무가 요구하는 것에 비해 미흡한 부분은 교육 · 훈련에 의해 보충되지 않으면 안 된다. 합리적인 직무분석을 위한 자료의 원천은 일반적으로 직무기술서, 직무명세서, 업무수행기준, 매뉴얼, 품질관리 등이 활용될 수 있다. 이러한 자료를 활용하여 객관적으로 직무분석을 실시함으로써 현재 · 미래에 필요로 하는 기술 · 지식 · 태도 등의 직무요건을 분명히 할 수 있다.

3) 개인수준

개인차원의 교육 · 훈련의 필요성은 첫째, 직무담당자가 갖추어야 할 자격요건과 현재 가진 지식, 태도 및 기능 등을 비교함으로써 교육 · 훈련의 필요성을 파악할 수도 있고, 둘째, 특정 개인의 교육 · 훈련 및 개발의 성과를 관찰 · 조사하거나 성과를 측정 · 평가함으로써 필요사항을 알 수 있다. 더불어 조직구성원 개인의 전반적 성장을 위해 잠재력을 개발하고 능력의 극대화에도 관심을 가지고 개별적 교육 · 훈련을 실시할 필요도 있다.

3. 교육 · 훈련의 목적과 효과

교육 · 훈련의 목적은 기업 측면에서는 인재육성에 있으며, 종업원 측면에서는 자기개발에 있다. 이 모두는 지식 및 기술축적, 조기협력, 동기부여, 사기앙양, 태도변화, 문제해결 능력배양, 대인관계 능력향상 등 여러 효과를 가져와 결국 조직의 효과성 증대에 기여하게 된다.

교육 · 훈련은 지식, 기술, 능력, 태도 등의 습득을 통해 종업원이 전문적 능력을 향상시킬 뿐만 아니라 태도의 변화를 통해 종업원의 성취동기를 유발시키고 근로의욕을 증진시키며 조직의 활성화를 촉진함으로써 조직목표 달성과 개인목표 달성에 공헌하도록 하는 것이기 때문이다. 교육 · 훈련은 궁극적으로 기업을 유지 · 발전시키는 것과 직결된다. 교육 · 훈련이 개인의 직무 그리고 조직수준별 필요성에 입각하여 체계적으로 운영되면, 다음과 같은 효과를 기대할 수 있다.

교육 · 훈련의 목적과 효과의 관계는 다음과 같다.

- 신입사원은 입사훈련을 통해 가능한 한 빠른 시일 안에 회사의 방침이나 규칙, 관행에 익숙해지게 된다.
- 종업원들은 기술을 증진시켜 인사이동에 대비한 기능의 다양화와 승진에 대비한 능력의 질적 향상을 꾀할 수 있다.
- 신입사원들에게 그들이 담당할 직무의 요건에 대한 지도를 해줌으로써 신입사원들은 단시일 내에 질, 양의 양 측면에서 표준생산이 가능하게 되어 소득의 증가

를 피할 수 있다.

- 직무수행능력의 향상 및 숙련도의 증가는 물론이고, 새로 도입되는 신기술이나 생산기법에 대해 종업원들의 신속한 적응을 도모할 수 있다.
- 사고 · 불량품 및 기계설비의 소모율을 감소시킬 수 있다.
- 조직구성원의 근무태도를 능동적으로 변화시키고, 감독자의 부담을 줄일 수가 있다.
- 종업원이 지닌 다양한 욕구의 실현을 통해 불만, 결근, 이직 등을 감소시킨다.

표 5.1 교육 · 훈련의 목적과 효과

직접 목적		간접 효과
지식향상 기능향상 태도개선	능률향상 인재육성 인간완성 생활양식	기업의 유지발전 조직의 목적과 개인의 목적 통합
일차적 효과	이차적 효과	궁극적 효과

4. 교육 · 훈련 내용 및 분류

1) 교육 · 훈련 내용

(1) 전문적 능력

기업이 업무처리하기 위해서 전문적 능력을 필요로 하는 어느 부서에서 어떤 직무를 수행하느냐 또는 직급에 따라서도 전문적인 능력에는 차이가 있다. 일반적으로 기업의 교육은 직급별로 나누어서 실시되는데, 각 직급 및 직무에 따라서 전문적인 교육이 실시된다.

(2) 태도 및 정신교육

지식과 능력을 보유한 인적자원이라도 직무에 임하는 태도나 정신이 제대로 갖추어지지 않으면 본인의 직무를 잘 수행하는데 있어 어려움을 겪게 된다. 따라서 직무몰입과 직무만족도를 높이기 위한 태도 및 정신교육 내용을 계발하는 것이 기업에게는 필수적이며 매우 필요한 부문 중 하나이다.

(3) 내부 및 외부 경영환경

급속한 경영환경의 변화로 기업의 내부환경 뿐만 아니라 기업의 외부환경도 빠르게 변화하고 있다. 이러한 경영환경에서 기업이 생존하기 위해서는 기업 내부의 인적자원들에게 이러한 상황을 인식시키고 환경의 변화에 대비하는 것이 필요하다.

4차산업으로의 재편과 현 사회에서 보편적인 의사전달, 정보교환의 수단인 페이스북, 카카오톡 등 SNS의 가속화로 환대산업의 경영환경이 변화함에 따라 기업에서 보면 경쟁환경을 가질 수 있는 교육, 훈련에 관한 내용과 개발의 중요성이 부각된다.

2) 교육 · 훈련의 분류

(1) 훈련대상에 따른 분류

① 신입사원 교육

신입사원 교육Orientation Treading은 입지훈련이라고도 하며 회사에서 처음 들어 온 신입사원에게 기업에 대한 기본적인 정보, 기업의 제반사항, 인사방침 및 고용조건, 기업에서 직원을 위한 시설안내, 기업의 제반규칙, 부서감독자 및 직무에 대한 사항 등을 습득시킬 목적으로 입사 후의 교육은 수습기간 중에 실시하는 훈련이다. 이러한 입사훈련을 통해 입사 초기의 불안과 현실에 대한 충격을 완화시킬 수 있으며 소속감과 애사심을 심어줄 수 있다.

② 일반직원 교육 · 훈련

일반직원 교육 · 훈련Employee Treading은 이미 종사하고 있는 감독 · 관리직이 아닌 일반직원들을 대상으로 계획된 훈련이다. 환대산업에서 일반직원들이 가장 최일선에서 고객과 접촉하기 때문에 직무에 관련한 기술을 전수하는 것이 가장 중요한 과제이다.

③ 감독자 교육 · 훈련

감독자Intendant는 현장에서 일반직원들을 대상으로 일상적으로 감독하고 지도하는 업무를 띠고 있다. 따라서 감독자는 생산관리와 인사관리를 연결하며 경영자와 일반 직원을 연결하는 중요한 위치에 있는 사람이다. 따라서 감독자의 교육 · 훈련은 일반 직원의 지식이나 기능을 부여하는 것이 아니고, 경영관리상의 문제해결책을 사고(思考), 토의, 정리, 체계화하도록 하는데 주안점을 두고 감독자의 해당 업장에서 일어나는 모든 어려운 문제에 대해 해결하는 능력을 키울 수 있도록 하는 것이다.

감독자의 교육 · 훈련에 있어서 대표적인 방법은 TWITraning Within Industry를 들 수가 있다. TWI는 감독자 적응 조직적 · 합법적으로 훈련시키기 위해 단기훈련방식으로 특별훈련을 받은 지도자가 10여 명 소집단을 이루고 감독자를 훈련시키는 것이다. 이 훈련방법에 의하면 감독자에게 공통적으로 요구되는 내용은 다음과 같다.

- 작업에 관한 지식
- 직책에 관한 지식
- 직업지도에 관한 기능
- 작업개선의 기능
- 부하통솔의 기능

이 중에서 두 가지 지식은 각 기업에 따라 통일적으로 취급할 수 있으므로, 공통적으로 실행 가능한 세 가지 기능을 중심으로 다음과 같은 훈련방법이 사용된다.

- JIJob Instruction : 작업지시 방법으로 감독자의 부하들에 대한 작업지도 능력을 향상시키는 훈련이다.
- JMJob Method : 작업개선 방법으로 감독자의 작업개선 능력을 향상시키는 훈련이다.
- JRJob relations : 부하통솔 방법으로서 감독자의 부하에 대한 통솔력을 향상하는 훈련이다.

교육 · 훈련의 실시방법은 한 반을 10명으로 하여 회의방식을 택하고, 위의 3개 계열의 훈련에 대해 각각 매 회의를 2시간씩 5회로서 1계열을 완성하므로, 3계열에 대해 모두 30시간으로 전 과정을 종료하게 된다. 이 훈련방법을 실시한 결과 생산증가, 훈련시간의 단축, 노동력의 절약, 재료파손 감소, 직장고충의 감소 등이 나타났다고 보고되었다.

④ 중간관리자 교육 · 훈련

중간관리자 교육 · 훈련Middle Management Training은 경영층에 있어서 중간관리층, 부장, 차장, 과장인 팀장급에 의해서 실시된다. 관리자는 최고경영자와 하부감독층의 중간에 위치하여 각 부문활동을 계획 · 지휘 · 조정 · 통제 · 조언하는 역할을 담당한다. 이들 중간관리자는 경영자의 경영방침이 모든 직원들에게 전달되어 직무성과에 반영되도록 하기 위한 중재자로서의 기능과 역할을 수행할 수 있도록 관리적 지식과 기능, 그리고 인간관계 기술 등을 필요로 한다.

중간관리자에 대한 교육 · 훈련의 전형적인 방식으로 MTPManagement Training Program을 들 수 있다. TWI보다 상위에 있는 관리층을 대상으로 비교적 광범위한 경영 문제를 다룰 뿐 경영관리의 이해와 관리자로서 필요한 관리기술의 지도를 목적으로 한다. MTP의 주요한 내용은 관리이론, 작업교육, 작업방법, 종업원 관계 등으로 구성하였다. 실제의 훈련은 회의방식을 채택하고 있다. 교육의 훈련방법은 실제로 한 반을 15~20명으로 구성하고 원칙적으로 토의방식을 채택한다.

⑤ 최고경영자 교육 · 훈련

최고경영자 교육 · 훈련Executive Development Program은 기업의 최고책임자로서 유연하고 고도의 판단력과 의사결정을 함양하고 고도의 경영관리 능력을 양성하며 통솔력과 지도력을 쌓고, 나아가 기업의 대표자로서 폭넓은 식견과 행동력을 함양하는 데에 있다. 최고경영자의 교육 · 훈련을 위한 훈련방식으로 ATPAdministrative Training Program, AMPAdvanced Management Program 등을 들 수 있다.

- ATP : ATP는 CCSCivil Communication Section의 경영강좌라고 하며, 강좌 내용의 기업 목적 및 방침의 확립, 경영기능 부문, 조직(조직의 원리, 형태, 구조 등), 통제(통제방식, 조직통제 응용, 품질관리, 원가통제 응용, 감사통제 실시), 운영(조직의 운영 및 조정) 등이 있다.
- AMP : AMP는 경영대학원에서 실시하는 최고경영자 과정이다. 이 강좌는 경영 간부의 능력을 향상하고 시야가 넓은 경영자 양성을 목적으로 한다. 이 과정에 포함되는 과목은 일반적으로 사업방침, 경영실무, 기업과 사회, 원가 및 재무관리, 마케팅, 노사관계관리 등이다.

3) 훈련 장소에 따른 분류

(1) OJT

OJTOn the Job Training은 직장 훈련 또는 직무상 훈련으로써 이 훈련 담당자는 현장의 직속상사를 주축으로 한다. OJT는 직장에서 구체적인 직무에 임하여 직속상사가 부하에게 직접적으로 개별지도를 하고 교육 · 훈련을 시키는 방식을 말한다. 이는 실무상 교육 · 훈련으로 기회교육이며 체험학습이다. 상사는 부하에게 일상의 모든 기회와 장소를 이용하여 계획적으로 직무수행에 필요한 지식, 기능 및 태도에 대한 교육을 실시하여 부하의 능력개발 향상에 노력해야 한다.

(2) Off JT

Off JTOff the Job Training은 직장 외 훈련 또는 직무 외 훈련을 말한다. 현장과의 작업과는 직접적인 관련을 갖지 않은 보편적인 내용으로, 일반적인 작업에 대한 사고방식이나 작업의 개선방식 및 인간관계 등 중요성과 같은 것을 교육 훈련하는데 적합하다. 이는 현장작업과 관계없이 예정계획에 따라서 훈련할 수 있다는 장점이 있으나, 그 결과를 현장에서 활용하기가 힘들다는 단점이 있다.

표 5.2 OJT와 Off JT

구 분	장 점	단 점
OJT	• 훈련이 추상적이고 실제적 실시가 Off JT보다 용이하다. • 훈련으로 진보를 알 수 있어 직원들이 동기유발을 할 수 있다. • 상사나 동료 간의 이해와 협동정신을 강화, 촉진할 수 있다. • 저비용으로 실시할 수 있다. • 훈련을 하면서 일을 할 수 있다. • 직원의 습득도와 능력에 따라서 훈련할 수 있다.	• 우수한 상사가 반드시 우수한 교사는 아니다. • 일과 훈련 모두를 철저히 기하지 못할 가능성이 있다. • 다수의 직원을 한꺼번에 훈련할 수 없다. • 통일된 내용의 훈련을 할 수 없다. • 전문적인 고도지식과 기술을 가질 수 없다.
Off JT	• 다수의 직원들에게 통일적인 훈련을 할 수 없다. • 전문적인 지도자 밑에서 훈련에 전념할 수 있다. • 참가자가 서로 경쟁의식을 가짐으로써 훈련효과를 높일 수 있다.	• 작업시간의 감소와 관련시설의 설치 등으로 경제적 부담이 크다.

5. 교육 · 훈련의 방법

교육 · 훈련 프로그램은 목적에 타당한 내용을 중심으로 이에 가장 효과적인 교육 · 훈련 방법을 선택 · 활용해야 한다. 교육 · 훈련의 내용이 아무리 양호하더라도 교육방법이 적합하지 못하다면 좋은 성과를 거둘 수 없다.

교육 · 훈련 대상자인 피교육자의 이해도를 심화시키고 개개인의 학습효과를 극대화시키기 위한 여러 가지의 실천적 교육 · 훈련의 지도방법이 요구된다. 교육 · 훈련의 방법은 '누가Who, 무엇을What, 어떻게How, 가르치냐'에서 '어떻게How'가 교육 · 훈련의 방법에 해당되는 것이며, 이것을 교육 · 훈련 기법 또는 교육 · 훈련 방법이다.

교육 · 훈련 방법에는 여러 가지가 있는데, 이는 훈련 방법의 목적 · 대상자 · 훈련자 · 훈련기간 및 장소 등에 따라서 알맞게 적용되어야 한다. 따라서 교육 · 훈련은 교육내용에 따른 교육방법이 어떻게 적절하게 적용되느냐 하는 것이 대단히 중요하다.

기업에서 실시하고 있는 교육 · 훈련의 방법으로는 첫째, 일반교육 · 훈련 방법으로 여기에는 전통적인 훈련 방법과 행동개발적 훈련 방법이 있다. 전통적인 훈련 방법은 기업체에서 비교적 오래 사용해 온 방법으로 강의식 · 회의 · 토의식 · 사례연구 · 시청각 교육 · 역할 연기법 등이 있으며, 행동개발적 방법에는 감수성 훈련 · 상호작용분석 등이 있다. 둘째, 특수한 교육·훈련 방법에는 직장 외 교육·훈련의 일환으로서 실시되고 있는 TWI 방식, MTP 방식, JST 방식 등이 있다.

주요방법은 표 5.3과 같이 정리할 수 있다.

표 5.3 교육·훈련방법

방법	특 색	장 점	단 점
강의	• 가장 널리 보급된 방법이며, 강사의 일방적인 설명으로 많은 사람들을 상대할 수 있음 • 가장 편리한 방법이며, 열의와 태도가 학습효과를 좌우	• 시간의 계획과 통제가 용이 • 많은 것을 동시에 하기가 쉬움	• 하향식이며 권위주의적임 • 피드백이 없음 • 집단사고가 없음 • 망각하기 쉬움
시연	• 일의 순서 또는 정확한 조작을 위해서 현장에서 실제로 사용되고 있는 재료, 기계를 사용하여 실연	• 흥미를 일으킴 • 요점을 납득하기 쉬움 • 많은 감각기관의 이용이 가능	• 다수에는 부적당 • 비용이 많고 잡일이 많음 • 이동에 불편
연습	• 기능의 완전마스터에 유용하지만, 피교육자의 관리에 문제가 있음	• 흥미를 일으킴 • 요점을 파악하기 쉽고 습득이 빠름 • 설비비용을 요하지 않음	• 장소선정이 어렵다. • 학습과 작업과의 구별이 문제 • 과오와 위험성이 있음
시청각 방법	• 보다 많은 감각에 호소한 학습이다. 현실성이 풍부하며 인상이 매우 강함 • 학습의 속도와 효과가 높음	• 흥미가 있고 학습동기를 유발 • 학습의 속도가 빠름 • 인상적으로 기억할 수 있음	• 작성에 잔일과 경비가 든다. • 이동에 불편 • 적절한 교재가 없음
게임	• 어떤 모델을 사용하여 경영이나 관리를 훈련하기 위하여 연습하는 방법	• 의사결정의 중요성을 알림 • 조직활동의 중요성을 알림	• 경영의 원리·원칙을 연결하기가 어렵다. • 질(質)을 고려하지 않는다.
사례연구	• 하버드대학에서 개발된 교육수법 • 사례해결에 직접 참가하여 해결과정에서 판단력을 개발 • 사례연구는 귀납적 • 단기간 실무에서 발생하는 여러 문제를 접하여 그 해결을 위해 고도의 판단력을 양성할 수 있기 때문에 유효한 방법	• 흥미가 있고 학습동기를 유발할 수 있음 • 현실적인 문제의 학습이 가능 • 생각하는 학습교류 가능	• 적절한 사례의 확보가 곤란 • 원칙과 룰의 체계적 습득이 어려움 • 학습의 진보가 어려움
역할 연기법	• 어떤 역할을 규정하여 이것을 실제로 시켜봄으로써 이것을 훈련평가에 사용 • 절충능력이나 협조성을 높여 태도의 변용에도 도움	• 흥미를 가지고 적극적으로 참여 • 각인의 약점을 알 수 있음 • 아는 것과 행하는데 갭이 있음 • 자기버릇을 알 수 있고 발표력 향상	• 다른 방법과 병용하지 않으면 무의미 • 정도가 높은 의사결정 • 훈련장소의 확보가 어렵다.

방법	특 색	장 점	단 점
토의법	• 문제를 제출하여 훈련조건을 설정한 후 질문하고 직접토의를 유도 • 집단사고를 유도하고 목적으로 되어 있는 결론에 도달토록 지도	• 민주적, 협력적 • 적극적 사고의 유발 • 테마에 의해 동기유발 • 지식경험을 자유롭게 교환	• 참가자의 질에 좌우 • 지도자로 적재경험자를 구하기 힘듦 • 많은 사람들을 동시에 상대할 수 없다.
감수성 훈련	• 타인을 생각하고 느끼는 것을 정확하게 감지하는 능력과, 이 능력에 입각하여 적절하고 유연한 태도와 행동을 취할 수 있는 능력을 갖게 함 • 방법은 리더가 없는 토의와 비슷하며 인격적인 통찰과 개인적인 체험 및 태도로 시기에 따른 변화가 가능	• 자기능력을 체득	• 경영에 무관심한 인간상이 다루어짐 • 동일기업 내에서 실시하기 어렵다.
Grid Seminar	• Blank와 Mouton에 의해 개발 • 건전한 인간관계 관리능력의 육성과 업적달성의 향상을 위하여 6단계에 걸친 훈련 • Laboratory Seminar	• 리더십 유형을 체득 • 조직발달과 개인능력을 연결	• 단계에 걸쳐서 한다면 시간이 너무 걸리고 잔일이 많아진다.
Project Team	• 다른 성격의 전문가가 모여 특정한 프로젝트 해결	• 목표에 대해 집중적인 접근 • 참여도가 높고 토론능력 향상 • 개인능력, 조직개발이 동시에 가능하며 실무수행에 효과적	• 인재를 모으기가 힘들다. • 정규조직 업무능력의 저하 • 프로젝트 책임자의 선발이 힘듦 • 부문 간 조정이 힘듦
Role Team	• 어떠한 역할을 규정하여 해결	• 흥미를 가지고 적극적으로 할 수 있음 • 참여도가 높고 토론능력이 향상 • 개인의 능력개발 및 조직개발이 동시에 수행이 가능	• 다른 방법과 병용하지 못한다. • 정규조직의 업무능력 저하

6. 교육 · 훈련의 평가

교육 · 훈련 프로그램을 개발하고 실시했으면, 성과에 대한 측정 · 평가가 있어야 한다. 즉 개발 - 실시 - 평가의 유기적인 관계가 이루어져야 한다. 교육 · 훈련 활동을 평가하는 목적은 다음과 같다.

- 교육 · 훈련 프로그램이 추구했던 목적이 달성되었는지 의사결정자에게 그 효과

면에서 정보를 제공
- 교육 · 훈련 참석자 및 실시자에게 교육 · 훈련의 결과를 피드백
- 교육 · 훈련시스템 중 취약분야를 밝혀 그 개선을 위한 자료를 제공
- 미래의 교육 · 훈련 활동을 계획하는데 보다 유용한 자료를 제공

1) 교육비용 평가

교육에 투입된 비용을 경제적으로 산출하는 것은 쉽지 않지만, 일반적으로 직접비용과 간접비용으로 나눌 수 있다. 직접비는 인건비 · 교육재료비 · 프로그램 개발비 등이 포함되고, 간접비는 스태프 교육비 · 지원비 등이 포함된다. 교육비용에 대한 평가는 향후 진행된 교육 및 훈련프로그램을 위해서도 필요한 부분이라고 할 수 있다.

2) 교육내용에 대한 평가

- 실무와 직결이 될 것인가에 관련된 평가
- 실무에 적용이 쉬운 것인가에 대한 평가
- 종업원의 능력향상과 개발에 도움이 되는지에 관한 평가
- 교육 · 훈련 필요성 분석에서 요구되었던 내용인가에 관한 평가

3) 피교육자 평가

- 피교육자들을 대상으로 제대로 선발했는지에 관한 평가
- 참가자들의 반응이 양호한가에 관한 평가
- 참가자들의 실력이 향상되었는지에 대한 평가
- 참가자들이 향상된 실력을 경영실무에 적용하는가에 대한 평가

4) 교육방법 평가

- 참가자들을 동기부여하고 반복학습을 하도록 유도할 수 있는가에 대한 평가

- 교육결과를 참가자에게 수시로 피드백시키는가에 따른 효과
- 교육기법, 도구사용 등의 비용과 시간이 경제적이었는가에 대한 평가
- 교육효과를 높이는데 교육기법이 어느 정도 공헌했는가에 대한 평가

5) 교육실사자 평가

- 피교육사에게 동기를 부여하고 상담 · 지도했는지에 관한 평가
- 학습효과를 높이도록 지원하고 분위기를 조성했는지에 관한 평가
- 교육전반 과정에 참여했는가에 대한 평가
- 상황에 알맞은 교육기법을 선택하였는가에 대한 평가
- 충분한 교육자격과 자질을 가졌는가에 대한 평가

02 경력개발 및 관리

1. 경력개발

인적자원들은 기업에 입사한 후 변화를 겪게 되는데 신입사원, 일선관리자, 중간관리자, 최고경영자 사이에는 능력과 동기유발 차원에서 많은 차이점이 있다고 할 수 있다. 예를 들어, 최고경영자는 신입사원과 중간관리자들이 겪는 경력단계를 이미 경험하였으며, 중간관리자들은 신입사원들이 겪는 경력단계를 경험하였다. 따라서 성공적인 기업과 관리자들은 종업원들의 경력에 관한 부분에 대해 효과적으로 관리하고 지원하게 된다.

경력이란 개인의 인생사에 있어 업무와 관련된 경험 및 활동의 유형이라고 할 수 있다. 이는 업무와 관련된 지속적인 활동을 내포한다고 할 수 있다. 기업의 인적자원 부문에서 경력개발Career Development이란, 종업원이 기업에 입사하여 퇴직할 때까지 전

기간에 걸쳐서 수행되는 직무의 체계적인 관리를 통해 종업원 경력의 지속적인 개발 활동을 의미한다.

2. 경력개발

1) 경력경로

경력경로Career Path는 개인이 조직에서 최종경력에 이를 때까지 맡게 되는 직무의 배열 순서를 의미한다. 경력경로의 설계는 종업원이 수행하는 직무의 배열을 설계하는 과정을 의미하는 것으로, 설계방법으로 전통적인 경로, 이중적인 경로 등으로 나눌 수 있다.

전통적 경력경로Traditional Career Path는 종업원이 수행할 직무가 조직도상에서 수직적으로 배열되는 경로를 의미한다. 네트워크 경력경로Network Career Path를 종업원이 수행할 직무가 조직도상에서 수직적 · 수평적으로 배열되는 조건을 의미한다. 이중적 경력경로Dual Career Path는 종업원을 직무의 특성에 따라서 구분되는 집단으로 나누고, 각각 다른 경로로 다른 경력경로를 설계하는 방법이다.

2) 경력의 유형

전통적인 경력의 유형은 기업에 입사하여 근속연수가 늘어나고 성과 향상에 따라서 승진을 하게 되며 직위가 높아짐에 따라서 권한과 책임도 증대하게 된다. 최근 급속한 경영 환경의 변화는 새롭고 다양한 형태의 경력 유형이 나타나고 있다.

(1) 선형적 경력

선형적 경력Linear Career은 한 조직에서 상향적으로 전진하는 전통적인 경력과 유사한데, 경영환경의 변화로 보다 나은 보상과 더 많은 권한과 책임을 위해 개인의 이직이 증가하여 선형 경력이 꼭 한 조직에서만 이루어진다고 보기는 힘들다. 최근 경영환경의 변화로 더불어 조직의 다운사이징Downsizing과 인수합병Meager & Acquisition 등으로 추세는 가속화되고 있다.

기업은 유능한 직원이 기업에 입사하면 기업에 장기간 근무하면서 높은 성과를 내고 헌신하기를 희망하게 되는데, 이러한 이유로 기업들은 외부에서 인력을 지속적으로 영입하는 것이 역기능도 있기 때문에 조직 내부적으로 직원들의 역량을 개발하고 지원하는 경향을 나타낸다.

(2) 전문적 경력

전문적 경력Expert Career을 가진 구성원들은 관리자가 되기보다는 한 분야에서 전문성을 키워서 발전하기를 희망했는데, 이러한 유형의 조직구성원들은 예전부터 존재해왔지만 예전에는 크게 주목을 받지 못했다.

전문인력을 가진 인적자원들에 대해 기업들의 보상이 증가하면서 이러한 경향이 점차 변화하고 있지만, 전문인력을 추구하는 인적자원들은 지속적으로 자신의 전문성을 개발해야 하는 부담감을 갖게 된다.

(3) 순차적 경력

순차적 경력Sequential Career은 새로운 역할을 시작하기 전에 기존의 역할을 끝내는 것을 의미한다. 조기퇴직 후 전혀 다른 경력을 쌓거나 젊은 인적자원들이 다양한 경험을 위해 순차경력을 희망할 수 있다. 이러한 순차경력을 추구하는 인적자원들은 전문성에 대한 명성을 구축하거나 승진과 관련하여 오랫동안 한 조직에 머무르지 않는 경향을 나타낸다.

(4) 포트폴리오 경력

프리랜서와 같은 포트폴리오 경력Portfolio Career은 상향적 경력 경로에서 크게 벗어난다고 할 수 있으며, 비정규적인 문제로 이러한 포트폴리오 경력은 증대될 것으로 예상된다. 포트폴리오 경력자들은 자신의 능력이 시장에서 판매 가능해야 한다.

(5) 라이프스타일 추구 경력

라이프스타일Life style Driven Career은 주로 직장과 가정 사이의 균형을 유지하려는 여성에게서 흔히 볼 수 있는 경력 유형이라고 할 수 있으며, 가정이 있는 여성들은 가정에 대한 의무를 소홀하지 않기 위해 파트타임으로 근무하기를 희망한다. 이러한 동기를 지닌 사람들은 경력도 중요하지만, 균형 잡히고 만족스러운 인생관을 추구하는 유형이라고 볼 수 있다.

(6) 경영자로서 경력

우리나라 근대화의 선구자적 역할을 한 대표적인 경영자인 故 정주영 회장, 故 이병철 회장 등의 사례에서 알 수 있듯이, 선천적인 기업경영자적 자질을 타고난 사람들이다. 그들은 창의적이고 독립적이다. 자신의 목표에 대한 열정이 높은 편이다. 그러나 경영자들은 경력 유형에 따라서 다른 유형의 사업방식으로 사업을 진행한다.

많은 기업은 기업가적 특징이 조직 내 혁신이나 창의적인 문제해결에 도움이 된다는 것을 인식하여, 기업은 조직 내에서 소수의 종업원 집단들에게 혁신적인 제품이나 서비스를 위한 창업자본을 제공하거나 사업계획을 창출하는데 도움을 준다.

(7) 문화스타일에 따른 경력

조직은 보편적으로 한 개 혹은 여러 개의 업무적 특징에 따라서 경력 유형들이 존재한다. 경영환경의 변화와 다양한 개인의 욕구에 부응하기 위해 경력관리에 대한 다원적인 접근법에 대한 필요성이 제기되었다.

이러한 경영환경의 변화와 개인욕구의 다양성 증대로 인해 개인적인 차원에서 경력 유형에 대한 관리가 필요하면, 기업 차원에서도 이러한 개인들의 경력관리를 지원함으로써 높은 성과를 가져왔다.

3) 경력활동을 위한 지원

기업들이 조직구성원들의 경력개발 활동지원을 위해 할 수 있는 방법들로, 기업이 종업원들에게 개인적인 가치관, 능력, 흥미, 목표들을 파악할 수 있는 가이드를 제공하는 워크북, 워크북을 기초로 여러 사람들이 학습하고 토의하는 워크숍, 기업이 종업원들과 현재의 직무활동에 대한 성과, 개인의 목표를 상담해 주는 경력상담, 경력개발센터의 운영, 멘토링Mentoring제도 등이 그 대표적이다.

멘토링제도와 관련하여 어떤 기업에서는 집단멘토링제도를 시행했는데, 그 이유는 자격을 갖춘 멘토의 수가 부족하고 멘토링을 지원하는 공식적인 보상시스템의 설계가 힘들다. 집단멘토링제도에서는 한 명의 멘토Mentor가 다수의 멘토-프로테제Mentor-protege를 상담한다. 집단멘토링을 통해서 멘토는 프로테제들이 조직을 이해하고 자신의 경험을 분석하며 경력의 방향을 도와준다.

임금관리

CHAPTER 06

Hospitality Industry

Human Resource Management

환대산업인적자원관리

01 임금관리

1. 임금관리 개념

임금Wage은 근로자가 기업에 기여한 근로의 대가로 지급되는 화폐적 보수를 말한다. 즉 노동의 기업에 제공한 생산적 공헌에 따라 지급되는 일체의 대가를 의미하는 것으로 해석된다(이경희, 1998). 임금에 관한 대표적인 정의를 「근로기준법」 제18조에서는 임금, 급료, 수당, 상여 또는 그 밖의 명칭 여하를 불문하고 노동의 대가로 사용자가 노동자에게 지급하는 일체의 금품이라고 했다.

임금은 종업원의 입장에서 본다면, 노동의 대가로서 얻은 소득이어서 이것은 그들의 생활유지 향상의 원천이 되며, 기업의 입장에서 본다면 기업의 비용이 된다. 엄밀히 말한다면, 이것은 환대기업활동의 결과로서 얻은 성과의 분배라고 할 수 있다. 따라서 종업원은 보다 많은 안정적인 임금지급을 요구하나, 경영자는 그들이 호텔기업 목적의 달성을 위해 바친 노력과 능률에 대응하는 수준에서 지급하려 한다. 이 같은 이유 때문에 임금을 둘러싼 노사분규가 생기기 쉬우므로 이에 대한 관리는 호텔의 인사관리상 중요한 내용이 된다.

표 6.1 임금의 목적

구 분	측 면	의 의	목 적
종업원 측면	경제적 측면	가계수입의 원천	생계수단
	사회적 측면	사회적 신분의 상징	지위에 적합
	심리적 측면	욕구충족의 수단	유행, 레저
경영자(기업) 측면	비용적 측면	인건비	중요생산비
	동기적 측면	능률자극 수단	인재확보
	순환적 측면	구매력	유효수요

기업에서의 임금은 노동력의 가치법칙에 의해 규정되고, 노동력의 가치는 종업원의 재생산에 필요한 생활자료의 가치이며 그 화폐적 표현이 노동력의 가치가 된다. 즉 호텔기업에 있어서는 임금은 종업원의 수입인 동시에 다른 한편으로는 경영자의 비용Cost이므로, 이윤극대화의 원리 하에 있어서는 임금은 인하되는 것이 특징으로 된다.

임금관리는 종업원의 직무동기 측면에서 볼 때 임금이 최고의 요소라거나 충분조건은 아니라고 하더라도 기본적인 요소이며 필요조건이 됨은 부인할 수 없다. 따라서 인사관리 중에서 임금관리가 차지하는 비중은 매우 크다고 할 수 있다.

1) 봉급 또는 급료

봉급Salary은 임금보다도 그 의미가 좁게 해석되는 개념으로, 주로 정신노동을 하는 사무 · 관리직 근로자에게 비교적 장기간 기준으로 주급이나 월급 형태로 지급되는 급부를 말한다.

2) 기본급

기준임금 또는 본봉이라고 하며, 조직체가 일정한 기준으로 조직구성원에게 공통적 · 고정적으로 지급되는 현금보상이다. 기본급Base Pay은 구성원의 개인적 특성(연령 · 근속연수 · 학력 · 경력 등), 직무의 특성, 수행능력 등의 가치 등을 평가하여 결정한다. 구성원 개개인의 노력이나 성과와는 관계없이 개인적인 특성이나 직무특성 또는 직무수행 능력이 비슷한 급료가 기본적으로 제공되는 현금보상이다. 기본급은 여러 항목 중에 핵심적인 부분으로 상여금이나 퇴직금 등의 산정기준이다.

3) 수당

수당Allowance은 기본급을 보완하고 조정하기 위해 기본급에 부가하여 지급되는 임금이다. 수당에는 통상적인 임금에 대해 고정적으로 지급되는 수당과 비통상적인 업무에 대해 변동적 · 일시적으로 지급되는 수당이 있다. 우리나라에서는 상여금, 퇴직금을 제외한 부가적인 임금을 '수당'이라고 부른다. 따라서 수당은 한마디로 정의가 어려운 만큼 다양하여 '제수당'이라고 부른다.

4) 장려금

장려금Incentive은 조직구성원들의 성과를 자극하기 위해 제공되는 급부를 말한다. 이러한 장려금은 개인의 성과와 집단 · 조직 전체의 성과 등에 따라서 지급될 수도 있고, 이 모든 성과를 종합적으로 고려하여 지급이 될 수도 있다. 그리고 단기성과와 장기성과를 기준으로 지급될 수 있다. 우리나라에서는 장려금을 상여금이라고 부르며 성과급Pay for Performance과 성과배분Gains-sharing 등이 포함된다.

5) 급여

급여Pay는 보수 또는 급료 등과 호환적으로 사용되는 개념으로, 임금과 거의 동일한 개념이라고 할 수 있다. 일반적으로 복리후생을 제외한 모든 금전적 보상을 의미한다.

6) 통상임금

통상임금은 시간 외, 야간휴일, 근로자의 할증임금, 연차, 유급휴가수당 등을 산정할 때 활용되는 기준으로, 「근로기준법」 시행령에 근거한 통상임금산정지침에서 근로자에게는 정기적 · 일률적으로 소정 근로 또는 총 근로에 대해 지급하기로 결정하기로 정해진 시간급 금액, 일급 금액, 주급 금액, 월급 금액 또는 도급 금액을 말한다.

7) 평균임금

근로자에게 지급된 임금의 총책을 해당기간의 총 일수로 나눈 금액을 의미하기도 하며 퇴직금 · 재해보상금 등의 산정기준 임금으로 매월 실질적으로 받는 임금을 의미하기도 한다. 「근로기준법」에서 평균임금을 산정해야 할 사유가 발생한 날 이전 3개월간에 그 근로자에 대해 지급된 임금의 총액을 그 기간의 총 일수로 나눈 금액이다.

2. 임금관리의 의의

임금Wage은 노동을 제공한 근로자의 입장에서는 노동력의 대가, 즉 보수의 개념으로 이해되지만 사용자의 입장에서는 생산요소의 구입에 따른 비용으로 이해된다. 따라서 이들 양자의 입장은 대부분 이해가 크게 상충되고 있다. 기업은 가능한 적은 비용으로 필요한 인력을 확보할 수 있으며, 근로자는 보다 좋은 조건의 임금수준에서 일하게 되기를 희망한다.

임금관리Wage Management는 상반되는 이해관계를 조정하여 상호 이익의 방향으로 임금제도를 형성함으로써 노사관계의 인정과 이를 바탕으로 노사협력에 의한 조직의 생산성 증진과 종업원들의 생활의 안정 및 향상에 그 목적이다.

임금은 기업의 가치창출 목적과 종업원 생활향상의 목적에 부합해야 한다. 임금체계가 효율적으로 설계되고 운영되기 위해 다음과 같은 요건을 갖추어야 한다.

- 적절성Adequacy : 임금체계는 사회경제와 노사관계 및 법규의 관점에서 그리고 조직체 전체의 관점에서 적절한 임금수준을 유지해야 한다.
- 공정성Equity : 조직체 전반적인 임금수준뿐만 아니라 구성원 각자에게도 노력 · 능력 · 기술 등 여러 기준에 따라서 공정하게 임금을 지불해야 한다.
- 균형Balance : 임금은 기준임금 및 각종 수당에서 균형 있는 패키지를 구성하고 있어야 한다.
- 비효율성Cost Effectiveness : 조직의 지불능력과 형편에 따라서 일관되게 유지함으로써 무리한 경제적 부담을 주어서는 안 된다.
- 안정성Security : 구성원의 경제적 안정성과 안정욕구충족 향상에 기여해야 한다.

- 동기부여Incentive Providing : 보상은 인센티브로서 구성원의 생산성을 향상하는데 기여해야 한다.
- 타당성Acceptability : 보상체계는 전반적으로 조직체의 관점에서 이해되고 납득이 될 수 있어야 한다.

02 임금수준관리

1. 임금수준관리의 영역

임금관리는 크게 임금수준관리, 임금체계관리, 임금형태의 관리 등 세 가지 관리영역으로 나누어진다. 임금수준관리는 조직구성원 모두에게 지불하는 평균임률과 임금액을 어떻게 할 것인가에 대해서 다루고 임금체계관리는 개별임금 총액이 어떻게 형성되어야 하는가를 다루며, 임금형태의 관리는 임금의 지급방법을 다룬다.

표 6.2 임금관리 영역

구 분	기 준	예 시
임금수준관리	개별종업원의 임금수준 결정	생계비조사, 임금조사, 지불능력
개별체계관리	개별임금 총액의 형성	직무급, 연공급, 직능급 자격급
임금형태관리	지급방법	고정급, 성과급

2. 임금수준관리의 이해

임금수준관리Wage Level Management는 직원들에게 지급하는 평균임금의 수준이 다른 기업과 비교하여 어떠한지와 관련되었다고 볼 수 있다.

1) 임금수준결정 요인

(1) 생계비

생계비Cost of Living는 임금의 최저 하향선을 책정하기 위한 것인 만큼 그 측정이 정확해야 한다. 하지만 실질적으로 개인마다 생활수준이 다르기 때문에 최저 생계비를 측정하는 것이 쉬운 일이 아니다. 또한 기혼자, 미혼자, 다자녀가정 등 개인별로 특수하게 처한 상황이 다르기 때문에, 기업 입장에서는 객관적인 생계비 측정에 더욱 어려움이 있다고 할 수 있다.

(2) 기업의 지불능력

기업이 임금수준을 결정하기 위해서 임금을 결정하기 전 기업의 지불능력Ability to Pay을 파악한 후 임금수준을 결정하는 것이 바람직하다. 이 요인 또한 각각의 기업이 처한 상황이 다르기 때문에 쉽지가 않다.

(3) 노동시장의 상황

노동을 일반 제품처럼 시장에서 거래가 일어나는 제품으로 생각한다면, 노동인력의 수요공급에 임금이 결정된다고 할 수 있다. 기업은 노동시장에서 수요공급이 어떻게 이루어지는 것을 파악하는 것이 중요하다. 공급이 부족한 상황에서 임금수준을 낮추면 우수한 인적자원 확보에 어려움을 겪게 된다.

(4) 최저임금법

기업이 임금수준을 결정할 때 한 가지 더 고려해야 되는 상황을 법으로 정해진 최저임금제를 지키는 일이다.

(5) 기타요인

기업의 임금수준에 영향을 미치는 요인으로서 기업의 규모, 노동조합 등이 있다. 규모가 큰 기업인 경우 규모의 경제 때문에 임금수준이 높을 수 있으며 노동조합이 있는 기업들은 그렇지 않은 기업들과 비교해서 임금 협상력을 더 보유하여 임금수준이 올라갈 수 있다.

2) 최저임금제

최저임금제Minimum Wage System는 필요한 관점과 필요하지 않은 관점으로 생각할 수 있다. 최저임금제란 기업이 종업원들에게 최저임금 수준 이하로 지급하지 못하게 하는 제도를 의미하는데, 저임금노동자 보호, 임금인하 경쟁방시, 유효수요 창조 등의 이유로 최저임금제가 필요하다고 할 수 있다. 임금인하 경쟁방지 관점에서는 임금의 최저수준이 법제화되지 않으면 사용자측은 수가 적기 때문에 가격 담함이 가능하며 이들 간의 단결로 임금이 저하될 수 있다. 유효수요의 창조적 관점에서 보면 근로자들이 임금수준이 너무 낮으면 소비침체가 되고 기업의 성과가 좋지 않아서 악순환의 고리가 이어질 수 있다.

최저임금제가 필요하지 않았던 관점에서 노동시장에 인력이 충분하면 기업들은 최저임금제도에 해당하는 인력을 반드시 채용하지 않아도 될 것이며, 최저임금이 보장되면 기업의 입장에서 운영비 부담을 갖기 때문에 가격전략을 낮게 가져가는데 어려움을 겪을 수 있으며, 이러한 부담을 소비자들이 부담해야 하는 상황이 발생한다.

3. 임금체계의 기준

임금체계관리Wage System Management란, 임금제도를 선정하는 문제인데 정해진 임금 총액을 종업원에게 배분하는 것과 관련이 있다. 기업의 입장에서 임금 차이를 너무 크거나 너무 적게 관리해도 안 되고 적정한 수준의 임금체계관리가 필요하다.

1) 임금체계의 기준

임금체계기준은 크게 직무급, 직능급, 연공급, 성과급 등으로 분류할 수 있다.

(1) 직무급

직무급Wage Based on Job Function은 직무의 가치에 따라 임금을 지급하는 형태이므로 직무평가가 선행되어야 한다. 직무급은 높은 가치의 직무급을 수행하는 종업원에게는 높은 임금을 주고, 낮은 가치의 직무를 수행하는 종업원에게는 낮은 임금을 주고, 동일한 가치를 수행하는 종업원에게는 동일한 임금을 지급하는 임금체계가 달라진다.

① 직능급 장점

- 개인의 능력개발을 유도하고 잠재능력도 인정해주기 때문에 미래지향적 임금관리가 가능하다.
- 개인의 능력을 인정해주기 때문에 우수한 인재의 확보가 쉽다.

② 직능급의 단점

- 능력 있는 직원과 그렇지 않은 직원 간의 임금격차로 인해 기업분위기가 안 좋아질 수가 있다.
- 능력평가에 대한 공정성에 문제가 있을 수 있다.
- 능력을 인정받다가 그렇지 못할 경우 임금이 낮아지며 이직률이 높아질 수 있다.

(2) 연공급

연공급Seniority Based Wage System은 근속연수인 연공을 기초로 임금을 산정하는 방식으로, 연공서열이 높은 종업원에게는 높은 임금이 지급되며, 연공서열이 낮은 종업원에게는 낮은 임금이 지급되는 방식이다.

① 연공급의 장점

- 장기근속이 가능하고 이직률이 감소한다.
- 임금계산의 공정성이 높다.
- 필요에 따른 기업 내부의 직무순환과 부서 이동이 용이하다.
- 평가가 정확할 가능성이 높다.

② 연공급의 단점

- 직무가 아닌 사람이 기준으로 되기 때문에 불합리성이 제시될 수 있다.
- 능력 위주가 아니기 때문에 종업원들이 나태해질 수 있다.

(3) 성과급

성과급Piece Wage은 종업원이 직무수행을 통해 달성한 구체적인 성과를 가지고 임금을 지급하는 형태이다. 직무급 · 연공급 · 직능급과는 달리 성과에 따라 변동한다. 성과를 통해 종업원들의 동기부여가 높아질 수 있으며, 일반적으로 호텔관광기업의 경우 영업부서 직원들에게 적용할 수 있는 임금체계이다. 종업원 개개인의 관점에서 보면 높은 성과를 올리지 못하면 높은 성과급을 지급받을 수 없으며, 성과를 올리지 못하면 낮은 성과급을 지급받아야 하는 문제점이 있다. 성과급은 개인 성과급과 집단 성과급으로 나눌 수 있는데, 개인 성과급은 개인에게 지급되는 성과급이고, 집단 성과급은 팀별 · 부서별 등 집단에 대한 성과의 의미로 지급되는 임금 형태이다.

① 성과급의 장점

- 생산성을 높이고 원가절감에 이점이 있다.
- 근로자들에게 동기부여를 할 수 있다.
- 성과에 따라 인건비가 산정되기 때문에 인건비 산정이 정확한 편이다.

② 성과급의 단점

- 정신노동의 경우 성과 측정에 어려움이 있다.
- 성과 측정을 위한 시간과 비용이 소모된다.

2) 임금형태관리

(1) 임금형태의 관리

임금형태관리Wage form Management란, 한 사람에게 정해진 임금총액을 어떠한 형태로 받게 되는가에 대한 문제인데, 연봉형태로나 월급형태로 받을 수가 있다.

(2) 임금형태의 유형

① 상여금

상여금이란, 종업원의 근로의욕을 고취시키는 의미에서 경영성과에 따라 분배하는 참여적 임금이라고 할 수 있다. 참여적이라 함은 종업원의 노력이 있었기 때문에 기업의 성과가 올랐으며, 그 성과를 주주뿐만 아니라 종업원도 참여시킨다는 의미이다.

② 수당

수당은 종업원이 정규노동 이외에 노동력을 제공한 경우 종업원의 생활을 보장하기 위해 기업이 지급하는 직접 보상하는 형태이다.

수당의 유형은 기준 내 수당과 기준 외 수당으로 분류할 수 있는데, 기준 내 수당은 다시 직무수당, 장려수당, 생활보조수당으로 나눌 수 있다. 직무수당에는 직책수당, 자격수당, 기능수당, 특수작업수당 등이 있으며, 장려수당에는 정 · 개근수당, 생산수당, 모범근속수당 등이 있다. 생활수당에는 가족수당, 물가수당, 주택수당, 지역수당, 통근수당, 피복수당, 의료수당 등이 있다.

표 6.3 임금과 관련된 용어

구 분	내 용
임금(Wage)	사용자가 노동의 대가를 노동자에게 봉급, 급여, 보너스 등 어떤 명칭으로 지급하는 금품
봉급(Salary)	임금보다 좁은 의미로 정신노동자에게 장기간 기준으로 지급되는 주급, 월급, 연봉
급여(Pay)	복리후생을 제외한 일체의 금전적 보상
기본급(Base)	기업이 정해진 규칙에 의해 종업원들에게 공통적 · 고정적으로 지급되는 현금 보상
수당(Allowance)	기본급 외에 추가적으로 지급되는 금전적 보상으로 식비, 교통비, 보너스 등 종류가 많아서 제수당이라고 함
장려금(Incentive)	종업원을 동기화시키려고 성과에 따라 일시적 포상의 의미로 지급하는 보상
복리후생(Benefits)	종업원의 생활안정, 생활향상을 위해 부가적으로 지급하는 일체의 현금급여와 현물급여
보너스(Bonus)	종업원과 기본적으로 약속한 금액보다 추가되는 일체의 보상
보상(Compensation)	위에서 언급된 모든 것을 포함하는 것으로, 종업원이 받는 모든 형태의 금전적 대가와 무형적 서비스 및 혜택

기준 외 수당으로는 초과근무수당, 특근수당, 휴무수당, 업적수당 등이 있다. 초과근무수당으로 시간 외 근무수당, 휴일근무수당, 심야근무수당 등이 있다. 특근근무수당으로 숙일직수당, 변측근무수당 등이 있으며, 휴무수당으로 유급휴가수당, 유급휴일수당, 휴업수당 등이 있다. 업적수당으로 초과업적수당이 있다.

4. 임금결정과정

임금은 조직체와 근로자를 포함한 이해관계자는 단체교섭, 국민경제의 주요한 관심사이므로 신중한 고려 하에서 과학적 · 합리적인 방법으로 임금을 결정하며 그 과정은 그림 6.1과 같다. 직무평가와 임금조사에 의해 직무 간에 의해 공정한 임금구조가 형성되고 연공 및 임금기준에 따라서 임금체계가 결정되며 임금구조와 임금체계를 바탕으로 개인으로 임금이 결정된다.

개별임금은 앞서 살펴보았듯 적절성 · 공정성 · 균형 · 경제성 · 타당성 · 동기부여 등이 평가되고 통제된다.

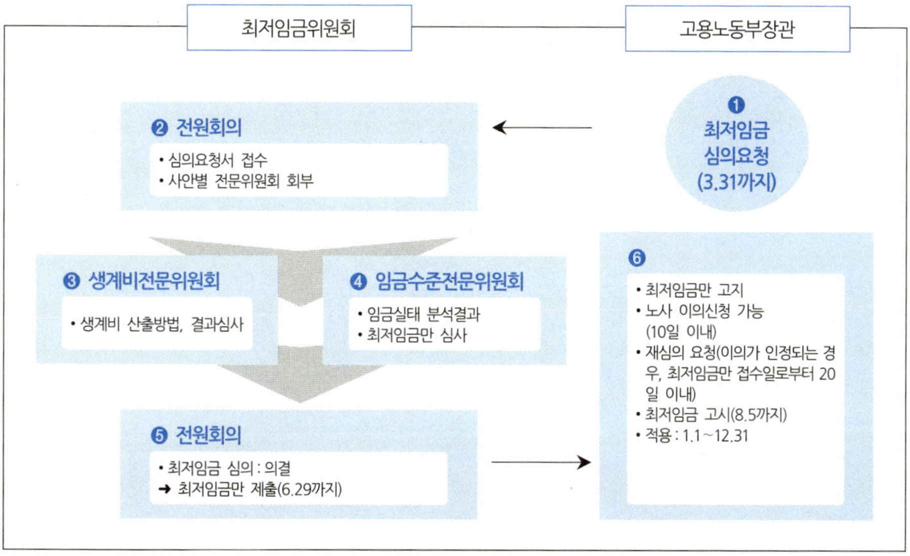

그림 6.1 최저임금결정 과정

03 보 상

보상전략을 수립할 때는 임금수준, 임금구조, 임금형태, 임금체계, 임금관리 등을 고려해야 한다. 이러한 의사결정 변수들을 이용하여 독특한 기업전략이나 환경에 맞는 보상정책을 수립해야 한다.

표 6.4 보상정책에 따른 의사결정

• 직무와 스킬의 비교	• 성과와 연공의 비교
• 개인성과와 집단성과와의 비교	• 단기적 보상과 장기적 보상의 비교
• 시장의 비교	• 계층과 평등주의의 비교
• 고정임금과 인센티브의 비교	• 보너스와 지연보상의 비교
• 내재적 보상과 외재적 보상의 비교	• 집권적 임금관리와 분권적 임금관리의 비교
• 임금공개와 임금비밀의 비교	• 관료적 정책과 융통적 임금정책의 비교

안전관리

CHAPTER 07

Hospitality Industry
Human Resource Management
환대산업인적자원관리

01 안전관리

1. 안전관리

안전Safe은 상해(傷害)로부터 자유스러운 존재의 상태이다. 보선관리가 기본적으로 종업원들의 직업병에 관심을 둔다면, 안전관리는 사고로 인한 직원들의 상해에 관심을 갖는다고 할 수 있다. 안전관리는 사고의 위험이 없는 상태를 유지하는 것을 뜻한다. 사고의 위험이 없는 상태를 유지하기 위해서는 사전에 위험요소를 배제하지 않으면 안 되므로, 안전관리란 사고발생의 위험을 제거하는 업무가 사고관리이다.

안전관리Safety Management의 근본 목적은 종업원의 생명과 신체를 보호하는 인도주의에 있다. 근로자의 생명과 신체를 보호하기 위해서는 인적 상해를 야기하는 사고를 예방해야 하는데, 사고를 예방하면 인적 상해 방지는 물론 환대산업의 설비와 비품 등 물적 손실을 방지하는 역할도 한다. 결과적으로, 안전관리는 종업원들의 인명존중 이외에 경제적 손실방지 및 생산성 향상이라는 부가적인 효과가 있다.

2. 안전사고의 발생원인

안전사고Negligent Accident는 여러 가지 원인에 의해 발생하는데, 그게 물적 요인과 인적 요인 및 환경적인 요인의 세 요소에 의해 발생한다. 사고는 크게 한 요인에 의해서 발생할 수 있고 여러 가지 요인이 어우러져 발생하기도 한다.

1) 물적 요인

환대산업 내 각 시설관리와 이용에서 오는 요인으로 물적시설의 자체에서 오는 경우와 시설의 보전 · 관리 · 운영 과오에서 오는 경우가 많다.

2) 인적 원인

개개인의 선천적 · 후천적 성격에서 오는 요인, 근무 중에 발생하는 사소한 부주의와 지식 · 경험 및 무모한 행동, 피로와 수면부족 등의 요인으로 구분할 수 있다. 특히 부주의는 감독 및 지시를 무시하거나 불안전한 자세와 미숙한 업무나 안전장치 점검의 소홀 등이 대표적이다.

3) 환경 요인

직업환경에 따른 물리적 요인은 안전장치의 미비, 설비파손, 마모의 취급 및 관리상의 미비, 채광, 조명, 환기시설의 부적절이 대표적인 예이다. 화학적인 요인은 고열, 소음, 진동, 가스, 유해물질, 감전 및 기타 등의 위험을 들 수 있다.

3. 안전사고관리

1) 안전사고 원인

환대산업의 대표인 기업인 호텔에서 일어날 수 있는 대표적인 안전사고는 표 7.1과 같이 정리가 가능하다.

표 7.1 호텔의 안전사고

구 분	내 용
객실부문	• 객실열쇠 관리의 부주의 • 균열, 파손된 각종 손잡이, 샤워기 등의 방치 • 수리를 요하는 가구방치 • 전선, 정화선의 불량방치
식음료부문	• 물건운반 시 충돌위험 • 주방출입 시 고정출입구를 사용하지 않을 경우 • 트레이에 올바른 적재방법을 사용하지 않을 경우 • 화상의 위험 • 코르크마개 딸 때의 위험 • 식기 및 술병 취급 시 위험

구 분	내 용
주방부문	• 조리기물의 취급부주의 • 화상의 위험 • 절단기 사용의 부주의 • 미끄러운 바닥 • 통풍의 불충분 • 식품의 부패 • 무거운 물건의 취급 시
기타부문	• 승강기의 불완전한 조작 • 응급용 구급비품의 미비 • 시설의 부족 또는 파손 • 비상구에 물품 적치 • 경영책임자의 안전의식 부족 • 직원의 안전의식 부족

2) 안전의식 필요성

호텔은 다양한 시설을 갖추고 불특정 다수인을 대상으로 영업하기 때문에, 예상하지 못한 많은 위험과 사고가 잠재되어 있다.

호텔은 고객이 이용하는 물품 · 시설에 대해 안심하고 이용할 있도록 호텔 종업원들은 고객의 재산, 인명을 비롯한 호텔 종업원의 인명과 재산을 비롯하여 호텔의 재산을 안전하게 보호해야 되는 의무가 있다. 따라서 호텔에서 발생한 안전사고를 사전에 예방하고 호텔의 자산을 보호하는 의무가 있다. 직원들의 부주의로 고객의 생명, 재산 등의 손실은 호텔경영에 영향을 준다.

3) 호텔의 안전관리프로그램

안전사고 방지는 사전계획을 요구하고 있다. 안전관리프로그램을 효과적으로 관리하기 위해 호텔마다 적합한 안전관리프로그램을 구성해야 한다. 안전관리프로그램은 다음과 같은 요소로 구성되어진다.

- 최고관리층의 지원 : 최고관리층은 안전관리프로그램이 오래 지속되고 효과적일수록 실질적인 지원을 해야 한다. 관리층의 지원은 안전회의에 직접 참석하여

주기적인 직접검사와 정규안전보고 등을 들 수 있다.

- 안전책임자의 임명 : 안전프로그램을 효과적으로 수행하기 위해서는 별도의 책임자를 임명하여 안전관리프로그램을 전담시켜야 한다.
- 안전설계 및 운영 : 미래를 볼 수 있는 청사진의 설계 및 운영이 필수적이다.
- 안전행동교육 : 모든 직원들을 안전하게 행동하며 생각하고 근무하도록 교육해야 한다.
- 사고분석 : 발생한 사고내용에 관한 분석을 해야 한다.
- 기록유지 : 사고건수와 직업병 및 상실된 작업일수 등에 관한 정확한 기록을 유지하여야 한다.
- 안전대회 : 교육의 한 형태로 실시할 수 있으며, 대회기간 중에 홍보를 비롯해 사고예방 또는 부서에 대한 시상 등의 행사를 진행할 수 있다. 사고로 인해 호텔에 손해를 끼친 경우에는 징계방법을 사용하여 직원들의 안전의식을 강화하도록 할 수 있다. 그리고 강제규칙을 적용하여 안전사고로 인해 호텔에 커다란 손해를 끼친 경우에 징계방법 등을 사용하여 종업원들의 안전의식을 강화해야 한다.

4) 보안관리

보안관리Security Management는 고객의 생명과 재산, 직원들의 생명과 재산, 호텔의 자산을 보호하는 업무로, 호텔의 보안관리 부서에서 주로 담당한다. 보안관리 부서의 직원은 건물 내 · 외의 제반사항 및 각종 설비의 상태를 알고 있어야 하며, 비상시 대처할 수 있는 행동사항을 숙지하고 훈련을 통해 행동요령을 익혀두어야 한다.

5) 소방안전관리

기업은 직원들에게 화재안전에 대한 충분한 교육을 실시하여 화재발생 시에 고객과 직원의 인명을 보호하고 인명을 줄일 수 있도록 해야 한다. 연 1회 이상 소화기 작동법과 소방안전관리에 대한 교육을 실시하도록 해야 한다.

02 보건관리

1. 보건관리의 의의

보건은 신체적 · 정신적으로 건강한 상태를 유지하는 것을 말한다. 보건관리Health Management란 종업원들의 심신건강을 보호하고 증진하기 위해 질병 또는 그 원인에 대해 예방조치를 강구하거나 질병을 막아내도록 강구하는 활동이다. 심심을 보호하고 건전한 노동력을 유지, 육성하며 질병에 의한 경제적 손실을 방지한다는 점에서 안전관리와 비슷하다. 환대산업의 업무는 주로 직원이 고객과 직접 대면하여 서비스를 제공하는 업종이다. 환대산업 종업원은 불특정 사람들과 접점 위치에 있기 때문에 많은 노력을 해야 한다.

2. 보건위험 대책

환대산업은 직원들의 보건관리를 위해 다음과 같은 조치를 강구하도록 해야 한다.

- 기업 내 의무실을 설치하고 보건관리자를 둔다. 상황이 여의치 않을 땐 주변의 병원을 이용하는 것도 좋다.
- 환대산업에서 주기적인 건강진단을 실시하도록 하며 적극적인 직원들의 참여를 유보하도록 한다.
- 보건교육을 통해 직원들이 위생 및 보건에 관한 일체의 규정을 준수하도록 한다.
- 유해환경에서 근무하는 직원들을 위해 작업장의 안전작업시설은 물론 유해물질의 측정 장치와 기구를 통해 안전상황을 점검 · 감독함으로써 유해 환경의 노출을 최대한 억제하도록 한다.
- 보건관리자는 직원들의 신체적 질병뿐만 아니라 상담과 교육 · 훈련 등을 통해

직원들의 정신적 스트레스를 해소하는데 도움을 줄 수 있어야 한다.

- 전염병 · 정신질환 및 계속적인 근로를 통해 악화시키거나 타인에게 영향을 미칠 수 있는 질병의 소유자는 취업을 금지시킨다.

03 성희롱

1. 성희롱의 개념과 요건

1) 성희롱의 개념

사업주나 상급자 또는 근로자가 직장 내 직위를 이용하거나 업무와 관계하여 다른 근로자에게 성적인 언어나 행동 또는 이를 조건으로 하여 고용상 불이익을 주거나 또는 성적 굴욕감을 유발하여 고용환경을 악화시키는 것을 말한다.

2) 행위 주체

- 직장 내 성희롱 행위자 : 사업주, 직장 내 상급자, 동료, 하급자 등을 말하며 거래처의 관계자나 호텔의 고객 등이 그 대상이다.
- 직장 내 성희롱 피해자 : 사업주를 제외한 모든 남녀근로자, 파견근로자, 모집 및 채용과정에서의 구직자를 포함한다.

3) 행위 유형

- 육체적 행위 : 신체적 접촉행위, 특정한 신체부위를 만지는 행위, 안마 등을 강요하는 행위

- 언어적 행위 : 음란한 농담, 외모에 대한 성적인 비유나 평가, 성적인 사실 관계를 묻거나 성적인 정보를 의도적으로 유포하는 행위, 성적인 관계를 강요하거나 회유하는 행위, 회식자리에서 술을 따르도록 하는 행위
- 시각적 행위 : 음란한 사진, 그림, 낙서, 출판물 등을 게시하는 것이며, 컴퓨터 바탕화면을 비롯한 이메일 전송, SNS 등을 포함
- 기타 사회통념상 성적 굴욕감을 유발하는 것으로 인정되는 언어와 행위

4) 행위 결과

- 조건형 : 고용상의 불이익을 주는 것
- 성희롱이 성적 굴욕감을 유발하여 고용환경을 악화시키는 것

2. 성희롱 예방교육

1) 취지

일반적으로 직장 내 문제에 대한 최선의 해결책은 처음부터 성희롱이 발생하지 않도록 하는 것이다. 사업주는 직장에서 남 · 여 근로자가 상호 존중하며 예의를 지켜 성희롱으로 인해 근로자의 인격이 침해되거나 근로제공에 지장이 생기지 않도록 평등하고 안전한 근무환경을 조성할 의무가 있다.

「남녀고용평등법」은 「헌법」 제11조 제1항 '법 앞의 평등'과 제32조 제4항의 '고용 임금, 근로조건에 있어서의 남녀평등'과 제36조 제2항의 '모성보호를 위한 국가의 노력'을 규정하고 있는 헌법정신에 따라 남 · 여의 평등한 고용기회 및 대우를 보장하는 한편, 모성보호 및 근로여성의 직업능력 개발을 통한 지위향상과 복지 증진을 도모하는데 그 목적이 있다. UN에서는 기본적 인권보장 차원에서 1967년도에 '여성에 대한 차별철폐선언'을 채택하여 1975년도를 '세계여성의 해'로 선포하고, 1979년에는 「여성에 대한 모든 형태의 차별철폐협약」을 채택하였다. 「남녀고용평등법」은 1987년 11월

(11.28 제정. 12.4 공포, 법률 제3989호) 제정되어 1988년 4월 1일부터 시행되었다. 제8조는 사업주는 직장 내 성희롱을 예방하고 근로자가 안전한 근로환경에서 일할 수 있는 여건조성을 위해 성희롱예방을 위한 교육을 실시·교육하도록 규정하고 있다.

2) 예방교육방법

- 교육주체 : 직장 내 성희롱교육은 반드시 사용자가 실시하여야 하며, 사업규모에 따라서 연수부나 교육부가 있다면 개별적인 기업특성과 문화에 따라서 전담자를 두어 예방교육을 실시하면 된다.
- 교육횟수 : 노동부의 지침에 따라서 연 1회 이상 실시하여야 한다.
- 교육방법 : 직원연수 교육, 정례조회, 부서별 교육, 시청자 교육 등 직장의 편의에 따라 선택하여 교육할 수 있다.

3) 내용

성희롱 교육은 다음과 같은 점에 주안점을 두고 실시되어야 한다.

- 실제로 성희롱에 해당되는 말과 행동을 분명하게 주지시켜야 한다. 이는 성희롱 행위를 중지시키고 예방하는 효과를 거둘 수 있다.
- 직장 내 성희롱 문제의 본질과 그 심각성 및 폐해를 인식시켜야 하다. 또한 성희롱을 당한 직원이 자신의 권리와 이로 인한 피해를 알리는데 도움을 주어야 한다. 성희롱에 대해 명확히 인식이 된다면 자신의 행동을 변화시키고 상호존중되는 직장분위기를 형성하게 된다.
- 성희롱 문제가 근본적으로 사회생활에서의 남·여 역할에 대한 편견과 이해부족 등 성적 고정관념과 남·여 역할 분담의식 등 근본적인 성차별 의식에 기인한다는 이해를 확대해야 한다.

CHAPTER 08

복리후생관리

01 복리후생

1. 복리후생의 개념

복지후생은 기업이 종업원과 그 가족의 생활수준을 향상시키기 위해서 마련한 임금 이외의 간접적인 제급부를 말한다. 기업이 자체의 부담과 책임 하에서 마련하는 급부로서 종업원의 노동생산성 제고와 노동력의 확보 · 유지 · 배양을 원활하게 하기 위한 것일 뿐만 아니라, 경영공동체 형성을 위한 기반으로서도 필요하다. 증진시키는 이유도 한 이유가 되지만 오늘날 널리 강조되고 있는 기업의 사회적 책임도 그 이유이다.

전통적으로 복지후생에 대한 생각은 경영공동체 형성의 일환으로 사회적 측면을 내포하고 있다. 또한 복지후생은 장기근속자를 우대함으로써 종업원의 이직을 방지하고, 기업 특유의 기술 축적에 중요한 구실을 한다. 그러므로 기업경영에 있어서 인력관리 및 개발은 개별적 차원과 사회적 차원으로 구분하여 장기안목적인 정책 및 관리가 확립되어야 한다. 즉 조직구성원의 개인 발전과 사회공동체 실현이 합리적으로 융합되어야 한다(최종태, 1995).

표 8.1 임금과 복리후생의 차이점

구 분	차 이 점
지급관리	임금은 사원의 업무나 근로의욕을 기준으로 지급되는 직접보상이지만, 복리후생은 업무성과나 직무와 무관하게 지급되는 간접 보상
지급방식	임금은 개별종업원마다 차등 지급되지만, 복리후생은 조직구성원 전체 혹은 집단에게 동일하게 기회가 주어진다.
지급요구	임금은 요구 없이 당연한 노동대가로 지급되는 것이지만, 복리후생은 법정 복리후생을 제외하고는 종업원이 요구하지 않으면 혜택을 받기가 힘듦
지급효과	임금은 고용관계를 기초로 한 것인 만큼 기업에 이윤을 제공하고 임금을 받아서 경제생활에 사용하지만, 복리후생은 종업원의 인간적인 문화생활에 공헌하는 것이므로 경제적 만족이지만 경제적 만족보다는 심리적 만족을 얻고 공동체의식을 높임

따라서 적절한 복지정책은 경영의 협동단결을 실현하고 사회시스템으로서 기업의 공동체 형성에 중요한 역할을 담당하게 된다. 복지후생은 장기적 복지사회정책의 일환으로서 다각적인 전개를 필요로 한다.

기업경영에 있어 성과주의와 공동체주의는 상반된 작용을 자주 발생시킨다. 지나친 성과주의의 신봉은 공동체 정신을 무너트리는 반면, 지나친 공동체의 강화는 무사안일주의를 만연시킬 것이다. 따라서 성과주의와 공동체주의를 적절히 결합하여 이원적인 사고를 일원화시켜 진실한 성과적 공동체의 경영체질을 강화하도록 노력해야 한다.

표 8.2 근로자에 대한 효과 기업에 대한 효과

근로자에 대한 효과	기업에 대한 효과
• 사기의 향상	• 복리에 대한 인식강화
• 불만의 원인 감소	• 경영자와의 관계개선
• 고용안정과 수입증대	• 건설적 경영참가 기회의 증대
• 기업의 방침 및 목적에 대한 이해증대	• 소속감 및 조직몰입 증대
• 자부심 증대	• 건강 및 문화생활 향상
• 생산성 향상과 원가절감	• 팀워크의 강화
• 결근, 지각, 사고, 불만 및 이직의 감소	• 인간관계 개선
• 채용 및 훈련비용 절감	• 근로자와 건설적으로 일할 기회의 증대
• 기업방침 및 목적의 과시기회 증대	• 회사의 PR기회의 증대
• 지역사회와 긍정적 관계유지	• 노사관계의 원활함

복지후생제도의 기본원리와 목표는 첫째, 공동체원리에 입각한 경영공동체의 기반을 구축하는 것이며, 둘째, 보조원리로서 지원관리에 입각한 노동력 재생산을 위한 노동의 확보, 유지, 배양과 노사관계 개선의 확립에 있다.

따라서 후생복지는 종업원의 복지향상을 위해서 시행하는 임금 이외의 간접적인 여러 가지 혜택을 의미한다. 종업원의 후생복지를 위한 제시설 및 제도는 노동력의 재생산을 위한 보조적 수단이라고 할 수 있다. 기업의 후생복지의 내용이 노사관계의 발전과 관계가 있으며, 후생복지의 시설이나 제도는 조사 노사조건의 결정방식, 노동보호법, 사회보장제도의 진전 등 전반적인 노사관계의 주요발전에 따라 후생복지의 내용을 생각할 수가 있다. 기업측과 종업원측이 공동으로 관리하는 경우와 종업원측이 자체적으로 운영하도록 하는 경우가 많다.

02 후생복지 기능 · 성격 · 원칙

1. 후생복지 기능

기업에서 제공하는 여러 가지 후생복지는 다음과 같은 기능을 한다.

1) 생활안정의 기능

기업이 종업원에게 보상을 하는 목적은 근로의욕을 증진하고 생활안정을 도모하여 안심하고 직무에 종사할 수 있도록 하는 것이다. 임금이 직접적인 기능을 한다면, 복리후생은 간접적이고 부가적인 보완기능을 한다. 그러므로 복지후생은 종업원의 생활안정을 도우려는 배려의 한 방법이다.

2) 노동력 유지의 기능

후생복지에 관한 제도는 근로자의 이직을 방지하는 주요한 기능을 가진다. 이직의 주된 이유가 생활불안정이기 때문에 이를 해결하여 노동력을 유지하려면 우선 후생복지의 확대를 통해 생활안정을 도모해야 한다. 주택지원을 하고 의료혜택과 생활편의 시설을 마련해 주면 근로자의 이직률은 떨어질 것이다.

3) 인간관계 조성의 기능

임금Wage은 개별적 차등지급의 형태를 가지고 있기 때문에, 개인적인 비교나 저수준의 임금을 받는 사람이 불만을 가질 수 있다. 그러나 후생복지는 단체지급의 성격을 가지고 있기 때문에, 근로자 모두가 평등하다는 생각으로 조직 내의 인간관계가 원활해질 수 있다.

4) 협조적 노사관계 조성의 기능

비법적 후생복지는 말 그대로 법적 제재를 가하지 않는 것으로, 지급 여부는 기업이 임의로 결정한다. 대부분 후생복지의 내용은 기업이 근로자를 배려하는 차원에서 지급하는 것이므로, 노사관계를 협조적 분위기로 만드는데 크게 기여한다.

2. 후생복지 성격

기업의 복지후생은 보상의 한 부분이지만 임금과는 큰 차이가 있다. 임금은 직접적 성격을 가지고 있지만, 복지후생은 간접적 성격이 강하다. 복지후생의 성격을 임금과 비교론적 관점에서 살펴보면 다음과 같다.

첫째, 복지후생은 근로자가 수행한 노동의 질이나 양과는 관계가 없다. 일반적으로 임금은 연령, 성별, 지위, 근속년수 그리고 노동의 질이나 양에 따라 차이가 있지만, 복지후생은 원칙적으로 차이를 두지 않는다.

둘째, 임금은 개별적으로 산정되어 지급되지만, 복지후생은 개별적 차원이 아니라 집단적 보상의 성격을 가지고 있다. 즉 모든 조직구성원을 대상으로 복지후생과 관련된 예산이 편성되고 집행되는 특성을 가지고 있다.

셋째, 기업이 설정한 복지후생비는 종업원 개인의 필요성 원칙에 의해 집행된다. 즉 복지후생제도상에 설정되어 있어도 종업원 개인이 급부의 상황이나 조건이 충족되지 않으면 혜택이 주어지지 않는 특성을 가지고 있다.

넷째, 복지후생비는 기대소득적 성격을 가지고 있다. 기업이 제도상에 명백히 설정해 두었다하더라도 일시에 전 종업원이 혜택을 받을 수 있는 상황이 전개되지는 않는다. 따라서 조직구성원이라면 누구라도 미래에 혜택을 받을 수 있는 조건이 성립되면 반드시 받을 수 있다는 기대소득적 성격을 가지고 있다.

다섯째, 기업의 복지후생비는 다양한 형태로 지급되는 성격을 가지고 있다. 즉 복지후생비는 현금 제공, 현물이나 서비스 제공, 시설물 이용, 상품권 제공 등을 통해 집행된다.

3. 후생복지 원칙

기업에서 제공하고 있는 후생복지는 정부의 규제나 법률에 의해서 뿐만 아니라 산업사회의 발전과 함께 기업의 자발적인 후생복지 시설로 인해 그 비용이 막대하게 증가하고 있다. 따라서 이러한 후생복지 비용의 증가는 이제 그 운영이나 정책에 있어서 효율적인 관리가 요구되는 정도에 이르렀다. 이러한 관점에서 기업의 후생복지 관리상 기본적으로 고려되어야 할 원칙들을 정리하면 다음과 같다.

1) 적정성의 원칙

기업의 모든 종업원들에게 절실히 필요하고, 경비부담에 알맞으며, 동종 산업이나 그 지역 내 산업에 대비하여 크게 차등이 없는 정도의 후생복지를 하는 것이다. 그러기 위해서는 그 관리에 있어 종업원의 의견조사를 한다든지, 기업의 복지시설에 관한 연차적 확충계획을 세우는 것이 바람직하다. 또한 동종 업종의 동일지역 내의 시설 등에 관하여 조사를 하고, 그 일반적 수준을 파악하는 것도 중요한 일이다. 실제로 중소기업의 복지후생이 대기업 수준에 도달하기에는 많은 대내 · 외적인 환경적 조건상 어렵다고 보아야 하지만, 반대로 중소기업의 부족한 복지시설을 대기업의 상태와 동일한 수준을 무리하게 맞출 필요는 없다.

2) 합리성의 원칙

후생복지에 관한 시설 및 제도는 기업 내에서만이 아니고, 국가나 지역사회에 의해서도 추진되므로 기업으로서는 서로 중복되거나 연관성이 결여되는 일이 없도록 합리적으로 조정 관리해야 할 필요가 있다.

기업은 국가의 사회보장제도를 활용한다든가, 민간회사의 보험사업을 이용하는 것과 같으며, 지역사회와 협력하여 복지시설을 공동으로 설치 운영할 수 있다. 기업은 경영의 합리성을 추구하는 방향에서 복지후생관리를 하지 않으면 안 된다.

3) 협력성의 원칙

협력성은 지역사회와 복지시설을 공동 운영하는 것과 같은 기업 외적 협력관계도 포함하고 있지만 이러한 특징보다 기업 내적인 노사 간의 협력관계를 중점적으로 뜻하고 있다. 후생복지의 유지, 향상을 위해서는 기업의 책임이 크지만 동시에 종업원의 책무도 크다는 것을 명백히 해야 한다. 따라서 노사가 협의하여 후생복지의 내용을 충실하게 검토함으로써 알찬 시설이나 제도를 마련할 수 있으며, 운영에 있어서는 더 한층 협력적 효과를 발휘할 수 있는 것이다. 기업에 따라서는 후생복지위원회를 설치하여 노사쌍방의 협조로 운영함으로써 큰 성과를 거두고 있는 경우도 많다.

오늘날 산업사회에서는 후생복지를 증진할 필요성이 더욱 대두되고 있으나, 반면에 기업 내부의 규약에 따른 제약조건도 경시할 수 없는 실정이다.

03 후생복지 유형 및 관리

1. 복리후생의 유형

1) 법정복리후생

복리후생제도는 기업들이 자율적으로 도입하였으나, 사회적으로 필요한 복리후생 수준 정착을 위해 일부제도는 법률로 운영함으로써 강력한 제도가 되었다. 우리나라에서 시행되는 주요 복리후생제도는 다음과 같다.

① 의료보험

종업원의 질병치료를 위한 지원 형식으로 진료비, 입원비, 질병보조금 등을 지급하여 종업원과 가족들에게 최소한의 의료서비스를 받을 수 있도록 보장한다.

② 연금보험

종업원이 노령으로 퇴직한 후 생계유지와 사고로 유족이 생길 경우, 매월 급여의 일부와 기업의 부담으로 연금보험을 운영하고 있다.

③ 산재보험

산재보험은 직업병이나 산업재해로부터 직원과 그 가족을 보호하기 위한 것으로, 업무수행과 관련된 부분만 보장한다.

④ 고용보험

고용보험은 실업보험을 의미하는 것으로, 근로자가 실업의 상태가 되었을 때 종업원 및 가족의 생계를 보호할 목적으로 만들어진 복리후생프로그램이라고 할 수 있다.

2) 법정 외 복리후생

법정 외 복리후생은 국가가 법으로 정한 복리후생프로그램 외에 추가적으로 더 지급하는 것을 말하며, 일반적으로 기업이 별도로 프로그램을 만들어서 운영하고 있다. 통근차량지원, 헬스클럽, 어린이집 운영 등 그 유형은 매우 다양하다.

2. 복리후생의 관리방안

후생복지의 시설은 기업체가 가지는 구체적인 특성이나 조건 또는 기업체의 사회적 · 경제적 상황에 따라 관리실태가 달라진다. 장기간 계속해 온 복리후생 방법이라고 해서 무턱대고 같은 방법을 고집하는 무모한 운영을 해서는 안 된다. 무엇보다 후생복지의 본질을 잘 파악하여 거기에 어긋남이 없는 합리적 관리가 요구된다. 이런 관점에서 효율적인 후생복지제도의 관리방안은 다음과 같다.

1) 효과적인 홍보

종업원을 위한 좋은 후생복리제도를 만들어 시행하더라도, 수혜자가 그 내용을 잘 모르면 후생복지제도의 실효를 거둘 수 없다. 그러므로 관련자 모두가 혜택을 받을 수 있도록 하기 위해서 다음과 같이 홍보활동을 해야 한다.

첫째, 후생복지제도에 대한 범위와 사용방법에 대해서 종업원에게 주지시켜야 한다.

둘째, 후생복지제도를 이용할 때 받을 수 있는 혜택인 후생복지의 내용을 종업원이 충분히 이해하도록 그에 대한 정보를 제공해야 한다.

셋째, 종업원에게 후생복지의 정보가 도움이 된다는 믿음을 줄 수 있도록 신뢰감을 주어야 한다.

넷째, 후생복지제도에 대한 가치를 현재의 종업원뿐만 아니라 미래의 잠재적인 종업원에게도 알려야 한다.

2) 창출적 효과

후생복지제도는 경영공동체 형성을 구심점으로 하여 기업의 종합적인 경제적 성과목표와 일치하도록 운영하여야 한다. 공동체 형성이란 미명 하에 후생복지비가 소비적 성격으로 지출되어서는 안 된다. 다시 말하면, 후생복지가 오로지 종업원에게 소득을 형성시켜주는 이전적 효과에만 거쳐서는 안 되고, 경영성과를 유도하는 창출적 효과를 강구하도록 해야 한다. 후생복지관리가 창출적 효과로서 경영의 성과를 도출하기 위해서는 기업의 경영정책 및 사회정책과의 유기적인 관계 속에서 종업원들의 성취동기를 유발할 수 있도록 노력해야 한다.

3) 비용수익의 분석

효과적인 후생복지 관리를 위해서는 후생복지에 대한 비용 수익분석과 같은 과학적 측정이 뒤따라야 한다. 후생복지에 대한 투입산출을 단순한 추측으로서가 아니라 과학적이고 분석적인 수단을 갖추어서 관리해야 할 필요가 있다. 그렇게 함으로써 후생복지에 대한 투자효율을 높일 뿐만 아니라 종업원으로부터 깊은 이해와 신뢰를 얻는데 큰 도움이 된다.

선진국들에서는 이미 경영사회정책의 효율적인 관리를 위해서 경영사회 비용에 대한 분석과 성과에 대한 회계처리를 비롯한 제반 사회적 지출의 관리를 체크하는 제도가 확립되어가고 있는 실정이다. 비용수익분석은 성과 측정으로서 후생복지비의 지출 정도와 이직의 감소, 생산성 향상, 사기앙양 등과의 상관관계도 분석한다.

4) 공정성 확보

후생복지제도에 대한 혜택은 종업원 모두에게 돌아가도록 하더라도 이용 당사자가 사사로운 마음을 가지고 악용한다면, 오히려 종업원의 사기와 조직의 능률을 저하시키기 때문에 모든 후생복지 혜택이 공평하게 배분되도록 각별히 노력해야 한다.

5) 국가사회 경제정책과의 연계

종업원 복지후생의 과제가 국가차원의 사회보장제도와 밀접한 관계를 가지고 있다함은 이미 지적한 바 있다. 처음에는 기업의 자율적 행동에 의해서 착수된 종업원을 위한 복지후생제도가 나중에는 일반적인 최저선을 확보하기 위해 법률로서 강요하는 사회급여가 되어 사회보장제도로 전환하여 나아가는 경향이 있다.

이러한 점에서 개별경제 단위인 기업의 복지후생은 거시경제 단위인 사회경제 정책과의 연계 속에서 그의 발전을 모색해야 되겠다. 따라서 사회변동 속에서 기업의 위치를 파악하고 거기에 부합하는 복지후생제도의 확립이 요청된다.

6) 후생복지제도의 질적인 기능적 측면의 중시

복지후생관리를 두 가지 측면으로 구분해서 생각할 수 있다. 하나는 구조적 측면으로서 양적 측면이고, 다른 한편은 기능적 측면으로서 질적 측면이다. 전자는 주로 금전적 내지 물질적 급여의 측면이고, 후자는 서비스 내지 정신적 욕구충족의 측면이다. 대부분의 기업에서는 복지후생관리를 위해서는 복지후생의 질적인 측면도 강조되고 있다.

최근에 이르러 금전적인 급여 중심의 양적관리는 그 한계성을 면치 못하게 되어 그 전략이 질적인 관리로 바뀌어가고 있다. 앞으로는 복지후생관리의 질적인 기능적 측면이 강화되어야 한다. 즉 양적인 경영사회정책에서 질적인 경영사회정책으로 전환됨에 따라 복지후생관리도 여기에 보조를 맞추어야 한다.

04 이직관리

기업이 인적자원의 방출과 함께 기업의 비용절감 차원과 경쟁력 보유 차원에서 다운사이징Downsizing, 조기퇴직Early Retirement, 명예퇴직Honorable Retirement 등의 용어들이 사용되고 있다.

인력창출은 인력채용의 반대적 개념으로 기업과 종업원의 관계가 종료되는 것을 의미하는데, 종업원이 떠난다는 의미에서 이직관리Turnover Management라고 한다. 인력방출은 저절로 이루어지는 것이 아니라 인력의 채용과 같이 관리가 필요하다고 볼 수 있다.

인력방출을 시기를 제대로 관리하지 못하면, 인건비에 대한 문제와 기업의 인력을 제대로 활용하지 못하고 비효율적으로 운영하게 된다. 기업의 인력방출의 유형을 이직Turn Over, 해고Dismissal, 퇴직Retire으로 나누어 볼 수 있다. 또한 인력방출과 관련한 부분에서 중요한 전은 관계마케팅과 관련하여 방출관리의 유형 중 이직과 관련한 부분에서 이직률과 감소와 관련이 있는 것은 관계마케팅의 간접적인 결과이다.

만족도가 높은 기업은 고객의 만족도도 높으며 직원들의 자부심이 높고 이직률이 낮다. 또한 이들 기업은 경영, 기업분위기, 복지수준 등도 서로 맞물려서 나타나고 있다.

1) 방출관리의 중요성

방출은 프로스포츠단에서 매년 초에 흔히 스포스뉴스를 장식하는 이슈 중 하나이다. 기업에서 인적자원의 방출은 매우 중요한 부분 중 하나라고 할 수 있는데, 이러한 합리적인 비용관리를 통해 기업의 경쟁력을 높일 수 있다.

불필요한 인력을 적절하게 방출하지 못하면 기업이 생산하는 제품, 서비스 원가상승이 불가능하기 때문에 기업 전체의 경쟁력이나 원가상승이 불가능하며 기업의 경쟁력이 하락할 수 있다. 기업들은 인력의 방출관리를 통해 방출되지 않고 남아있는 인력들에게 긴장감과 도전의식을 가져다 줄 수 있으며 많은 기회의 제공과 동기부여를 할 수 있다.

2) 인력방출의 원인

인력방출의 원인으로서 수요변동, 기술발전, 사업실패, 조직혁신 등이 대표적이다.

(1) 수요변동

기업이 생산하는 제품에 대한 수요가 계절적 · 유행적으로 감소할 수 있고, 제품수명 주기가 갑자기 쇠퇴기로 맞으며 이러한 때에 인력압박에 시달릴 수 있다.

(2) 기술발전

자동화, 정보화, 기술발전의 영향으로 그동안 인적자원들이 수행하던 입무들이 기계로 대체되는 속도가 빨라져 기존인력이 덜 필요하게 되는 경우가 많이 발생한다.

(3) 사업실패

사업을 구상하여 전략을 수립한 후 실행에 옮겼지만, 환경의 변화로 사업이 실패가 되었다면 그 사업과 관련 있던 자원들도 정리해야 되는 상황이 발생한다. 이러한 경우 기업은 인력을 방출할 수밖에 없게 된다.

(4) 조직혁신

조직의 구조개편, 직무절차의 간소화, 다운사이징, 조직통폐합 등의 경영혁신 과정에서 불가피하게 인력을 감축해야 되는 상황이 생기게 된다.

3) 인력방출의 유형

(1) 이직

이직Turnover은 종업원이 기업에 입사하고 퇴사하는 것을 모두 포함하는 노동이란 개념을 의미한다. 이직은 자발적인 이직과 비자발적인 이직이 있다. 일반적으로 인사관리에서 이직은 종업원 스스로 기업을 퇴사하는 이직에 초점을 맞추고 있다.

① 자발적 이직의 장 · 단점

자발적 이직에 대한 장 · 단점은 다음과 같다.

표 8.3 이직의 장 · 단점

장 점	단 점
• 신입사원 조직의 활성화 • 무능사원, 불만사원의 퇴직 • 잔류사원의 승진기회 • 인력수급의 유연성 제고	• 신규채용 및 교육 · 훈련과 이직비용 발생 • 경력자 상실 • 조직위화감 및 불안감 조성 • 잔류사원의 업무량 증가

② 이직의 원인

- 환경요인 : 외부노동시장에 인력수요가 많다든지 수평적 노동시장의 발달로 기업을 이직하는 것이 사회적으로 쉽게 받아들여지면 이직이 증가하게 된다.
- 기업요인 : 기업의 임금수준이나 인사제도에 불만이 있는 경우 이직이 증가하게 된다.
- 직무요인 : 적성에 맞지 않은 직무나 장래성이 없는 직무라고 판단되었을 경우 이직이 증가하게 된다.
- 인간적인 요인 : 상사나 동료들 간의 인간관계의 갈등이 생기면 이직의 가능성이

높아진다.

- 개인적인 요인 : 개인적인 성격, 성향, 태도에 따라서 이직성향이 높고 낮음이 결정하게 된다.

(2) 해고

해고Layoff는 종업원의 의사와 관계없이 기업의 의지에 따라 종업원이 기업을 떠나는 것을 의미한다. 종업원의 행위를 교정하는 방법은 크게 네 가지로 분류할 수 있다.

- 선발이나 승진 절차와 같은 예방적인 방법이 있다.
- 훈련이나 상담과 같은 교정적 방법이 있다.
- 보상을 활용하는 방법이 있다.
- 해고와 같은 벌칙을 제공하는 방법이 있다.

해고는 징계해고와 정리해고로 분류할 수 있는데, 징계해고란 기업이 종업원의 잘못된 행동에 대해 점진적인 징계방식을 택하는데 구두경고, 견책, 감봉, 정직, 해고 진행된다. 정리해고는 아직 정년이 안 되었다고 하더라도, 기업의 정책이나 구조과정에서 인력이 남을 경우 정년에 가까운 사람부터 미리 퇴직시키는 것을 의미한다.

(3) 퇴직

퇴직Retire은 생애고용인 경우를 제외하고 모든 기업은 종업원들이 일정 연령까지만 근무하도록 정해 놓고 그 연령이 되면 무조건 기업을 퇴직해야 한다. 하지만 퇴직자들이 보유한 지식의 활용과 고령사회로 인한 사회적인 관점에서 고령 퇴직자들을 위한 여러 가지 프로그램 및 정책운영이 가능하다. 한 예로써 퇴직상담프로그램, 재택근무 업무, 반일근무제 활용, 고위관리직 교육 및 재배치 등 대안제시를 들 수 있다.

Hospitality
Industry
Human Resource Management
환대산업인적자원관리

CHAPTER 09

인간관계관리

Hospitality Industry

Human Resource Management

환대산업인적자원관리

01 환대산업 노사관계관리

1. 노사관계의 이해

노사관계Industrial Relations는 노동자인 종업원과 사용자인 기업주 또는 경영자와의 관계를 주요 내용으로 설정하고 있다. 실제로는 노동조합과 기업, 이와 관련된 영향을 미치는 정부와 관련된 모든 문제를 대상으로 하며, 노사협조 내지는 산업평화를 목적으로 하게 된다.

이 때 중요한 것은 노동자의 자주적 단체인 노동조합의 법적 지위가 확립되어야 하는 것이지만, 자주적 노동조합은 어디까지나 자본주의적 · 민주적 · 경제적인 문제를 대상으로 하는 것이 아니고, 기업경영을 매개로 하여 성립되는 노사 간의 관계, 즉 경영노사관계를 다루는 것이다. 노사관계는 근로자와 사용자와의 관계인 동시에 노동조합과 사용자 사이의 조직적인 관계라고 할 수 있다. 이러한 사용자 · 근로자와의 관계는 다음과 같은 세 가지 측면에서 접근할 수 있다.

첫째, 법률적 차원에서의 노사관계 측면이다. 근로자 개인이 사용자와 동등한 위치에서 이루어지는 계약관계를 의미한다. 사용자나 근로자는 상대방에게 어떤 법적 강제력을 행사할 수 없기 때문에, 개인의 자유의사에 의한 근로계약에 의해근로자와 사용자의 관계가 형성된다. 국가의 역할은 근로계약이 자유롭게 이루어질 수 있도록 쌍방이 법칙을 준수하도록 하는 것이다. 이와 같이 자유의사에 의한 근로계약 하에서 임금을 포함한 근로조건의 결정은 일반적으로 사용자에 의해 이루어진다. 다만, 근로자가 근로조건에 만족하지 않을 때에는 근로계약을 하지 않음으로서 자유의지를 지킬 수 있다.

둘째, 경제적 차원에서의 노사관계 측면이다. 이것은 사용자와 근로자가 각자 자기의 이윤극대화를 위해 행위를 한다는 가정에 기초하고 있다. 기업은 생산비의 개념으로 근로자를 고용하고, 근로자는 임금과 여가 등을 고려하여 거래관계에 참여한다는 것이다. 기업의 생산비 개념과 근로자의 임금개념 등이 일치할 때 법률적 차원의 노사관계가 형성될 것이다.

셋째, 조직구성원들 간의 인간관계를 중시하는 입장이다. 이것은 기업의 규모가 커지고 계층적 분화가 진행됨에 따라 조직 내에서의 통합이 목적 달성에 중요한 조건이 되는데 기인한다. 현대의 기업조직이 기능적으로 세분화되고 계층적으로 분리되어 매우 복잡한 유기체로서의 성격을 갖게 됨으로써 조직운영의 중요한 하나의 원리로서 강제보다는 협력을 통한 통합이 강조되고 있는 것이다. 협력을 통한 통합은 바로 현대기업의 노사관계의 원칙이자 가장 바람직한 노사관계의 유형인 협력적 노사관계인 것이다.

노사관계는 사용자와 근로자의 관계뿐만 아니라, 정부라는 요소가 포함된 관의 삼자관계로 파악해야 한다는 주장이 우세하다. 이러한 측면에서 Dunlop(1958)은 노사관계란 경영자, 근로자 및 정부들 사이의 상호관계의 복합체라고 정의하고 있으며, Lester(1952)는 노사관계를 근로자 조직과 산업경영자 간의 임금, 생산성, 고용보장, 경영자의 고용관행, 조합의 정책 및 노동문제에 대한 정부의 행동을 포괄한 노동의 모든 영역을 포함한다고 정의하고 있다.

지금의 노사관계는 임금 및 근로조건의 유지, 개선 등은 물론이고 노사갈등과 분쟁해소의 영역으로 옮겨가고 있다. 즉 많은 나라에서 이미 노사관계의 관심영역이 소극적인 분쟁해소 중심에서 적극적인 노동개발 중심으로 이동하고 있는 실정이다. 단체교섭과 경영참가 등의 노사관계에서 논의되는 중심점이 임금이나 근로조건의 개선 등 갈등관계에서 노동 및 인적자원개발을 통한 국가경쟁력과 노사 공존공영을 위한 기술축적과 혁신 등 공동이해 관계로 변화하고 있고, 변화 속에서 적극적인 노사관계의 의의를 찾고 있다.

따라서 노사관계는 종속관계, 갈등 및 대립적 관계 등을 본질로 인식해서는 안 되며, 경영자의 경영정책, 방침, 리더십 등과 근로자의 올바른 직업관에 의해 협력관계 및 평화적 관계가 더 중요하며, 산업평화 정착을 위한 생산성 향상에 그 목적을 둔다. 특히 경영자와 근로자 및 노동조합과의 교섭관계를 협력적 노사관계로 정착시켜 생산적이고 민주적이며 미래지향적인 조직으로 발전시켜야 할 것이다.

2. 노사관계의 유형

노사관계는 역사적 발달에 의한 역사적 유형과 국민문화적 유형을 살펴 볼 필요가 있다. 노사관계의 역사적 유형으로 고용주와 임금노동자가 고용조건의 결정을 중심으로 하여 맺어진 개인적 관계는 영국의 산업혁명 이후 오늘날까지 각국에서 추진되어온 공업화 과정을 배경으로 성립되어 왔다. 그 당시부터 현대에 이르기까지 노사과계의 역사적 발달을 단계적으로 유형화하면서 전제적 노사관계, 친권적 노사관계, 협조적 노사관계, 민주적 노사관계로 구분할 수 있다.

1) 전제적 노사관계

전제적 또는 독재적 성격을 띠고 있는 것이며, 이때에는 근로조건이 사용자의 일방적 의사로 결정되고, 사용자와 근로자의 관계는 절대명령과 복종 · 구속의 관계로서 인간적인 대우는 무시되었던 시대의 노사관계이다

2) 친권적 노사관계

친권적 노사관계는 19세기 초 Robert Owen 이래 형성되어 일반화되었던 노사관계이며 1세기 동안 지속되었다. 자본주의적 생산의 발달과 함께 전제적 노사관계가 근로자의 협조를 얻을 수 없다고 판단하고 사용자는 그 대응책을 근로자에 대해 주택, 의료 등이 온정적인 복지후생 시책을 마련하게 되었다.

이러한 기업의 사상은 근로자의 충성에 대한 대가로서 근로자의 복지에 책임을 진다는 봉건적 전통을 반영했으며, 근로자는 사용자가 베푸는 은혜에 보답한다는 관계로서 노사관계가 순조롭게 유지될 수 있었다.

3) 협조적 노사관계

노동조합의 조직이 점차 강화되어 종래의 고용주가 전제적으로 결정하던 노동조

건에 대해 노동자가 집단적으로 영향을 미칠 수 있게 되었다. 따라서 근대형 노사관계가 성립되었고, 고용자가 노동자의 힘과 타협하는 방향으로 발전하였으며, 경영주가 종업원의 복지증진과 의사소통으로 노사 간의 긴장적 대립을 완화하고 근로자집단을 소극적으로나마 인정하는 노사관계로 발전하였다.

4) 민주적 노사관계

경영주와 노동자가 대등한 지위를 유지하는 사업민주주의 이론의 노사관계를 의미하며, 자본의 집중과 독점화가 진전되어 기업의 규모가 확대되고, 소유와 경영이 분리되며, 전문경영자가 경영을 담당하게 되었다. 자본주의의 고도화가 경영 규모의 확대를 낳았으며, 경영 규모의 확대는 노동력을 집중시키고 기계화와 표준화로 발전시켰다. 또한 기계화나 표준화의 발달은 미숙련 근로자와 여성노동자를 대량으로 진출시킴으로서 노동조합의 조직도 조직으로부터 산업별 조직으로 변화되었으며, 노동조건을 결정하는 단체교섭 과정에서 노사는 대등한 지위를 인정받게 되었다. 따라서 후기산업사회에서 노동자가 경영자와의 대등한 지위를 당연한 것으로 보는 산업민주주의 이념이 형성되기에 이르렀고, 민주적 노사관계의 실현을 보게 되었다.

3. 노사관계관리

환대산업은 인적서비스의 의존도가 높은 산업으로서 노사관계에 따라 서비스의 질적인 차이가 발생하게 된다. 환대산업경영에 있어서 노사 간의 관계는 어떠한 경영활동에 비해서 심각하다. 노사 간의 경제적 분쟁을 해결하느냐에 미치고 그렇지 못하느냐에 따라서 기업의 존폐가 존재하게 되며, 노사 간의 문제는 급진적인 보수와 관련된 것이 대부분이기도 하다.

노사 간의 문제는 고용안정, 과도한 근무 부담, 성희롱인사 측면의 문제요소 등 노사관계에 영향을 미치고 있으므로, 그 특징은 다음과 같다.

1) 임금체계

환대산업의 종업원은 타 기업에 비해서 임금이 낮다. 예를 들어, 호텔에서는 봉사료라는 것이 있다. 봉사료가 합쳐져서 임금이 산정될 때에는 높다고 할 수 있으나 봉사료는 상여금, 임금 등에도 산정이 되지 않는다.

2) 높은 이직률

환대산업에서 근무하는 종업원인 경우 타 산업에 비해 이직률이 높다. 이직에 대한 여러 가지 이유들은 개인적인 문제이지만, 이러한 현상은 종업원들의 관계에 많은 영향을 준다.

3) 노동조합에 대한 인식부족

기업의 임원과 종업원의 상당수는 노동조합의 의의와 목적을 제대로 인식하지 못하여 자신들의 권익보호를 위한 충분한 활동을 전개하지 못하고 있고, 경영자 역시 노동조합이 문제를 일으킨다는 판단에 노동조합에 대한 이해가 부족하다. 민주적인 노사관계의 발전을 의도적으로 억제하려는 것이 강하다.

02 노동조합

1. 노동조합의 개념

인격적으로 노동자의 기본적 욕구를 만족하도록 하기 위한 인간관계는 노동조건을 향상시키기 위한 전제로서 배분 내지 부가가치를 증대시키는 것이 중요하다는 것을 종업원이 잘 이해할 수 있도록 노력한다면 종업원과 경영주 간의 목적이나 이해에 있어 일치감과 상호신뢰감을 갖게 되는 것이다.

노사관계의 안정과 협력화의 입장에서 노동관리의 현대적인 정비의 필요성을 인식해야 하고, 노동경쟁의 가장 큰 원인은 노사 간의 불신감과 의사소통의 결여로부터 온다는 것을 잊지 말아야 한다. 노동조합이 구성되어 있을 경우 노조와 사용자가 노동조건을 결정하는데 있어 단체교섭이나 노사협의제를 통해 실시한다. 그러나 노사협의나 단체교섭을 통해서 원활한 관계를 유지하기에는 대단히 어려운 것이다. 단체교섭을 출발점으로 하는 노사관계의 조정을 여러 가지 제도를 통해 합리적으로 실행해나가는 것이 중요하다.

노사관계는 단체교섭을 통해서 나타나는 것이기 때문에, 원활하게 이끌어가는 것이 노사관계를 안정화하는데 중심적인 역할이 되는 것이다. 따라서 노동협약에 규정을 정하여 두는 것이 중요하며, 그 규정에 의해 실천해 나간다.

첫째, 노동조합원의 범위나 직장 내의 조합 활동의 범위는 「노동조합법」으로 그 기준이 정해져 있다. 그러나 실제 기업에 있어 대리 이상이나 경리 및 비서의 경우는 조합원이 될 수 없도록 되어 있고, 또한 회사 내의 도난이 발생되든가, 화재가 일어나든가 했을 때 혼란을 가져오거나 연락관계가 불가능하게 되는 경우에 대비하여 이러한 업무에 종사하는 사람은 같은 조합원이지만 분쟁에는 참가할 수 없도록 규정하는 것이 일반적인 예이다.

둘째, 노동조건의 내용에 있어 규정을 상세하게 명시해야 하며, 작업 로드나 잔업의 최대한 도량을 결정하여 쟁의가 제기되지 않도록 한다.

셋째, 협약으로 정해져 있다고 하더라도 실제 협약을 적용하였을 때, 해석상의 차이 때문에 쟁의가 발생할 경우가 생긴다. 이런 경우 단체교섭으로 받아들이지 못하는 부차적인 노동 제조건이다. 생산문제, 인사 등에 있어 노사 간에 간단하게 처리할 수 있는 노사협의를 설치할 수 있도록 협약으로 명시해두는 것이 좋다.

넷째, 협약사항이나 임금문제, 인사고과 등을 개인에게 구체적으로 적용했을 때 개인적 불만이 발생될 수도 있다. 이런 경우에도 개개인의 불만을 처리할 수 있는 불만처리제도를 설치해서 개인의 불만을 해결할 수 있도록 하는 협약으로 등장한다.

다섯째, 상벌이나 고용의 기준을 협약으로 규정하고, 경영자가 마음대로 할 수 없도록 하며, 누구나 납득될 수 있도록 하여 종업원의 안심감을 갖도록 한다.

여섯째, 협약의 유효기간과 개폐의 절차를 정하여 두는 일이며, 노사관계의 안정이라는 점에서 협약에 규정하는 것이 대단히 중요하다. 건전한 노사관계란 절대쟁의를 하지 않는 것이 아니라, 노사 간에 대화를 통해서 해결하고자 하는 태도를 가지고 있는 상태를 의미하며, 이렇게 해야만 비로소 종업원의 자발적인 협력이나 창의성을 기대할 수 있게 된다.

단체교섭기술의 성숙은 노사관계를 원활하게 하기 위해서 대단히 중요하며, 노사관계가 서로 대립관계이기 때문에 가능한 평정하고 친절해야 하고 감정적으로 가지 않도록, 단체교섭의 발언에 있어 감정적인 문제가 아니라 실제적인 문제를 가지고 교섭 토의하는 것이다.

2. 노동조합의 역할

1) 조직활동

노동조합에서 행해지는 조직활동으로 숍제도Shop System와 체크오프제도Check off System가 있다. 숍제도는 신규채용 종업원의 신규관련 된 기업의 인적자원 확보활동과 노동조합의 관계에 있어 운영되는 시스템을 말한다.

숍제도에는 노동조합의 가입여부와 관계없이 종업원을 고용할 수 있는 오픈숍제도Open Shop System, 반드시 가입해야 고용하는 클로즈드숍제도Closed Shop System, 조합원이나 비조합원 모두 채용할 수 있지만 비조합원은 채용 후 일정기간이 지난 뒤에 반드시 노동조합에 가입해야 되는 유니온숍제도Union Shop System 등이 있다. 체크오프제도는 조합원의 임금에서 조합비를 일괄적으로 공제하는 제도를 말한다.

2) 단체교섭

단체교섭Collective Bargaining은 노동조합 혹은 조합원을 위하여 노동조합의 대표자가 사용자인 기업과 근로조건이나 기타사항에 대해 단체협약을 하는 것을 말한다.

3) 쟁의행위

노사관계에 있어 단체교섭을 통하여 기업과 노동조합 간의 합의가 이루어지지 않으면 상태를 노동쟁의Labor Disputes라 하며, 이러한 상황에서 노동조합은 자신들의 주장을 관철하기 위해 실력행사를 하게 되는데 쟁의행위라고 한다. 이러한 노동조합의 쟁의행위로는 파업, 태업, 불매운동, 피케팅, 준법투쟁 등이 있다.

(1) 파업Strike

파업은 조합원들이 집단적으로 노동의 제공을 거부하는 행위로써, 파업의 목적에 따라서 경제적 파업, 부당노동행위파업, 동정파업, 총파업 등이 있다.

(2) 태업Saotage

취업 및 작업의 상태는 유지하면서 의도적으로 작업능률을 저하시키는 행위이다.

(3) 불매운동Boycott

기업과 거래관계에 있는 제3자의 제품구매 혹은 시설의 이용을 거절할 것을 호소하는 행위로, 조합원을 대상으로 1차적 불매운동과 조합원 이외의 사람에게 불매를 호소하는 2차적 불매운동으로 구분된다.

(4) 피케팅Picketing

비노조원 혹은 쟁의행위에 동참하지 않은 조합원의 사업장 출입을 저지하며 동참해줄 것을 호소하는 행위이다.

(5) 준법투쟁

법에 정해진 대로 권리를 행사하는 쟁의행위로 집단휴가와 정시 출·퇴근 등이 이에 속한다.

03 조직행동과 인적자원관리

1. 조직행동의 의의

조직행동은 인적자원들이 조직 안에서 어떠한 행동을 갖추고 있고 어떠한 행동을 하고 있다. 조직행동은 조직유효성에 어떠한 영향을 미치는지에 관해서 초점을 맞추고 있기 때문에, 구성원의 행동에 영향을 미치는 성격과 태도, 동기부여, 권력과 갈등관계, 커뮤니케이션, 리더십 등은 물론 조직구조, 조직변화 전략, 생산성과 직무만족 등 많은 주제들이 연구대상이 되고 있다.

1) 성격과 조직활동

성격Personality은 개인이 외부에 반응할 때 동원하는 대응방식의 총체라고 할 수 있는데, 성격 형성의 영향 요인으로는 유전적 영향, 유년기의 영향, 인간관계적 영향, 조직과 사회의 영향, 기타 영향 요인 등으로 나누어 볼 수 있다. 또한 성격을 구성하는 특성은 여러 가지가 있지만, 조직행동에 영향을 미치는 중요한 요소는 자아통제력, 자존심, A형과 B형 성향, 권위주의 등을 들 수 있다. A형과 B형의 성향이란 우리의 신경세포에는 초조, 근심, 불안을 만들어내는 조바심 성향이 있는데, 이러한 성향이 많은 사람도 있고 적은 사람도 있다. 이러한 성향이 많은 사람은 A형, 적은 사람은 B형으로 분류된다.

성격은 사람들의 감정과 태도, 사고와 행동을 결정하기 때문에 조직행동에 영향을 미치게 된다. 그러나 성격뿐만 아니라 조직의 상황이나 개인의 직무태도도 조직행동에 영향을 미치게 할 수 있다. 이렇게 개인의 성격과 인적자원관리의 관계를 연구하는 것이 사람마다 성격이 다르기 때문에 그들의 조직행동에 영향을 미치게 된다. 그러나 성격뿐만 아니라 조직상황이나 조직 내 직무와 이를 연결하려는 여러 연구들이 진행되었다. 여기서 한 가지를 간과해서 안 되는 점은 인간행동에 성격을 미치는 중요한 요소이지만, 조직 내의 상황도 매우 중요한 요인이다.

2) 조직의 이해와 인적자원관리

조직이란 공동의 목표를 가지고 있으며 이를 달성하기 위해 의도적으로 정립한 체계화된 구조에 따라 구성원들이 상호작용하며 경계를 가지고 외부환경에 적응하는 인간의 사회집단이라고 할 수 있다.

(1) 인간의 사회집단

조직은 사람들로 구성되는데, 조직이 사용하는 유형의 자산인 건물이나 공장들과 무형의 자산인 기술, 노하우 등은 조직의 구성이 될 수가 없다. 이러한 것들은 단지 조직이 그 목적을 달성하기 위해 수단으로 사용하는 자원에 불과하다고 할 수 있다. 제조업종에서 무인공장은 조직이라고 할 수 없으며, 이러한 자산을 보유하고 있지 않더라도 공동의 목표를 가지고 그것을 달성하기 위해 상호작용하는 2인 이상의 사람들이 모여 있다면 조직이라고 할 수 있다.

(2) 공동의 목표

모든 조직은 목적을 가지고 있으며 조직구성원은 그 목적을 달성하기 위해 노력한다. 조직은 서로 상충될 수도 있는 다양한 목적을 가지고 있으며, 이러한 목적은 구성원이 가진 개인적인 목표와는 상관없거나 상충되는 경우도 많이 있다. 하지만 조직이 목표가 없어지면 조직이라고 할 수 없는 것이고 상충되는 경우가 많이 있다. 하지만 조직이 목표가 없어지면 조직이라는 것이 할 수 없는 것이고, 조직원들 모두 공통적인 공동의 목표를 가져야 한다.

(3) 체계화된 구조

조직은 그 목표를 달성하기 위해 조직의 과업을 분류하여 여러 부서에 할당하고 구성원의 역할을 규명하며 그 역할 간에 관계를 결정하는 규정과 절차를 규정한다.

이렇게 체계화 된 구조의 테두리를 바탕으로 조직구성원이 상호작용하면서 조직의 목표를 달성하게 된다.

(4) 조직의 경계

조직은 경계를 통하여 조직 내 요소와 조직 외의 요소로 구분하며, 누가 조직구성원이며 누가 조직 외의 사람인가를 구분한다. 조직 외의 사람들은 조직에 대한 의무와 권리가 없는데, 조직은 환경과 계속적으로 자원을 교환하기는 하지만 조직 자체의 경계를 분명히 함으로써 다른 조직과 구별될 수 있는 집단을 형성하게 된다.

(5) 환경에의 적응

조직은 조직환경의 변화에 계속 적응해야 살아남을 수 있으며, 환경은 조직에 필요한 인적 · 물적 자원과 기술적 정보를 제공하고 시장을 제공하기 때문에 환경과 지속적 교류를 하면서 기술 및 시장의 변동에 적응하야 생존할 수 있다. 그 외에도 정부정책이나 사회의 압박과 요구를 적절히 수용하고 대처할 수 있어야 존속하고 성장할 수 있다.

3) 조직의 유형

조직의 종류가 다양하여 조직이 적응해야 하는 상황이 다양하고 복잡해질수록 조직이론을 개발하기 위해서는 통합적인 유형 분류가 절실히 요구된다. 이러한 필요에 따라서 많은 연구자들이 조직을 분류하려는 시도를 하였지만, 조직이 가진 다양성과 복잡성 때문에 모든 조직을 수용할 수 있는 통합적 조직유형 분류가 이루어지지는 못했다.

조직 분류는 연구자들이 조직관이나 연구 목적에 따라서 단일변수나 한정된 분류기준으로 살펴볼 수 있다. 조직의 내부적 속성을 기준으로 한 분류와 조직 · 환경과의 관계를 기준으로 한 분류로 나누어 볼 수 있으며, 조직의 내부적 속성기준으로 한 분류는 복종구조에 의한 분류와 부합되는 조직유형으로 나누어서 생각해 볼 수 있다.

(1) 조직의 내부적 속성을 기준으로 한 분류

① 복종구조에 의한 분류

Etzioni(1964)는 상급자가 동원하는 권한과 그에 대한 부하의 태도 사이에 형성되는 관계를 나타내는 복종의 구조Compliance Structure를 기준으로 조직이 분류하였다.

표 9.1 Etzioni 조직구조

	강압적	경제적	규범적
굴복적	강압적 조직		
타산적		공리적 조직	
도덕적			규범적 조직

조직의 유형은 세 가지의 기본적인 통제수단을 권한의 종류로 사용하고 있다. 강압적인 수단이란 신체적 위해(危害)를 상급자가 동원하는 것을 말하며, 이 때 조직구성원의 반응은 소외 또는 굴종으로 나타난다. 굴종(屈從)이란 조직으로부터 이탈하고 싶은 마음이 있지만, 선택의 여지가 있기 때문에 조직에 남아 복종하지 않을 수 없을 때 나타나는 반응이다.

경제적 수단이란 돈이나 기타 물질적인 보상을 바탕으로 상사가 권한을 행사하는 것을 말하며, 이 경우 부하는 타산적 복종을 나타낸다. 타산적 복종이란 경제적 보상이 적정하다고 생각되는 범위에서만 복종하는 것을 말한다. 규범적 수단이란 애정, 인격존중, 신망, 사명 등 감정적 내지는 도덕적 가치를 행사하는 것으로, 이 경우 부하의 반응은 도덕적 복종으로 나타나게 된다. 도덕적 복종은 조직이 부여한 임무와 가치 있는 것으로 받아들이면서 조직에 순응하는 태도를 말한다.

② 부합되는 조직의 유형

9개의 분류기준으로 보면, 세 가지 권한의 종류와 복종의 종류가 서로 부합하게 된다. 대부분 조직들은 이와 같이 같은 권한의 성격과 복종의 성격이 부합되는 조직유형에 해당된다. 나머지 여섯 개의 경우는 두 측면이 서로 일관성을 이루지 못하고 있는데, 조직의 초기에 이 여섯 가지 현상이 발생하지 않더라도 조직구성원들이 곧

주어진 권한의 성격에 부합하는 복종의 성격을 나타나게 되어 두 측면이 일관성을 이루는 조직을 만들게 되므로 일관적이지 못한 조직은 존재하지 못한다고 할 수 있다.

이렇게 도출된 세 가지 부합된 조직 유형은 강압적 권한에 굴복적 복종을 하는 조직을 강압적 조직이라고 한다. 경제적 수단을 사용하는 권한에 대해 타산적 복종을 하는 조직은 공리적 조직이며, 대부분 기업들이 대부분 여기에 속한다고 할 수 있다. 규범적 수단에 도덕적 복종을 하는 조직을 규범적 조직이라고 한다.

(2) 조직과 환경의 관계를 기준으로 한 분류

① 목적과 기능에 의한 조직 유형

Katz & Kahn(1978)은 조직이 갖는 사회적 목적 또는 기능에 따라서 경제적 생산을 지향하는 조직, 관리적 또는 정치적 목적을 지향하는 조직, 유지기능적 조직, 적응적 조직 등 네 가지 유형으로 조직을 분류하였다.

경제적 조직은 사회에서 소비되는 재화나 서비스를 생산하는 기업을 의미하며, 이 조직들은 의 · 식 · 수 등에 관한 인간의 기본적인 욕구를 충족시켜주는 재화를 공급하는 한편, 재화나 서비스의 생산에 종사하고 있는 구성원들에게 보상을 제공한다. 이러한 보상은 조직구성원들에게 공공의 질서를 유지하게 되는 요인으로 작용할 뿐만 아니라 재화나 서비스를 소비할 수 있는 구매능력을 보여줌으로써 사회 전체를 통합하는 수단이 된다.

관리적 · 정치적 조직은 사회 내에서 사람, 자원, 지위체제의 통제, 조정에 관한 기능과 권력의 창출과 분배를 통해서 사회가 바라는 목적을 달성 수행하게 된다. 유지기능적 조직은 사람들이 조직생활과 사회생활에서 맡아야 할 역할을 감당할 수 있도록 사회화시킴으로써 사회의 규범적 통합을 확보하고 유지시키는 기능을 안고 있다.

적응적 조직은 지식을 창출하고 이론을 적립하고 검증하며, 어느 정도 실제의 문제에 이들 이론을 적용하는 기능을 갖는 조직이다.

② 수혜자에 의한 조직의 유형

Blau & Soctt(1962)가 제시한 수혜자 기준의 분류인데, 이 분류는 조직구성원, 조직의 소유주 또는 관리자, 고객 및 일반인 중 조직활동의 수혜자가 누구냐에 따라 조직을 분류하였다.

첫째, 조직의 구성원이 주된 수혜자가 되는 호혜적 조직이다. 이러한 조직에는 조직 내에서의 구성원 참여와 구성원에 의한 통제를 보장하는 민주적 절차를 유지하는 것이 중요한 문제이다.

둘째, 소유주가 주된 수혜자가 되는 기업조직인데, 이러한 조직에서 가장 중요한 것은 경쟁적인 환경에서 생존하고 성장하기 위해서 조직운영의 능률을 극대화하는 것이다.

셋째, 고객이 주된 수혜자가 되는 봉사조직이다. 이러한 조직에서는 고객에 대한 봉사의 극대화가 매우 중요하지만, 업무를 수행하는 절차와 봉사 간에 일어날 수 있다.

넷째, 일반인들이 조직활동의 주된 수혜자가 될 수 있는 공익조직이 있다. 이러한 조직에는 일반인들이 주된 수혜자가 되어야 하기 때문에, 국민에 의한 외래적 통제가 가능하도록 민주적 장치가 있어야 한다.

4) 조직의 변화

급변하는 경영환경의 변화로 조직들은 자의적이거나 타의적인 변화에 따라서 많은 변화가 생긴다. 조직의 변화는 외부환경의 변화로 혹은 내부환경의 변화로 오는 부분이 있다. 외부환경 변화요인으로부터 오는 변화는 기술환경, 정보기술의 변화 등 여러 가지 요인들이 있다.

이러한 환경에 대처하기 위해 기업들은 조직의 특성을 잘 반영해야 하는 특성이 있다. 기술변화 중 가장 두드러진 부분은 정보통신기술의 변화로부터 오는 부분이 있는데, 인터넷이나 와이파이가 일반화되기 전에는 호텔이 인터넷이나 와이파이가 설치되어 있는 것을 크게 홍보하며 고객 유치에 노력하였고, 지금은 일반화되었기 때문에 또 다른 노력을 기울이고 있다.

조직의 외부환경 변화요인과 이를 극복하기 위한 핵심요인 및 성공을 위해 요구되는 조직의 특성은 다음과 같다.

외부환경

- 급속한 기술의 변화
- 고객욕구의 다양화
- 치열한 경쟁시장
- 정보통신기술의 발전
- 경쟁우위 요소의 변화(원가, 품질 우위 → 시간, 서비스의 변화)

⬇

핵심 성공요인

- 창의적인 문제해결 능력
- 신속한 대응력
- 지식
- 정보관리 능력
- 위기관리 능력
- 네트워크관리 능력

⬇

요구되는 조직특성

- 자율적이고 유연한 조직
- 낮은 계층구조
- 정보의 공유
- 지속적 학습능력
- 긴장감과 도전감 부여
- 조직 간 네트워크관리

자료: 송상호 · 강병서(2001). CEO를 위한 신경영학, 무역경영사

그림 9.1 외부환경 변화, 핵심 성공요인, 조직 특성

내부환경

- 고용불안의 가속화
- 전통적 유교가치관의 붕괴
- 개성화시대
- 관료주의 메커니즘에 따른 조직병리현상의 심화
- 노동의 질 추구
- 조직팽창과 관리비용 증대

⬇

핵심 성공요인

- 민주적 조직관리
- 개인의 창의성
- 변화 관리능력
- 높은 개인 참여

⬇

요구되는 조직특성

- 분권화
- 임파워먼트
- 유연한 조직
- 다기능화
- 자기관리 조직
- 계층단축
- 스테프 축소

자료: 송상호 · 강병서(2001). CEO를 위한 신경영학, 무역경영사

그림 9.2 내부환경 변화, 핵심 성공요인, 조직특성

최근 가속화되고 있는 기업변화는 내부적인 환경의 변화 요인도 한 이유가 될 수 있다. 새로운 조직의 필요로 하는 내부환경 요인의 변화는 구조조정에 따른 고용불

안의 가속화, 개인의 자율성을 중요시하는 개성중시의 브랜드, 노동의 질 추구, 조직의 비대화, 관리비용의 증대 등을 들 수 있다.

이와 같은 내부환경의 변화로 핵심적인 요인과 조직의 특성에도 변화가 필요한데 그 어느 때보다 민주적인 조직관리가 요구되고 개인의 창의성, 변화 관리능력, 높은 개인의 참여 등이 기업생존을 위한 핵심 성공요인이다. 이러한 핵심 성공요인을 조직 내 반영하기 위해 분권화Decentralization, 임파워먼트Empowerment, 유연한 조직, 다기능화, 자기관리조직, 결재계층단축과 같은 특성을 가진 조직으로 변화해야 한다. 기업들은 내부환경과 외부환경의 변화 압력으로 기업조직의 재구축 문제에 부딪히는 상황에서 나타날 수 있는 조직방향은 다음과 같다.

(1) 고객지향성Customer-Orientation

고객의 입장에서 생각하면 고객의 욕구나 가치를 효과적으로 충족시키도록 조직을 설계하고 관리하는 것을 의미한다. 특히 서비스의 중요성이 다른 산업에 비해 더 크다고 할 수 있는 호텔기업인 경우 가장 중요한 변화라고 할 수 있다. 이러한 변화는 앞으로의 기업성공과 실패는 기업이 아닌 고객에 의해서 결정된다고 한다면, 모든 조직 운영의 원칙이 기업 내부의 원칙으로부터 고객편의 원칙으로 전환되고 조직설계도 고객욕구에 신속하게 대응할 수 있는 유연한 조직, 고객지향적 조직 형태로 전화되어가는 것이다.

(2) 개인지향성Self-Orientation

개인 혹은 소집단의 자율성과 창의성을 극대화시킬 수 있도록 조직을 설계하고 관리하는 것을 의미한다. 조직구성원 각자가 자신의 능력이나 적성에 맞게 스스로 경력계획을 세우며 자신의 능력을 평가하고 달성할 수 있는 기준을 제시하며, 이것을 조직이 지원함으로써 각 개인의 능력이 최대한 발휘될 수 있도록 조직을 설계하고 관리하는 방안이다.

기업들이 구성원의 참여와 동기를 유발하고 창의력을 끌어내며 혁신적인 아이디어와 문제해결을 위해 여러 가지 관리기법을 적용하고 있는 것이 좋은 예이다.

(3) 공생지향적Symbiosis-Orientation

기업활동을 내부화하거나 경쟁함으로써 발생하는 비용을 최소화하고 기업 간 상호신뢰와 협력을 통해 모두 공생적인 이익을 극대화 할 수 있도록 조직을 설계하고 관리하는 것이다.

(4) 학습지향성Learning-Orientation

지식의 중요성을 인식하고 지식창출과 지식관리를 체계적으로 실시하여 항상 학습하는 조직을 설계하고 운영하는 것을 의미한다. 정보화와 지식기반 사회에서의 기업 가치는 자본이나 생산효율성보다는 새로운 지식의 창출에 따라서 경쟁력이 좌우된다고 할 수 있는데, 새로운 지식의 창출은 바로 개인 혹은 조직에 내재화되어 있는 지식능력과 새로운 것을 습득하고 변화시킬 수 있는 개인 및 조직의 능력에 달려 있다.

5) 리더십과 인적자원관리

리더십Leadership은 여러 학자들에 의해서 다양하게 제기되어왔으며, 이에 대한 정의를 정리하면 실현 가능한 비전을 제시하는 것이다. 리더십의 기능은 사회 · 정치적인 관점과 관리적 관점으로 나누어 생각해 볼 수 있다.

사회 · 정치 관점에서 리더십의 기능은 비전과 사명의 설정, 조직목표의 완수, 조직 내 협동심, 일체감 조성과 해결 등을 들 수 있다. 관리적인 관점에서 리더십 기능은 조직과업을 부하들에게 분배하고 부하들에게 동기를 부여하며 부하의 업무수행 능력을 지도 · 개발하고 조직구성원 간에 커뮤니케이션 하는 것 등을 들 수 있다.

리더십과 관련된 이론들의 발전과정을 보면, 리더를 강조한 특성이론과 행동이론이 있으며 상황을 강조한 상황이론이 있다.

특성이론은 효율적인 리더십의 원천을 리더가 가지고 있는 특성에서 찾으려 했는데, 리더는 선천적으로 태어났다고 하는 점에 비중을 둔 리더십이론이라고 할 수 있다.

행동이론은 모범적인 리더가 행동을 알게 되면 지속적인 훈련과 노력을 통해서 리더의 자질을 보완하면 훌륭한 리더가 될 수 있다는 이론으로, 리더는 태생적인 것이 아니라 후천적으로 만들어진다는 점에 초점이 있다고 할 수 있다.

상황이론은 이상적인 리더유형이 독립적으로 존재하는 것이 아니라, 상황에 적합하면 어떤 리더십유형도 좋은 성과를 낼 수 있다는 점을 강조한 이론이다.

04 인간관계관리 및 제도

1. 인간관계관리

인간관계Human Relations는 인간 상호간의 관계이며 사회적 존재인 사람과 사람과의 관계를 말한다. 인간이 사회를 구성하고 있으며, 사회의 실체는 인간관계의 연속과 총합이다.

인간관계관리는 특정조직의 목표조직을 위한 종업원의 협동과 능률적인 성과향상 및 직무만족 등 근본목적을 해결하여 목표지향적인 협동체계를 확립하느냐에 그 근본적인 목적이 있다.

인간관계관리의 의의는 다음과 같다.

첫째, 인간은 사회적 동물이며 많은 시간을 관계를 맺으면서 지내므로, 조직 내에서의 인간관계는 생활의 커다란 부문이 된다. 따라서 원만한 인간관계 관리는 근로생활의 질 향상에 기여한다고 할 수 있다.

둘째, 조직의 규모가 커지고 복잡해짐에 따라서 직원 상호간 협력체제 구축은 중요한 과제 중의 하나가 된다. 기업이 치열한 경쟁과 환경 속에서 생존하고 성장하기 위해서는 효율적인 협동시스템이 필요하며 이를 위한 인간관계가 전제되어야만 한다.

셋째, 기업이 확보하여 보상하고 개발한 인력을, 계속적으로 조직 속에 머무르게 하기 위해서는 적절한 인간관계 관리활동을 통해 조직 내에서의 계속적인 직무를 수행하고 공헌해야 한다.

2. 인간관계관리제도

인간관계관리제도Suggestion System는 조직체의 운영이나 직업수행에 필요한 여러 가지 개선안을 일반직원으로 하여금 제안하도록 하여 그것을 심사하고 우수한 안에 대해서는 적당한 포상을 하는 제도이다. 이러한 제안제도는 경영자나 직원 모두에게 이익이 되는 제도이며 경영성과 향상을 위해 필요한 제도 중 하나이다.

1) 제안제도의 목적

- 환대산업경영에서 개선하는 분위기는 종업원의 창의력을 개발시킨다.
- 종업원의 경영참가의식과 근무의욕을 높여 능률향상을 기한다.
- 원가절감을 실현함으로써 경제적 이익을 가져온다.
- 노사쌍방의 이해증진을 통해 노사관계가 원활하게 된다.
- 종업원이 적극적인 자세로 임하게 되면 인간관계가 개선된다.

2) 제안제도의 전제조건

- 직원들이 상사의 구속을 받지 않고 자유로이 제안할 수 있는 분위기가 형성되어야 한다.
- 심사를 거쳐 채택된 제안에 대해서는 충분한 보상을 해야 한다.
- 제안을 장려 · 지도하는 제도가 정착되어 있어야 한다.
- 제안의 처리 및 심사는 신속하고 공평해야 한다.
- 직원들이 이 제안제도의 취지를 충분히 숙지하고 있어야 한다.

3) 제안제도의 운영

- 제안의 항목과 범위이다. 제안은 기구의 개량, 근무방식의 개선, 근무조건 및 환경의 개선 등 어떠한 것도 좋다. 단 단순한 고충은 제안으로 인정되지 않으므로 주의해야 한다.
- 제안함을 설치한다. 기업 내 직원들이 이용하기 쉬운 곳에 제안함을 비치하여 언제든지 제안할 수 있도록 한다.
- 제안접수이다. 제안은 제안위원회에서 접수한다.
- 제안의 심사이다. 일정한 날짜에 제안위원회를 개최하여 그동안 접수된 제안을 심사하고 그 제안을 평가하여 채택 또는 분류 여부를 결정한다.
- 보상이다. 채택된 제안에 대해서는 소정의 포상을 한다.
- 결과의 보상이다. 제안이 어떻게 되었는가에 대해 제안자에게 통보한다. 채택되지 못했거나 보류된 제안일지라도 그 이유를 상세히 설명해야 한다.

3. 인사상담제도

인사상담제도Personnel Counseling Program는 경영자가 직장 내 전문적인 상담자를 두어 직원들의 불평과 불만, 희망사항, 가정 및 개인의 고민을 자유롭게 상담할 수 있도록 함으로써 직장 내에서의 사기 및 근로의욕을 높이는 데에 목적이 있다.

인사상담제도를 성공적으로 운영하기 위해서는 전문적인 상담원을 조직 내에 두어야 한다. 대부분 기업에서는 인사담당부서에서 이 문제를 담당하여 해결하고 있다. 상담제도를 운영함에 있어서 상담장소의 확보가 필수적이다.

4. 고충처리제도

고충은 주로 직원들의 근로조건과 단체협약의 실시 등에 있어 불평 · 불만을 의미한다. 따라서 고충처리제도Grievance Procedure는 직원들의 고충 · 불평 · 불만을 체계적으로 신속하게 해결하도록 하는 과정을 제도적으로 처리하는 것을 말한다. 고충은 그것이 잠재적이든, 겉으로 들어나는 것이든 간에 노사관계의 문제는 항상 존재한다.

환대산업조직에서 고충의 원인은 사용자의 불공평하거나 불이익한 대우, 과중한 근무조건, 승급과 승진에 대한 불만, 불공평 · 불공정한 인사조치, 여성에 대한 차별 및 성희롱, 직무환경과 복리시설의 부족, 고충제안에 대한 상급자의 압력 등임을 알 수 있다.

고충처리에 관한 사항은 사용자에 대해 근로자측이 가지는 불평 · 불만이고, 이것을 그대로 방치해 두면 노동쟁의를 발생시킬 우려가 있을 뿐만 아니라 비록 개인적 · 감정적 고충일지라도 그것이 근로조건에 관한 사항이라면 역시 노사 간 공통적인 문제라 볼 수 있으므로 정식으로 고충처리를 하지 않으면 안 된다.

고충처리는 종업원들의 불평 및 불만을 적절히 해결하도록 노력함으로써 노사관계의 안정을 도모하고 생산성을 향상함과 동시에 소속감을 고취시키는데 의의가 있다.

5. 사기조사

사기(事機)는 직장에 있어 개인 또는 집단으로서 심리적인 태도를 말한다. 사기조사Morale Survey는 호텔종업원이 정신적 내지 내적인 면에서 조사를 하는 것을 말한다. 종업원의 사기는 생산성, 사고율, 이직률에 크게 영향을 미친다.

따라서 사기조사를 통해서 종업원의 사기 또는 근로의욕을 저해하는 요인과 불평 · 불만의 원인, 나아가서 조직의 불건전성의 원인이 밝혀지게 되고, 동시에 사기조사 방법으로는 여러 가지가 있다. 이를 체계화시키면 태도조사와 통계조사로 구분할 수 있다. 태도조사는 종업원의 심리적 · 감정적 상태를 조사하여 그들의 의견과 희망사항을 듣고 불평 · 불만의 여러 원인과 그 소재를 파악하는 방법이며, 통계조사는 근무현장의 문제점 빈도수를 파악하여 구성원의 사기를 측정하는 방법이다. 사기조사는 경영관리에는 다음과 같은 효과가 있다.

표 9.2 기업의 종업원 만족도조사

[리더십과 사업계획]					
	전혀 아니다.		보통이다.		매우 그렇다.
나는 회사의 리더십에 대한 확신을 가지고 있다.	①	②	③	④	⑤
기업의 목표를 달성하는데 필요한 적절한 계획이 세워져 있다.	①	②	③	④	⑤
관리자들은 일을 공평하게 처리한다.	①	②	③	④	⑤
관리자들은 말과 행동이 일치한다.	①	②	③	④	⑤
[기업문화]					
품질이 가장 중요한 고려대상이다.	①	②	③	④	⑤
스스로가 주도적으로 일하는 것이 장려된다.	①	②	③	④	⑤
업무에 최선을 다하는 분위기가 형성되어 있다.	①	②	③	④	⑤

1) 기업 내부의 효과

- 종업원의 근로의욕 상태를 파악할 수 있다.
- 종업원들의 불평불만과 그 원인의 파악이 가능하다.
- 직장 내에서 의사소통의 좋은 기회로 활용할 수 있으므로, 인간관계의 개선에 도움이 된다.

2) 종업원의 효과

- 종업원의 평소 생각 및 의사표명의 기회가 있으므로 참가의식을 고취시킬 수 있고, 그 결과 노사 간 신뢰회복이 가능하게 된다.
- 불평불만의 정서적 표출에 의해 억압된 감정을 진정시킬 수 있는 계기가 된다.

6. 브레인스토밍

브레인스토밍Brain Storming은 참가자의 자유연상에 의해 많은 아이디어를 끌어내기 위한 방법이다. 즉 여러 사람으로부터 자유분방한 아이디어나 착상을 내게 하고, 이를 종합하거나 혹은 연결지어 실행 가능한 아이디어나 착상을 얻게 하는 방법이다. 브레인스토밍은 집단적인 착상에 의해 경영개선 및 참가의욕을 증가시킨다.

브레인스토밍 참가자는 다음과 같은 원칙을 지켜야 한다.

첫째, 다른 사람이 제출한 아이디어나 제안에 대해 절대로 비판을 해서는 안 된다.

둘째, 자유로운 아이디어 분위기와 기분으로 어떠한 생각이나 아이디어를 발표해야 한다.

셋째, 아이디어를 제출할 경우 질보다 양을 추구해야 한다.

넷째, 자기 아이디어만 매달리지 말고 타인의 아이디어를 기꺼이 인정하고 개발하도록 해야 한다.

BREAK CORNER

효과적 브레인스토밍의 7가지 기법

브레인스토밍(Brainstorming)은 머릿속을 휘저을 만한 창의적인 아이디어를 발굴하기 위해 참가자들이 자유롭게 의견을 내는 일종의 난상토론이다. 하지만 목적 달성에 실패하는 사례가 많으며, 창의적인 아이디어를 얻지 못하거나 실행으로 이어지지 못하는 경우가 다반사이다. 글로벌 컨설팅사인 맥킨지는 최근 10여 년간 유통과 금융 등 150여 개 기업에서 진행된 다양한 사례를 분석, 브레인스토밍의 성공확률을 높일 수 있는 7가지 단계를 제안했다.

조직의 의사결정 기준을 파악하라.

한 은행이 진행한 브레인스토밍에서 좋은 아이디어가 많이 나왔다. 하지만 이를 실행하려면 정보기술시스템을 바꿔야 했다. 경영진은 IT 인프라를 바꾸지 못하게 했는데, 브레인스토밍 진행자들은 이를 모르고 있었다. 결국 하루 종일 진행한 브레인스토밍은 무용지물이 됐고, 참가자들은 시간만 허비했다.

브레인스토밍에서 나온 아이디어가 성과로 이어지지 못하는 이유는, 위의 사례처럼 제시된 아이디어가 종종 조직이 생각하는 범주를 넘어서기 때문이다. 회사가 외부환경을 많이 고려하고 기존 정책을 고수하는 분위기라면 '틀을 깨고 사고하라'는 주문은 헛된 구호가 되고 만다. 따라서 경영진은 브레인스토밍에서 나오는 아이디어들을 채택하는 기준을 미리 정해야 한다.

적절한 질문을 정해서 체계적으로 진행하라.

전통적인 브레인스토밍은 아이디어를 무조건 많이 내라고만 한다. 아이디어가 많을수록 건질 게 많아질 것이라는 생각에서다. 하지만 이보다는 '적절한 질문'을 활용해 체계적으로 진행하는 게 좋다. 적절한 질문은 참가자들이 새로운 관점에서 생각해 보도록 유도하되, 참가자들이 탐색하는 범위를 제한하는 것이어야 한다. 사람들은 기존 문제를 해결할 때 대개 과거의 방식이나 아이디어를 선호하는 경향이 있다. 하지만 그럴수록 좋은 아이디어의 수는 줄어든다. 또 브레인스토밍에서는 다양한 예시를 구체적으로 들어주는 게 바람직하다. 질문은 브레인스토밍을 이끌어가는 축이므로 신중하게 선택해야 한다. 적절한 질문이 정해지면, 참가자들을 여러 소그룹으로 나눠 질문에 대해 심층적으로 생각해보게 해야 한다. 약 20명의 참가자가 참여하는 브레인스토밍 워크숍이라면 15~20개의 질문이 적절하다.

관련 지식을 갖춘 적임자를 선정하라.

한 유통업체는 일부고객에게 신용기간을 연장해줬다. 그런데도 부실채권 회수가 잘 안됐다. 이 문제를 개선하기 위해 이 회사는 브레인스토밍을 실시했다. 참가자들은 '프로세스를 바꾼 뒤 어떤 변화가 있었는가'라는 질문을 놓고 의견을 나눴다. 그러자 현장의 부실채권 회수 담당자는 '고객들 중 최근 돌아가신 분이 많이 늘었다'고 답했다. 사정을 모르는 경영진은 당황했다. 하지만 일부 참가자 사이에서는 웃음이 터져 나왔다. 이후 이어진 브레인스토밍에서 이들이 웃는 이유가 명확해졌다. 최근 몇 년간 대금이 밀린 고객들은 채권회수 직원이 연락하면 자신이 죽었다고 말해달라고 가족들에게 시킨다는 것이다. 채권회수 직원은 고인의 가족들에게 지나친 압박을 주기 싫어해 대개 채권회수를 중단했다고 했다. 워크숍 참석자는 채권회수 담당자가 통화했을 때 상대가 거짓말을 하고 있다는 느낌을 받으면 상대방의 신원요구 등 구체적인 질문을 하기로 했다. 거짓말을 하는 채무자는 이런 상황에서 대부분 전화를 끊어버리기 때문이다. 이는 현장을 잘 아는 실무자가 참석했기 때문에 가능한 해결책이었다. 조직 내 직위나 영향력에 따라 참가자를 선정하는 전통적인 브레인스토밍과 달리, 새로운 브레인스토밍 방식에서는 관련 지식을 풍부하게 갖춘 사람을 선정하는 게 좋다.

참가자 3~5명씩 나눠 문제를 배분하라.

참가자 전원을 한 개 그룹으로 묶어놓고 한 문제만 몇 시간 동안 계속 논의하게 해선 안 된다. 사람들은 여럿이 있는 자리에서는 이야기를 잘 하려 하지 않기 때문이다. 비교적 자유롭게 이야기할 수 있는 규모인 3~5명 단위의 그룹으로 묶는 게 좋다. 그룹이 정해지면 미리 준비한 15~20개의 질문을 소그룹별로 5개 정도 배분해야 한다. 모든 소그룹이 전체 15~20개 질문을 일일이 다 짚고 넘어가는 것은 비생산적이다.

주의할 점이 있다. 아이디어를 반대할 사람, 즉 참가자들의 상사나 자기주장이 강한 사람, 전문가 등은 별도의 그룹으로 묶어야 한다. 참가자들 가운데 상관 앞에서 입증되지 않은 아이디어를 거론하기 싫어하는 사람이 있을 수 있다. 또 자기주장이 강한 사람은 시간을 독점하는 경향이 있다. 전문가들은 편향된 시각을 갖거나 참가자들의 아이디어가 쓸모 있는지 여부를 판단하려 한다. 따라서 각각 다른 성향의 사람들을 한데 섞어놓아야 한다는 기존 브레인스토밍 원칙을 따르지 않고, 아이디어에 반대할 사람들만으로 따로 소그룹을 구성하는 방법도 고려해 봄직하다. 이는 오히려 다른 소그룹들이 더욱 창의적으로 생각할 수 있는 여지를 줄 수 있다.

기대하는 바를 명확히 소통하라.

참가자들을 소그룹으로 나누기 전 오리엔테이션을 가지고 참가자들에게 브레인스토밍을 통해 무엇을 달성하고, 무엇을 달성하지 못할 것인지 등 조직의 기대수준을 정확히 알려야 한다. 전통적인 브레인스토밍에서는 여러 아이디어가 봇물 터지듯 나오면서 논의가 빨리 진행된다. 하지만 아이디어별로 심층적인 토의가 이뤄지지 못하는 경향이 있다. 새로운 브레인스토밍에서는 소그룹별로 질문 한 개당 30분씩 할애하게 해서 심층 토의하도록 하는 게 좋다. 또 아무리 좋은 아이디어라도 다른 출처에서 나오는 아이디어는 언급할 수 없게 한다. 토의 대상이 아니지만 좋은 해결책이라면 브레인스토밍이 끝난 뒤 논의하게 한다.

창의적인 아이디어를 발굴하기 위한 브레인스토밍이 제 역할을 하지 못하는 사례가 많다. 브레인스토밍의 생산성을 높이려면 조직의 의사결정 기준을 잘 설명하고 참가자들에게 적절한 질문을 던져야 하며 직접 해당업무를 맡는 실무자를 포함시키는 게 좋다.

최고의 아이디어를 뽑는 건 금물이다.

아이디어가 나온 뒤 하지 말아야 할 게 있다. 전체 참가자들이 최고의 아이디어를 뽑게 하는 일이다. 전통적인 브레인스토밍에선 이런 방법을 많이 사용한다. 하지만 참가자들은 투자의 우선순위를 결정하는데 경영진과 항상 같은 시각을 취할 수 없다. 또 성공 가능성이 있는 아이디어를 선정하면 자칫 참가자들의 사기를 꺾을 수 있다. 설령 좋은 아이디어라고 해도 나중에 채택되지 않으면 참가자들이 낙담한다. 따라서 최고의 아이디어를 뽑는 것은 가능한 한 피해야 한다. 그 대신 각 소그룹이 제안한 아이디어들 중 상위 몇 개를 선정해 다른 그룹들의 결과와 공유하는 게 좋다. 실행할 아이디어를 어떻게 선정할지, 최종 의사결정을 어떻게 통보할 것인지도 참가자들에게 상세하게 알려줘야 한다.

후속조치를 최대한 신속히 취하라.

미국의 한 대학에서는 총장이 참석한 가운데 교무처장, 학과장들이 비용절감 방안을 두고 브레인스토밍을 했다. 대학 경영진은 아이디어들을 △즉시 실행, △다음 학사년도에 시작하기로 결정, △추가조사를 한 뒤 결정, △즉시 기각 등 4개로 분류했다. 처음부터 경영진이 아이디어를 어떤 기준으로 평가할지 염두에 두고 브레인스토밍을 진행했고, 궁극적으로 수백만 달러의 비용절감 효과를 봤다. 또 대학측은 의사결정 결과를 모든 참가자에게 즉시 알려줬다. 자신의 아이디어가 채택되지 않은 참가자들의 사기를 꺾을 수 있다는 우려가 나왔지만, 오히려 그 반대였다. 참가자들은 결과에 대한 반응을 원하고 있었고, 특정 아이디어가 왜 거절됐는지 충분히 설명하여 참가자들이 다음 기회에 더 좋은 아이디어를 낼 수 있게 했다.

－동아비즈니스리뷰 78호(2011년 4월 1일자)에 실린
'맥킨지보고서' 중에서－

CHAPTER 10

서비스경영과 직업윤리

Hospitality Industry
Human Resource Management
환대산업인적자원관리

01 서비스경영

4차산업시대를 맞아 다양한 소비자욕구 등으로 인해 서비스산업은 빠르게 성장하고 있다. 전통적인 산업형태에서 새로운 산업시대인 디지털경제로의 변화는 과거와는 새로운 서비스들이 생겨남에 따라서 서비스경영의 중요성은 커지고 있다. 일상생활에서 인터넷과 스마트폰을 기반으로 한 여러 가지 서비스가 제공됨에 따라 이러한 서비스가 없이는 일상생활이 어렵다. 우리나라는 제조업만 가지고 국가성장을 기대하는 데는 한계점에 도달했기 때문에 서비스산업의 증가와 발전이 요구된다.

글로벌화와 정보화가 결합이 되면서 새로운 서비스가 활성화되고 각 국가별로 규제, 법률과 충돌로 서비스의 환경이 변화하고 있다. 이러한 환경적인 이유가 서비스산업에서 다양한 형태가 전략적인 제휴가 일고 있다. 이러한 서비스기업들이 전략적 제휴가 중요한 이유는 제휴로 인해 기업들의 입장에서 크게 변화하여 가져오기 때문에 기업의 입장과 고객의 입장에서 매우 전략적이다. 환대사업에 있어서 기업 간 상호관련성이 있는 기업들이 인수합병M&A을 통해 고객만족을 극대화시킬 수 있다.

환대산업들이 오프라인에서 온라인서비스로 변화하는 상황으로의 변화는 기업 간의 서비스 품질 및 경쟁은 증가되고 있다. 서비스기업이 중요한 이유는 서비스산업을 보완하여 성장동력이 될 수 있기 때문에, OECD 주요국가 서비스산업의 GDP 비중 및 고용비중은 70% 이상을 상회하고 있으며 아웃소싱의 확산, 서비스교역의 확대, 소비의 고급화 등으로 서비스수요는 증가되고 있다. 서비스산업의 성장배경은 여러 가지가 있을 수 있으나 인터넷, 스마트폰 등 정보기술발달로 소비자욕구의 다양화에 기업은 그 기준에 맞추기는 매우 힘들다. 환대산업 기업은 노동집약적서비스에서 지식기반서비스에 이르기까지 범위가 넓으며 업종별로 성장잠재력, 경제기여도 등에서도 차이가 크다.

1. 모바일시대에서의 서비스

1) 고용구조의 변화

정보통신기술의 발달은 고용을 창출하는 효과와 고용을 절감하는 모두를 가지고 있다. 일반화된 전자성거래 역시 고용을 창출하는 동시에 고용을 절감하는 효과를 가지고 있다. 4차산업의 혁명은 기업의 가치 및 고용구조의 변화를 촉진하고 있다. 4차산업으로 기업구조의 변화는 물건을 사고파는 방식의 변화이며, 경제활동에서 핵심적인 역할을 중간매체 기능이 변화하고 있다. 모바일시대는 인터넷과 스마트폰을 이용한 여러 가지 생활의 변화로 생산자와 소비자 간의 직접적으로 거래할 수 있는 환경이 점차적으로 확대되고 있다.

이러한 결과로 보면, 전통적인 산업구조가 변화하고 있는 것이며, 현재 주요 선진국에서 나타나고 있는 현상들은 4차산업으로 인해 관련된 산업이 발전할 수도 있지만, 서비스산업의 비율이 점점 시간이 갈수록 높아져가고 있다. 반면에 이는 제조업의 비중이 점차적으로 줄어드는 추세인 것이다. 현대는 지식과 정보와 같은 무형의 재화가 중요시되면서 무형재화의 특성인 판매자가 소비자에게 무형의 재화를 판매하고도, 여전히 판매자는 이를 다른 사람에게 재판매할 수 있으며 생산에 따른 추가비용이 발생하지 않는다는 특성 때문에 제조업을 대신하여 많은 인력을 수용하고, 이에 따른 새로운 서비스 직종들이 많이 생겨나고 있다.

최근 기업의 조직이나 고용형태는 다양해지고 있다. 기업이나 조직들이 유연한 조직구조나 고용제도를 유지함으로써 급변하는 외부환경에 대처하고, 필요로 하는 인재확보를 용이하게 하는 효율적인 방안으로 인식되고 있다. 이러한 고용제도는 인터넷의 일반화와 지역 간 네트워크화, 정보통신기술의 발달로 다양한 근로형태를 출현시키고 있는 추세이다. 이는 근로형태의 대표적인 형태인 자율노동시간제, 집중근로제, 원격근로제 등이 있다.

인터넷의 발달로 재택근무, 원격근로제 등이 있으며, 인터넷의 일반화와 정보통신의 발달로 효율적인 근무형태로 자리를 잡아가고 있는 것이 원격근로제이다. 1970년대에 등장하기 시작한 원격근로는 근로자가 회사가 다른 장소에서 인터넷과 같은 정보통신기술을 활용하여 업무를 수행하는 근로형태를 말한다. 중요한 것은 원격근로라는 개념 안에서는 모든 근로자들이 한자리에 모여 같은 시간대에 주어진 업무를 수행하는 것이 아니라, 종업원 개개인의 업무 특성에 맞춰 시간대나 장소를 달리하여 인터넷이나 정보기술을 이용하여 업무수행을 하는 의미가 있는 것이다.

원격근로가 가져다주는 효과는 개인과 기업의 측면으로 나누어 분석할 수 있다. 원격근로가 개개인에게 가져다주는 이점은 업무와 가사가 동일한 장소에서 이루어지기 때문에 재택근무의 경우, 출·퇴근이 자유롭기 때문에 종업원이 안정된 상태에서 업무를 수행할 수 있다는 있다는 이점이 있다. 또한 작업시간을 융통성 있게 조정이 가능하다는 점과, 기업의 측면에서 근로자들의 근무장소가 한 장소에 한정되어 있지 않기 때문에 사무실임대 및 관리비용이 절감된다는 이점이 있다. 기업은 책임감과 통찰력이 요구되기 때문에, 동기부여와 보상프로그램에 대한 연구조사가 반드시 필요하며 이는 인적자원관리에 필요하다.

2) 직종의 변화

전 세계적으로 나타나는 고용변화상의 특징이라고 할 수 있는, 직종에 상관없이 정보통신기기들을 이용하여 업무를 수행하는 근로환경이 조성되면서 모든 산업에 걸쳐 요구되는 근로자들의 업무에 대한 숙련도가 높아졌다. 즉 디지털경제환경 하에 고숙련도 위주로 형성시키고 있으며, 여러 나라의 고용성장률을 확인시켜보면 공통적으로 지식과 정보, 전문적 기술 등을 업무에 활용하는 전문직이나 고위기술직 그리고 서비스직의 고용성장률이 높게 나타나고 있다. 이러한 시장환경 하에 서비스업이 대표적인 업종 중 하나이면서 인적자원에 대한 의존도가 높은 산업 중 하나인 인적자원에 대한 의존도가 가장 높은 산업이지만, 산업구조상 비중이 높은 산업 중 하나이다.

산업 간 고용변화 이외에도 산업 내 숙련도 향상도 디지털경제에서 나타나는 큰 변화 중 하나라고 말할 수 있다. 디지털경제로 전환됨에 따라서 단순인력보다는 전문성을 겸한 고급인력에 대한 수요가 증가하였다.

디지털경제에서 가장 중요한 요소는 정보와 지식이다. 정보와 지식은 창출속도가 빨라지면서 수명주기가 짧아져 한 번 습득한 것으로 끝나는 것이 아니라, 새로운 정보를 계속 창출하고 활용함으로써 부가가치를 창출할 수 있어야 한다. 또한 기술의 융합화, 조직의 네트워크화가 진전됨에 따라 작업의 범위가 넓어지고 다양한 업무를 수행해야 한다.

3) 임금의 변화

인적자원관리에서 가장 중요한 부문 중 하나가 종업원들의 임금관리에 관한 부문인데, 디지털경제가 가속화됨에 따라 나타나는 중요한 변화가 임금의 변화이다. 특히 환대산업에 있어서 인적자원에 대한 의존이 높기 때문에 이에 대한 관리가 필수적이다.

정보기술의 발달 및 디지털경제로의 전환은 노동시장에서 중요한 변화를 일으켰으며, 이는 종업원 간 임금격차에 관한 부문으로, 고급인력과 그렇지 못한 종업원들 사이에 임금격차가 점점 커진다는 것이다. 이렇게 같은 기업 내에서 종업원들끼리 임금격차가 일어나는 원인 중 하나는 디지털경제 환경의 가속화와 더불어 기업 간의 경쟁이 심화되면서 기업에서는 내부인력에 대한 재교육이나 재배치를 통해 인재를 육성하기보다는 지식과 기술, 그리고 노하우를 갖춘 인재를 외부 노동시장에서 비싼 임금을 주고 채용하기 때문에 종업원 간 임금격차는 커지고 있다.

4) 생산성 향상

디지털경제 하에 인터넷을 통해 정보의 흐름이 자유롭게 이루어지기 때문에 정보가 신속하고 효율적으로 사용된다. 전통적으로 생산요소인 노동과 자본이 부가가치를 창출하는 것과 마찬가지로, 정보도 부가가치를 창출하는 중요한 요소이다. 정보는 하나의 독립된 생산적인 요소로 기존의 노동과 자본을 보다 효율적으로 결합하는 역할을 함으로써 경제의 생산성을 향상시키고 있다.

4차산업으로 고도화의 변화는 정보통신기술 및 시설의 변화로 고객들에게 좋은 품질의 서비스를 제공할 수 있게 되며, 앞으로 서비스와 관련한 보조서비스 산업의 중요성이 커지고 있다.

많은 서비스기업들은 다른 기업들과의 치열한 경쟁으로 인해 고객에게 제공되는 기술적인 수단으로 경쟁우위를 창출하고 유지하는데 어려움이 겪을 수밖에 없다. 서비스기업들은 다른 경쟁기업들에 비해 경쟁우위를 확보하기 위해 주된 서비스와 더불어 보조서비스에 대한 비중을 늘려 추가하거나 기존의 서비스에 보조서비스를 추가하는 차별화전략을 구사해야 한다.

2. 환대기업의 전략적 제휴

1) 환대기업의 전략적 제휴

전략적 제휴Strategic Alliance는 경쟁관계에 있는 일부사업 또는 기능별 활동범위에서 경쟁기업과 일시적인 협조를 갖는 것을 말한다. 전략적 제휴와 합작투자Joint Venture를 비교하면, 큰 틀에서 보면 합작투자도 전략적 제휴의 한 가지라고 할 수 있다. 일반적으로 합작투자가 자본투자를 필요로 하고, 여러 기능분야에서 협조체제를 구축하는 것에 비해 전략적 제휴는 일반적으로 기본투자 없이 사업의 일부분에서 일시적인 협조체제를 갖는 형태이다. 이 같은 현상은 여행사, 호텔 등에서 전략적인 제휴 및 동맹 등이 빈번하게 나타나고 있다.

2) 전략적 제휴동기

기업들이 전략적 제휴를 위한 동기는 자원과 위험의 공유, 신제품개발과 시장진입의 속도 단축, 기업의 유연성 확보 등이다.

3) 파트너 선정을 위한 전략적 제휴

(1) 양립성

양립성Compatibility은 양기업의 전략과 기업문화 및 경영관리시스템 측면에서 서로

모순되거니 이해가 상반되지 않는가 하는 점을 의미한다. 전략의 양립성을 검증하기 위해 파트너의 현존하는 제휴네트워크를 살펴보아야 한다. 파트너들이 자사의 경쟁기업과 밀접한 네트워크를 형성하고 있다면, 기술이나 정보유출의 가능성이 있으므로 제휴가 끝나는 것을 판단하여 파트너를 선정해야 한다.

(2) 능력

능력Capability은 전략적 제휴 시 파트너가 보유하고 있는 경영자원과 핵심역량Core Competencies을 파악하는 것이 자사가 가지고 있는 약점을 보완하고 강점을 강화하는 것이 중요하다. 핵심역량의 관점에서 파트너끼리 각자 취약한 분야에서 상대방이 핵심역량을 보유해야 한다.

(3) 몰입도

몰입Commitment은 제휴 파트너가 얼마만큼 시간, 에너지 및 경영자원을 열심히 투입하는지를 의미한다. 제휴 파트너가 아무리 핵심역량과 경영자원을 보유하고 있고, 양 기업의 경영관리시스템과 기업문화의 양립성이 높더라도 제휴 파트너의 몰입도가 약하면 제휴의 성공가능성은 낮아진다. 따라서 제휴파트너의 전략적서비스가 핵심사업 분야에서의 제휴인지 혹은 주변사업 분야에서의 제휴인지를 파악하는 것이 중요하다.

02 직업윤리

1. 종업원의 직업윤리

직업활동은 수많은 사람들과 관계를 맺고 상호작용을 하는 것이기 때문에, 환대기업의 종업원들은 자신의 직업활동을 수행함에 있어 사람과 사람 사이에 지켜야 할 윤리적 규범을 따라야 한다. 왜냐하면 '윤리'는 사람과 사람의 관계에서 우리가 마땅히 지켜야 할 사회적 규범이기 때문이다. 이와 같은 직업윤리는 우리들의 공동체적인 삶에 있어서 매우 중요한 역할을 한다.

1) 윤리적 가치의 중요성

환대기업의 종업원의 윤리적 가치 중요성은 다음과 같다.

첫째, 모든 사람이 윤리적 가치보다 자기이익을 우선하여 행동한다면 사회질서가 붕괴되기 때문이다. 모두가 다른 사람에 대한 배려 없이 자신만을 위한다면, 다른 사람이 자신을 해칠지 모른다고 생각하며 끊임없이 서로를 두려워하고 적대시하면서 비협조적으로 살게 될 것이다. 인간은 결코 혼자서는 살아갈 수 없는 사회적 동물이며, 사람이 윤리적으로 살아야 하는 이유는 윤리적으로 살 때 개인의 행복, 모든 사람의 행복을 보장할 수 있기 때문이다.

둘째, 모든 사람이 윤리적으로 행동할 때 나 혼자 비윤리적 행동을 하면 대단히 중요한 이익을 얻을 수 있는데도 윤리적 규범을 지켜야 하는 이유는, 어떻게 살 것인가 하는 가치관의 문제와도 관련이 있기 때문이다. 눈에 보이는 경제적 이득과 육신의 안락만을 추구하는 것이 아니고, 삶의 본질적 가치와 도덕적 신념을 존중하기 때문에 윤리적으로 행동해야 하는 것이다.

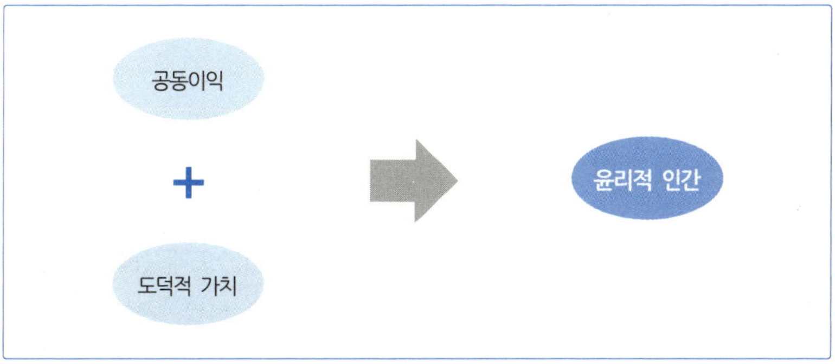

그림 10.1 윤리적 인간

2) 윤리규범의 형성

인간은 사회적 동물이다. 그러므로 기본적인 욕구충족에 도움이 되거나, 방해가 되는 사물이나 행동을 좋아하거나 싫어하는 태도를 갖게 된다. 어느 한 개인의 욕구는 개인의 행동여하에 따라 충족여부가 결정되는 것이 아니라, 다른 사람의 행동과 협력을 통해 가능한 것이다. 우리가 밥을 한 그릇 먹는 데에도 수많은 사람의 손을 거쳐야 가능한 것을 생각하면 쉽게 이해될 것이다. 그러므로 사람들은 사회의 공동목표 달성과 모든 구성원들의 욕구충족에 도움이 되는 행위는, 찬성을 하고 반대되는 행위는 비난을 하게 되는 것이다.

위와 같은 일이 반복되면 어떤 행위는 '마땅히 해야 할 행위', '어떤 행위는 결코 해서는 안 될 행위'로 가치를 인정받게 된다. 이러한 측면에서 볼 때, 모든 윤리적 가치는 만고불변의 진리가 아니라 시대와 사회상황에 따라 조금씩 다르게 변화되는 것이다.

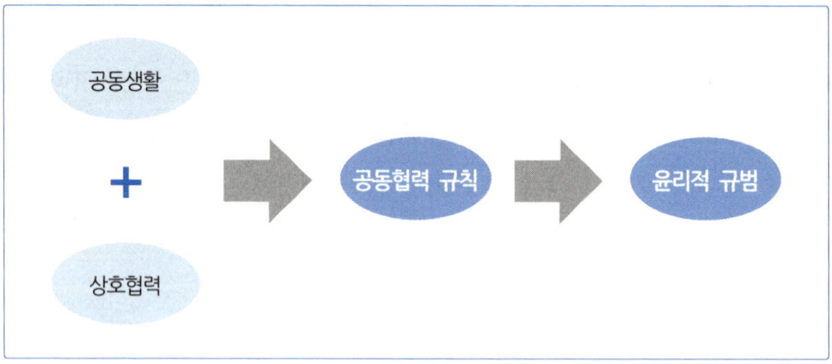

그림 10.2 윤리적 규범

3) 윤리倫理, Ethics의 의미

륜(倫)은 두 가지 뜻을 가지고 있다. 동료 · 친구 · 무리 · 또래 등의 인간집단 등을 뜻하기도 하고, 길 · 도리 · 질서 · 차례 · 법 등을 뜻하기도 한다. 결국 '倫'이란 인간관계에 있어 필요한 길 · 도리 · 질서를 의미한다고 볼 수 있다.

리(理)는 다스린다(治), 바르다(正), 원리(原理), 이치(理致), 판단(判斷), 해명(解明),

명백(明白)하다 등의 여러 가지 뜻을 가지고 있다.

윤리(倫理)는 '인간과 인간 사이에서 지켜져야 할 도리를 바르게 하는 것' 또는 '인간사회에 필요한 올바른 질서'라고 해석할 수 있을 것이다. 동양적 사고에서 윤리는 전적으로 인륜과 같은 의미이며, 엄격한 규율이나 규범의 의미가 배어있는 느낌을 준다. 예를 들어, 석공이 돌을 잘 다듬기 위해서는 제일 먼저 보아야 할 것이 돌의 결(石理)이다. 목공은 나무의 결(木理)을 잘 보고 나무의 결을 따라야 훌륭한 작품을 만들 수 있다. 윤리는 도덕을 개념화하여 체계화시킨 것이며, 도덕에 관한 비판적 연구라고도 할 수 있으나 실제로 두 개념은 구별되지 않고 사용된다.

윤리의 뜻을 지닌 그리스어의 'ethos', 라틴어의 'mores', 독일어의 'Sitte' 등이 모두 '습관이 된 풍속'을 뜻한다. 즉 윤리는 자연환경의 특성에 순응하고 각기 그 집단과 더불어 생활하여 온 인간이 한 구성원으로서 살아간 방식과 습성에서 생긴 것이다. 생활관습의 경험을 정리해서 공존을 위해 인간집단의 질서나 규범을 정하고 그것을 엄격하게 지켜나간 데서 생긴 것이다.

이러한 점에서 윤리는 법과 그 근원이 같다고도 볼 수 있다. 그러나 사회가 복잡해지면서 법은 사회의 외부적인 규제로, 윤리는 개인의 내적인 규제로 나누어져 있다. 서양에서는 여러 도시국가가 이루어진 고대 그리스에서 윤리의 의식이 형성되었다. 고대 그리스는 폴리스를 유지 · 발전하기 위해 필요하고 바람직한 사항들을 인간의 가치 있는 자질이자 목표이며 윤리라고 하였다. 이후 서양의 윤리는 보편과 개인 · 양적인 것과 질적인 것 등으로 나뉘어져 발달하였다.

우리나라는 고대국가의 형성과 더불어 시작되었다. 이는 봉지권의 보존과 생명권의 확보, 혈연 간의 질서 및 재산권의 보호라는 가장 원초적인 것을 바탕으로 형성되었다. 이후 이러한 윤리관은 불교가 뒷받침하였고, 조선시대 이후로는 유교의식이 바탕이 되어 발전하였다.

4) 일과 인간의 삶의 관계

일은 사람이 살기 위해서 필요한 것이며, 인간의 삶을 풍부하고 행복하게 만들어주는 것이다. 때문에 원래 일은 그 자체와 일의 결과가 사람의 기쁨과 연결된 것이다. 원시시대에는 나무의 열매를 따고 짐승을 사냥하는 것 자체가 자신과 가족의 몸을 즐겁게 해주기 때문에, 일종의 놀이였으며 또 중요한 즐거움이라고 볼 수 있었다.

그런데 사회가 점점 복잡해지고 분업이 발달함에 따라 자기가 원하고 필요할 때 일하는 것이 아니라 다른 사람들 때문에 또는 다른 사람이 시키는 대로 일을 하는 경향이 많아져 일을 경제적 목적 달성을 위한 수단 정도로만 생각하는 경향이 생겨나게 되었다.

그러나 일은 경제적 욕구의 충족뿐만 아니라 그 이상의 자기실현이라는 면을 가지고 있다. 단순히 보수의 높고 낮음만을 고려하지 않고, 자신의 흥미나 적성과 관련이 있는가, 구조조정 후에도 충분히 일을 할 수 있는가를 고려하여 직장을 선택하는 것을 보면 알 수 있다. 인간은 일을 통해 자신을 규정하고 삶의 의미를 실현하는 것이다.

일은 의무인 측면도 있지만, 동시에 권리이기도 하다. 결국 일은 인간의 삶을 구성하는 가장 중요한 요소이다. 인간사회가 발전함에 따라 원시시대의 자급자족 상태를 벗어나 수많은 사람들의 협력이 사회적으로 조직화되고 분업화 되었다. 직업은 이러한 분업화된 사회에서 한 사람이 담당하는 체계화되고 전문화된 일의 영역을 가리키는 것이다. 그런데 전문화된 일의 영역은 취미활동, 아르바이트, 강제노동 등과 같은 것도 있을 수 있는데, 이것을 우리는 직업이라고 부르지는 않는다.

2. 직업의 의미

직업(職業)에서 '職'은 사회적 역할의 분배인 직분(職分)을, '業'은 일 또는 행위이다. 이런 의미에서 직업은 사회적으로 맡은 역할, 하늘이 맡긴 소명, 전생의 허물을 벗기 위한 과제 등으로 볼 수 있다. '職'에 해당하는 외국어로는 Profession, Vocation, Beruf 등이 있으며, '業'에 해당하는 것으로는 Job, Occupation, Business, Geshäft 등이 있다.

- 직업은 경제적 보상을 받는 일이다.

- 직업은 계속적으로 수행하는 일이다.
- 직업은 사회적 효용성이 있는 일이다.
- 직업은 성인이 하는 일이다.
- 직업은 자기의 의사에 따라 하는 일이다.
- 직업은 노력이 소용되는 일이다.

1) 우리나라의 직업관

종래 직업활동의 결과를 소위 '출세'라는데 비중을 두는 경향이 있었다. 출세는 입신양명(立身揚名)이라는 용어가 '입신출세'로 바뀌었고, 최근에는 '입신'이 빠지면서 남은 용어이다.

입신양명은 인격과 능력을 쌓아 사회적으로 중요한 역할을 담당하며, 주위의 믿음과 존경을 받는 것을 말하지만, '출세'라는 용어로 변질되면서 과정은 생략하고 주로 현재 외부로 드러난 유형적 형태만을 가지고 평가를 하는 것으로 왜곡되었다. 급변하는 역사의 소용돌이 속에서 한국인들은 삶의 중심을 잃었고, 혼란스러운 상황을 합리화하는 수단으로 그러한 풍조를 낳았으며, 또 한편 한국인의 마음속에 자리 잡은 강한 명예심이 합리적으로 표현될 수 있는 적절한 통로나 공통의 기준이 없었기 때문에 물질과 권력이라는 왜곡된 표현방법을 추구했는지도 모른다. 전생의 허물을 벗기 위한 과제 등으로 볼 수 있다.

입신출세론은 각자의 분야에서 땀흘리며 본분을 다하는 노동을 경시하는 측면이 강하고, 과정이나 절차보다는 결과만을 중시하는 경향을 낳게 되었다. 그리하여 입신출세는 곧 '부의 축적'과 동일시하게 되어 직업은 부(富)의 축적과 권력의 획득수단으로 오인하게까지 되었다.

근로자를 대상으로 한 조사에 의하면, "돈이 필요하지 않더라도 일을 계속할 것인가?"라는 질문에 1960년대에는 "일을 계속하겠다."라는 대답이 90%를 넘었지만, 1980년대 이후에는 동일한 대답이 50% 선에 머물고 있다. 이는 우리사회의 구성원이 직업은 '돈벌이'라는 생각이 지배적이라는 것을 의미한다.

더욱이 최근의 '3D 기피현상'으로 힘들고Difficult, 더럽고Dirty, 위험한Dangerous 일은 하지 않으려고 하는 현상까지 생겨, 노동력은 풍부하지만 생산인력은 부족하다는 파행적 모습을 보여, 실업자 증가와 외국노동자들의 불법취업이라는 새로운 사회문제가 다시 대두되게 되었다.

Marx(1848)는 "인간은 노동하는 존재이다."라고 말했다. 인간이 노동을 통해서 스스로 필요한 존재임을 자각하고 자아를 실현하는 것을 의미한다.

2) 직업윤리의 의미

직업윤리는 개인윤리를 바탕으로 각자가 직업에 종사하는 과정에서 요구되는 특수한 윤리규범이다. 기본적으로는 직업윤리도 개인윤리의 연장선이라 할 수 있다. 개인윤리의 기본 덕목인 사랑, 자비 등과 방법론상의 이념인 공동발전의 추구, 장기적 상호이익 등의 기본은 동일하다고 하겠다. 인간행복을 위한 기본적 가치를 중심으로 관계를 이루는 사람 사이의 윤리관계에 비해 좀 더 전문화된 분업체계로서의 직업이라는 특수상황에서 요구되는 별도의 덕목과 규범이 있게 마련이다.

사람은 각각의 개인으로서의 입장과 공인의 입장인 직업인으로서의 입장이 합해져 한 사람의 개인적 인격을 구성한다. 우리 모두는 공사의 구분, 동료와의 협조, 전문성, 책임감, 사회적 책임 등 직업윤리의 확립을 통해 존경받는 인간으로서의 인격을 완성하고 사회발전에 기여할 수 있다.

모든 사람은 직업의 성격에 따라 각각 다른 직업윤리를 가질 수밖에 없다. 고도화된 현대사회에서 직업인으로서 지켜야 할 윤리에는 사회시스템 전체의 관계를 규정하고 질서를 유지시키는 공통의 보편적 윤리와 그러한 사회를 구성하는 개체로서 각자의 목적달성을 위해 노력하는 기업, 단체 등 특정조직체 내부구성원 간의 관계를 규정하고 효율을 도모하는 특수윤리가 있다.

직업에 종사하는 현대인으로서 누구나 공통적으로 지켜야 할 윤리기준을 '직업윤리'라고 한다. 현대인은 필연적으로 직장이라고 하는 특정조직체에 소속되어 동료들과 협력하여 공동으로 업무를 수행하지 않으면 안 된다. 직업윤리가 강조되는 것은 직업적 활동이 개인적 차원에만 머무르지 않고 사회전체의 질서와 안정 그리고 발전에 매우 중요한 역할을 수행하기 때문이다. 어느 나라의 직업윤리 수준이 낮을 경우 경제행위에 근간이 되는 신뢰성이 결여되어 국가경쟁력을 가질 수 없으며 경제발전 또한 이룰 수 없게 될 것이다.

직업윤리의 중요성은 개인적 차원에서도 매우 중요하다. 어느 개인이 분명한 비전과 바람직한 태도를 통해 부와 명예를 획득했다 하더라도 그것이 곤 지업적 성공을 의미하지는 않는다. 진정한 직업적 성공은 부와 명예를 포함한 그 이상의 것이다. 도덕성이 결여된 부와 명예는 결코 그 생명이 길지 않다. 무슨 일을 하든지 자신이 하는 일에 자부심과 긍지를 가지고 생활할 수 있다면 그것이 직업적 성공의 출발점이 된다.

일반적으로 직업윤리의 덕목에는 다음의 것들이 제시된다.

- 소명의식 : 자신이 맡은 일은 하늘에 의해 맡겨진 일이라고 생각하는 태도
- 천직의식 : 자신의 일이 자신의 능력과 적성에 꼭 맞는다 여기고 그 일에 열성을 가지고 성실히 임하는 태도
- 직분의식 : 자신이 하고 있는 일이 사회나 기업을 위해 중요한 역할을 하고 있다고 믿고 자신의 활동을 수행하는 태도
- 책임의식 : 직업에 대한 사회적 역할과 책무를 충실히 수행하고 책임을 다하는 태도
- 전문가의식 : 자신의 일이 누구나 할 수 있는 것이 아니라, 해당분야의 지식과 교육을 밑바탕으로 성실히 수행해야만 가능한 것이라 믿고 수행하는 태도
- 봉사의식 : 직업활동을 통해 다른 사람과 공동체에 대해 봉사하는 정신을 갖추고 실천하는 태도

우리사회에서 직업인이 갖추어야 할 중요한 직업윤리 덕목으로서 첫째, 책임감, 둘째, 성실함, 셋째, 정직함, 넷째, 신뢰성, 다섯째, 창의성, 여섯째, 협조성, 일곱째, 청렴함 등을 강조하고 있다.

3) 개인윤리와 직업윤리의 조화

직업윤리는 개인윤리에 비해 특수성을 가지고 있다. 예를 들어, 개인윤리의 덕목에는 타인에 대한 물리적 행사가 절대 금지되어 있지만, 경찰관이나 군인 등의 경우 필요한 상황에서 그것이 허용된다는 점을 생각하면 쉽게 이해될 것이다. 직업윤리와 개인윤리는 아래와 같이 조화를 이루게 된다.

- 업무상 개인의 판단과 행동이 사회적 영향력이 큰 기업시스템을 통해 다수의 이해관계자와 관련되게 된다.
- 수많은 사람이 관련되어 고도화된 공동의 협력을 요구하므로 맡은 역할에 대한 책임완수가 필요하고, 정확하고 투명한 일처리가 필요하다.
- 규모가 큰 공동의 재산, 정보 등을 개인의 권한 하에 위임, 관리하므로 높은 윤리의식이 요구된다.
- 직장이라는 특수상황에서 갖는 집단적 인간관계는 가족관계, 개인적 선호에 의한 친분관계와는 다른 측면의 배려가 요구된다.
- 기업은 경쟁을 통해 사회적 책임을 다하고, 보다 강한 경쟁력을 키우기 위해 조직원 개개인의 역할과 능력이 경쟁상황에서 적절하게 꾸준히 향상되어야 한다.
- 각각의 직무에서 오는 특수한 상황에서는 개인적 덕목차원의 일반적인 상식과 기준으로는 규제할 수 없는 경우가 많다.

여러 가지 이유로 직업윤리가 기본적으로는 개인윤리를 바탕으로 성립되는 규범이기는 하지만, 상황에 따라 양자는 서로 충돌하거나 배치되는 경우도 발생한다. 개인윤리가 보통상황에서의 일반적 원리규범이라고 한다면, 직업윤리는 좀 더 구체적 상황에서의 실천규범이라고 이해해야 할 것이다.

업무수행 상에서 양자가 충돌할 경우 행동기준으로는 직업윤리가 우선될 것이다. 또한 한편으로는 기본적 윤리기준에 충실하여 개인적 윤리의 준수와 공인으로서의 직분을 실천하려는 지혜와 노력이 필요하다.

3. 근면의 의미

"성공도 실패도 하나의 버릇에서 온다."라는 유대인의 속담이 있다. 이 속담에서 보듯이, 근면함이 인생에 있어서의 성공을 이끌어낸다는 말이다. 근면하기 때문에 성공한 사람은 있어도, 게을러서 성공했다는 사람의 이야기는 동서고금을 막론하고 들어본 적이 없다. 물론 근면한 것만으로 성공할 수 있다는 얘기는 아니지만, 근면한 것은 성공을 이루게 되는 기본 조건임에 분명하다.

『탈무드』에는 "이 세상에서 가장 한심한 것은 할 일이 없는 것이다."라는 말이 나온다. 이 의미에서 알 수 있듯이, 성공을 위해서는 고생이 따른다는 의미이다. 근면이라든가 게으름은 본성에서 나오는 것이라기보다 습관화되어 있는 경우가 많다. 물론 어렸을 때의 가정환경이나 가정교육, 학교교육도 커다란 영향력을 미친다. 인간의 본성은 괴로움을 피하고 편한 것을 향하기 마련이다. 그러나 근면이 주는 진정한 의미를 알고 힘들지만 노력하는 태도를 길러야 한다.

1) 근면의 종류

근면에는 외부로부터 강요당한 근면과 스스로 자진해서 하는 근면이 있다.

가난한 시절 논밭이나 작업장에서 오랜 시간동안 열악한 노동조건 하에서 기계적으로 일을 하던 것은 삶을 유지하기 위한 필요에 의해서 강요되어진 근면이었다. 그렇지 않으면 생계를 유지할 수가 없었기 때문이었다. 이러한 근면은 외부조건으로부터 강요되어진 것이다. 한때 중국이나 동남아시아의 농민들은 선진국 사람들의 강요에 의해 기가 막힐 정도로 오랜 시간을 작업장에 매달려 허덕이며 일을 했다. 그러나 생활이 향상되지 않은 이유는 그것이 외부로부터 강요당하며 일을 한 때문이다. 샐러리맨들이 잔업까지 해가며 허덕거리는 것 역시 외부로부터 강요된 근면이다. 이와 같은 근면은 외부로부터의 압력이 사라져버리면 아무것도 남지 않게 된다.

하지만 일을 자진해서 하는 근면은 자신의 것을 창조하며 조금씩 자신을 발전시켜 나가게 된다. 그리고 시간의 흐름에 따라 자아를 확립시켜가게 되는 것이다. 외국어를 공부하는 것을 예로 들면, 꾸준히 매일의 학습정도를 계획에 맞추어 진행하다보면 일정한 기간이 지난 후 놀라울 정도의 실력을 갖추게 된다. 외부 조건으로부터 강요에 의해서가 아닌 이처럼 자진해서 하는 근면에는 능동적이며 적극적인 태도가 우선시되어야 한다.

직장생활에서 우리가 경험하기 쉬운 심리적 갈림길은 능동적이며 적극적인 태도로 일을 많이 할 것인가, 아니면 수동적이며 소극적인 태도로 일을 적게 할 것인가 하는 문제 앞에서 느끼는 망설임이다. 자기사업을 하는 사람 또는 성과에 따라서 보수의 액수가 결정되는 세일즈맨의 경우는 대개 능동적이며 적극적인 자세로 일을 하게 되지만, 일정한 봉급을 받기로 되어 있는 일반직장의 경우에는 일을 적게 하고 싶은 충동을 느끼는 사람들이 많다. 그러나 한편으로는 일을 열심히 해야 한다는 '양심의 소리'도 들리는 듯하여 마음의 갈등을 느끼는 경우가 흔히 있다.

일반적으로 우리는 일을 많이 하고 싶은 욕망보다는 편히 쉬고 싶은 욕망을 느낄 때가 많다. 자기가 주인이 되어서 하는 일이 아니라, 돈을 받고 남의 일을 할 경우에는 더욱 쉬고 싶은 욕망에 앞서는 것이 인간의 심리이다. 현대사회는 노동을 상품으로 인식하여 자신들의 노동을 비싼 값에 팔아야 한다는 관념이 확산되어 있다.

나의 노동을 비싼 가격에 판매할 수 있는 경우는 두 가지가 있다. 되도록 돈을 더 많이 주는 일자리를 찾아서 옮기는 길과, 이미 보수가 정해져 있는 현 직장에서 되도록 일을 적게 해주는 길이다. 돈을 많이 주는 일자리를 찾는 것이 쉽지 않은 일이므로, 비교적 실천하기 쉬운 것은 두 번째의 길이다. 보수가 일정할 경우에는 일을 적게 해줄수록 단위노동에 대한 값을 많이 받는다는 계산이 성립할 것이다.

그러나 보수가 늘거나 진급이 빨라진다는 보장이 없을 경우에도, 어차피 일을 할 바에는 능동적이고 적극적인 자세로 임하는 것이 근로자 자신을 위해서도 바람직하다고 믿는다. 일반적으로 자진해서 일을 할 때는 그 일이 즐겁고, 강요에 의해 억지로 할 때는 그 일이 더욱 부담스럽기 때문에 심리상태에 따라 일의 진행이 달라지기 때문이다.

공부도 일종의 일이다. 집안이 가난하여 어렸을 때 공부를 못한 사람이, 나이가 들어서 그 한을 풀기 위해 만학의 길에 뛰어드는 경우가 있다. 그런 경우에 그는 자연히 적극적 자세를 취하게 되고, 시간을 아껴가며 남보다 더 열심히 공부에 전력한다. 그에게는 공부하는 시간이 즐거운 시간이고, 힘은 들어도 괴로운 줄을 모른다. 그러나 부모의 강요에 못이겨 마지못해서 하는 젊은 사람들에게는 공부하는 시간이 바로 괴로운 시간이고 가장 재미없는 시간이다.

2) 근면에 필요한 자세

등산객에게는 산에 가는 것이 즐거운 일이고, 나무꾼에게는 산에 가는 것이 괴로운 일이다. 경치가 좋고 공기 좋은 산에 갈 경우에도 등산객에게는 그것이 즐겁고, 나무꾼에게는 그것이 괴롭다. 도대체 왜 이러한 차이가 생기는 것일까? 나무꾼은 산에 가서 마른 나뭇가지나 관목을 베는 등 힘든 일을 해야 하고, 또 무거운 짐을 지고 내려오는 고역을 치러야 하나, 등산객에게는 그런 부담이 없다는 사실을 지적할 수 있을 것이다.

그러나 이것은 등산객의 산행이 즐겁고 나무꾼의 산행은 괴로운 이유에 대한 만족스러운 대답이 될 수 없다. 왜냐하면, 어떤 등산은 나무꾼의 노동보단 훨씬 더 힘들고 어렵지만 역시 즐겁기 때문이다. 줄에 매달려 암벽을 오르는 등산이나, 혹한과 눈보라를 무릅쓰고 세계의 고산에 도전하는 산악인의 수고는 나무꾼의 수고보다도 몇 갑절 힘들고 어렵지만, 산을 타는 사람들은 그 어려움 속에서 환희를 느낀다.

등산객의 산행이 즐거운 가장 근본적인 이유는 그것이 자진해서 하는 일이라는 사실에 있다. 나무꾼의 산행이 괴로운 가장 근본적인 이유는 그것이 강요당한 노동이라는 사실에 있다.

직장의 근무시간에 하는 일은 돈을 받고 하는 일이고, 수동적 자세로 마지못해 하기 쉬우므로, 그 시간이 지루하고 괴롭게 느껴지게 된다. 만약 우리가 직장에서 하는 일을 능동적 자세로 열심히 한다면, 돈을 받아가며 즐거운 시간을 갖는 결과가 될 것이다. 그러나 직장에서 하는 일에 능동적 자세로 임한다는 것이 생각처럼 쉽지가 않다. 도대체 그 까닭이 무엇일까? 아마 직장에서 하는 일의 의의를 과소평가하기 때문일 것이다.

매일 마시는 물이나 공기가 별로 중요하지 않게 느껴지기 쉽듯이, 매일 직장에서 하는 일상적인 일은 대수롭지 않게 느껴지기 쉽다. 그러나 직장에서 맡은 일은 나라를 지키고 나라를 융성하게 만드는 큰일의 일부라는 점에서 매우 소중한 것이다. 교향악단의 모든 연주자들이 하는 동작 가운에 중요하지 않은 것은 하나도 없듯이, 한 나라의 모든 직장인들이 하는 일 가운데 귀중하지 않은 것은 하나도 없다. 이토록 귀중하다는 것이 사실이라면, 우리가 직장에서 하는 일에 능동적이고 적극적인 태도로 임해야 할 이유는 충분하다. 단순히 돈벌이를 위한 수단에 불과하다면 우리는 직장에서 하는 일에 적극성을 보이기가 어려울 것이다. 그러나 그것이 하나밖에 없는 우리 조국을 위하는 길이요, 우리들 자신의 행복을 위해서 필요한 일임을 명심한다면, 우리는 그 일에 적극적 태도로 임하고자 하는 의욕을 느끼게 될 것이다. 그리고 적극적 태도로 일에 임할 때, 우리는 일하는 시간을 즐거운 마음으로 보내게 될 것이다.

시간을 즐거운 마음으로 보낸다는 것은 매우 중요한 의미를 갖는다. 즐거운 마음으로 보냄은 그 자체가 행복의 한 조건이다. 그리고 즐거운 마음으로 시간을 보낼 때, 우리의 건강은 증진된다. 괴로운 시간이 건강을 해치고 즐거운 시간이 건강을 돕는다는 사실을 우리는 잘 알고 있다. 그리고 건강은 행복의 필수조건 가운데서 가장 기본적인 것이다.

3) 정직의 의미

사람은 혼자서는 살아갈 수 없으므로 다른 사람과 협력을 해야 하고 그것이 확대되어 사회시스템 전체가 유기적인 협조가 되어야 한다. 사람은 모든 정보를 다 파악할 수 없으므로 협력을 하는데 필요한 판단이나 행동을 다른 사람이 전달하는 것에 의존할 수밖에 없다. 또한 다른 사람이 전하는 말이나 행동이 사실과 부합된다는 신뢰가 없다면 일일이 직접 확인해야만 하고, 그렇게 되면 사람들의 행동은 상당히 제약을 받을 수밖에 없으며 보다 큰 조직과 사회체제의 유지자체가 불가능해진다.

사회시스템은 구성원 서로가 신뢰하는 가운데 운영이 가능한 것이며, 그 신뢰를 형성하고 유지하는데 필요한 가장 기본적이고 필수적인 규범이 바로 정직인 것이다.

물론, 정직이 신뢰를 형성하는 충분한 조건은 아니다. 신뢰를 얻기 위해서는 정직 이외에도 약속을 잘 지키거나 필요능력을 갖춰야 하는 등의 다른 필요사항도 있어야 하겠지만, 정직이 신뢰를 위해서는 빠질 수 없는 요소인 것만은 틀림없다.

우리사회의 정직성은 아직까지 완벽하지 못하다. 거센 역사의 소용돌이 속에서 여러 가지 부당한 핍박을 받은 경험이 있어서 그럴 수도 있지만, 원칙보다는 집단 내의 정과 의리를 소중히 하는 문화적 정서도 그 원인이다. 또한 부정직한 사람이 정치인도 되고, 대통령도 되고, 기업인도 되고, 사회적으로 성공하는 등의 이상한 현상으로 인해 정직한 사람이 어리석어 보이는 측면도 무시할 수 없다.

정직은 사람과 사람이 협력하는데 필요한 가장 기본적인 규범이기 때문에 "거짓말하는 사람은 정상적인 대우를 하지 않는다."라는 사회적 인식과 믿음을 굳혀야 한다. 정직은 정보사회에서는 더욱 필요불가결하다. 정보에서 정직이 빠지면, 정보사회가 성립되겠는가? 정직함이 몸에 배인 사람은 조급하거나 가식적이지 않다. 정직한 사람은 숨길 것도 두려울 것도 없다. 그들의 삶은 열린 책과도 같다. 정직함을 지닌 사람은 또한 자신의 삶을 올바른 방향으로 이끌 수 있는 생각과 시각을 지니고 있다. 돈으로 계산할 수 없는 큰 재산, 그것은 신뢰라는 자산이다. 정직한 사람만이 신뢰를 얻을 수 있으며, 신뢰는 돈보다 더 중요한 자산임을 잊지 말아야 한다.

BREAK CORNER

정직과 신용을 구축하기 위한 4가지 지침

정직과 신뢰의 자산을 매일매일 조금씩 쌓아가자.

정직은 돈보다 소중한 자산임을 항상 염두에 두고, 돈을 아끼고 모으듯 매사에 정직한 태도를 지녀 자산을 차곡차곡 축적하자.

잘못된 것도 정직하게 밝히자.

자랑할 만한 일에는 누구나 정직할 수 있다. 부끄럽고 숨기고 싶고, 밝히면 손해 볼 것 같은 일 때문에 부정직하게 되는 것이다. 잘못된 것, 실패한 것, 실수한 것에 대해 정직하게 인정하고 밝히는 것은 잘못을 줄이고 더 큰 잘못을 막기 위한 최고의 전략이다. 모든 일은 투명하고 남이 알 수 있도록 진행하며 사실 그대로 보고하고 사실 그대로 알려주어야 한다. 누구나 모든 것에 완벽할 수는 없다. 일도 그렇고 상품도 그렇다. 상품의 장점과 함께 결함이나 단점에 대해서도 솔직하게 이야기를 해주어야 한다. 실수나 결함의 잘못보다 정직하지 못한 경우가 더욱 잘못된 것이다.

정직하지 못한 것을 눈감아주지 말자.

개인적인 인정에 치우쳐 부정직을 눈감아주거나 타협하는 것은 결국 자신의 몰락은 물론 또다른 부정을 일으키는 결과를 가져오게 된다. 조그마한 구멍에 물이 새면 구멍이 점점 커지듯이 결국 관행화되고 전체에게 피해를 주는 결과를 가져온다.

부정직한 관행은 인정하지 말자.

정직하고 싶으나 업무관행과 환경이 충족되지 않았다고 말하기 쉽다. 언제까지 과거의 관행을 가지고 변화하는 시대에 경쟁력을 확보할 수 있을까? 한 때 부정직이 경쟁의 한 방편인 적도 있었다. 그러나 지금은 그러한 관행이 사라지지 않으면 살아남지 못하는 시대가 되었다. 관행 때문에 그렇게 했다는 것은 잘못을 합리화하는 근거가 될 수 없다. 누가 강요했든, 관행이 어찌 되었든 내가 한 행위는 나의 책임이다. 부정직한 관행을 깨는 것에도 도전정신이 필요하다.

4) 성실의 의미와 중요성

"최고보다는 최선을 꿈꾸어라."라는 말은 어릴 때부터 어른들에게 수없이 들어온 얘기 가운데 하나인 '성실'의 중요성을 나타낸다. 그것은 삶의 경험에서 나오는 자연스러운 진리이다. 성실은 기본이기도 하지만, 세상을 살아가는데 있어 가장 큰 무기이기도 하다. 아무리 뛰어나더라도 성실이 뒷받침되지 못하면 그 관계는 오래갈 수 없고 신뢰는 깨어진다. 천재는 1%의 영감과 99%의 노력으로 만들어진다고 한다. 성실만 뒷받침된다면 1퍼센트 모자란 부분은 그리 중요하지 않다. 조직에서도 똑같이 적용된다. 조직의 리더가 조직구성원에게 원하는 가장 우선되는 요건이 바로 성실성이라고 한다. 결국 성실은 조직생활에서 가장 큰 무기가 될 수 있는 것이다.

성실은 일관하는 마음과 정성의 덕이다. 자식에 대한 어머니의 정성이 대표적인 한국인의 정성스러움이다. 우리는 정성스러움을 '진실하여 전연 흠이 없는 완전한 상태에 도달하고자 하는 사람이 선을 택하여 노력하는 태도'라 말할 수 있다. 그러한 태도가 보통 사람들의 삶 속으로 스며들면서 자신의 일에 최선을 다하고자 하는 마음자세로 연결되었다고 볼 수 있다. '지성이면 감천이다' 혹은 '진인사대천명' 등의 말은 인간으로서 자신이 할 수 있는 모든 노력을 해야 된다는 성실이 중요성을 다시 한 번 강조하는 말이 되고 있다.

어떠한 종류의 직업에 종사하는 경우든, 정직하고 성실한 태도로 일하는 사람들이 국가와 사회에 이바지하는 바가 크다. 직장생활을 통해서 얻을 수 있는 또 하나의 소득은 '자아의 성장'인데, 정직하고 성실한 태도가 바탕이 되어야 좋은 결과를 가져올 확률이 높다. 그럼에도 불구하고 우리나라의 직업인들 가운데 부정직하고 불성실한 태도로 종사하는 사람들이 많은 까닭은, 돈벌이의 목적을 위해서는 정직과 성실성이 오히려 불리한 결과를 가져온다는 계산 때문이다.

비록 돈벌이에서 손해를 본다하더라도, 국가와 사회에 이바지하는 바가 크고 자아의 성장을 위해서도 바람직한 정직과 성실의 길을 택해야 한다는 것이 교과서적으로는 옳은 주장일 것이다. 교과서적으로 옳다는 것을 인정하면서도 실제로는 그 길을 택하지 않는 사람들이 많다. 비록 교과서적으로 옳은 주장이기는 하나, 돈에서 손해를 보는 길은 현대인의 가슴을 파고드는 매력이 약하기 때문일 것이다. 현대 생활에서 돈이 차지하는 비중이 너무 큰 까닭에 사람들은 돈에서 손해를 보는 길은 회피하기 쉽다.

만약 빠른 시간 내에 왕창 큰돈을 벌고자 한다면, 정직하고 성실한 태도로써 목적을 달성하기는 대체로 어려울 것이다. 옛날부터 "병풍과 장사는 약간 구부려야 잘 선다."고 하였다. 이윤을 남기고자 하는 것이 장사이므로 다소의 부정직은 불가피하다는 것이 일부의 상식이기도 하다. 그러나 단시일 내에 왕창 떼돈을 벌자는 것이 아니고, 기본생활이 요구하는 필요한 정도의 돈을 장기간에 걸쳐서 벌자고 한다면, 도리어 정직하고 성실한 태도가 가장 올바른 태도이다.

현대사회에서 보편적인 생각은 빨리 큰돈을 벌어야 한다고 성급하게 생각하는 사람들이 많이 있다. 이러한 성급한 생각에 바로 문제점이 있다. 우리에게 꼭 필요한 것은 거액의 재산이 아니며, 기본생활의 안정에 필요한 정도의 돈을 서서히 벌어도 늦을 것이 없다. 사회사업 또는 문화사업 같은 좋은 일을 하기 위해서 많은 돈을 필요로 하는 사람들이 더러 있다. 그러나 그와 같은 좋은 일은 정당한 방법으로 많은 돈을 번 다음에 해도 늦지 않다.

기본생활을 보장하기 위해 쌀이나 연탄을 사는데 쓰이는 돈은 가치가 매우 큰돈이다. 어린이들의 교과서와 학용품을 구하는데 사용되는 돈도 매우 귀중한 돈이며, 꼭 필요한 병원치료를 받기 위해 쓰이는 돈도 매우 값진 돈이다. 그러나 유흥에 사용되는 돈, 값비싼 옷이나 가구를 구입하는데 사용되는 돈은 가치가 적은 돈이다. 가치가 적은 사치나 낭비에 필요한 거액의 돈을 단시일 안에 벌기 위해서는 비상수단에 호소해야 할 경우가 많다. 그 비상수단은 사기나 횡령과 같이 법을 어기는 행위일 수도 있고, 요행을 바라는 투기일 수도 있어서, 자칫하면 패가망신할 위험성을 안고 있다. 그러나 기본생활에 쓰이는 가치 있는 돈은 반드시 거액일 필요가 없는 까닭에, 그것을 얻기 위해 굳이 범법행위나 투기를 감행하는 것은 많은 문제점을 안고 있는 것이다.

정직하고 성실한 태도를 가지고는 기본생활에 필요한 정도의 그리 많지 않은 돈을 버는 일조차도 매우 어렵다고 생각하는 사람이 있을지 모른다. 어떤 특수한 사정으로 인해 정직하고 성실한 태도로는 살아가기 어려운 사람이 더러 있다는 사실을 부인하기는 어려울 것이다. 집에 중환자가 있거나 실직을 했거나 그 밖에 어떤 불행한 처지에 놓인 사람의 경우에는 정직과 성실만으로 문제가 해결되지 않을 수 있다. 그러나 이러한 경우에도 법을 어기거나 그 밖의 어떤 모험을 통해 문제가 풀릴 가능성은 희박하다. 이같은 특수한 경우에 관한 문제에 있어서 사회제도의 개선 또는 정책적 배려를 요구하는 문제이므로, 우리가 지금 고찰하고 있는 직업을 대하는 올바른 태도의 문제와는 차원이 다르다.

4. 서비스와 직장인의 예절

1) 서비스의 의미

서비스Service의 사전적 의미는 "나라나 사회 또는 남을 위해 자신의 이해를 돌보지 아니하고 몸과 마음을 디해 일하는 것"을 의미한다. 현대사회의 직업인에게 봉사란 자신보다는 고객의 가치를 최우선으로 하고 있는 서비스 개념인 것이다.

고객은 회사의 연속발전을 도와주는 기반이기 때문이다. 고객에게 신뢰받고 고객에게 사랑받는 회사는 발전하고, 고객에게 외면당하는 회사는 쇠퇴한다. 따라서 기업이 고객에게 사랑받기 위한 방법은 기본적으로 한 가지, 즉 봉사(서비스)를 강조하는 것이다. 그러므로 회사는 항상 고객의 입장에서 고객이 필요로 하는 것이 무엇이며, 고객이 만족하는 품질수준은 무엇인가를 생각하고, 체계적인 노력을 기울여 좋은 설계, 철저한 생산관리, 만족스런 서비스를 제공하기 위해 모든 역량을 발휘하도록 노력해야 한다.

고객의 소리를 경청하고 요구사항을 해결하기 위해 힘쓰는 것은 기업활동의 시작이자 끝이다. 고객의 소리를 경청하는 것은 고객이 원하는 것을 파악하여 좋은 상품을 만드는 바탕이 되며, 좋은 서비스를 제공하기 위한 시발점이 된다. 또한 아무리 우수한 상품도 높은 수준의 서비스가 뒤따르지 않으면 고객은 만족할 수 없다. 생산기술이 발전하고 물질이 풍부해진 최근의 고객만족 성패는 상품과 함께 제공되는 서비스에 의해서 결정된다고 볼 수 있다.

서비스의 7가지 의미

- S(Smile & Speed) : 미소와 함께 신속하게 하는 것
- E(Emotion) : 감동을 주는 것
- R(Respect) : 고객을 존중하는 것
- V(Value) : 고객에게 가치를 제공하는 것
- I(Image) : 고객에게 좋은 이미지를 심어주는 것
- C(Courtesy) : 예의를 갖추고 정중하게 하는 것
- E(Excellence) : 고객에게 탁월하게 제공되어야 하는 것

고객접점서비스, 즉 결정적 순간 또는 진실의 순간이라는 용어를 최초로 주창한 사람은 스웨덴의 경제학자 Richard Norman이며, 이 개념을 도입하여 성공을 거둔 기업은 스칸디나비아항공Scandinavian Airlines System; SAS이다.

고객접점서비스는 고객과 서비스요원 사이의 15초 동안의 짧은 순간에서 이루어지는 서비스로서 이 순간을 진실의 순간Moment of Truth; MOT 또는 결정적 순간이다. 이 15초 동안에 고객접점에 있는 최일선 서비스요원이 책임과 권한을 가지고 우리 회사를 선택한 것이 가장 좋은 선택이었다는 사실을 고객에게 입증시켜야 한다는 것이다. 결정의 순간이란 고객이 기업조직의 어떤 한 측면과 접촉하는 사건이며, 그 서비스의 품질에 관해 무언가 인상을 얻을 수 있는 사건이다.

따라서 고객이 서비스상품을 구매하기 위해서는 입구에 들어올 때부터 나갈 때까지 여러 서비스요원과 몇 번의 짧은 순간을 경험하게 되는데, 그때마다 서비스요원은 모든 역량을 동원하여 고객을 만족시켜주어야 하는 것이다. 이를 뒷받침하기 위해서는 고객접점에 있는 서비스요원들에게 권한을 부여하고 강화된 교육이 필요하며, 고객과 상호작용에 의해 서비스가 순발력 있게 제공될 수 있는 서비스전달시스템을 갖추어야 한다. 고객은 윗사람에게 결재의 여유를 주지 않을 뿐만 아니라 기다리지도 않는다.

고객접점서비스가 중요한 것은 소위 곱셈법칙이 작용하여 고객이 여러 번의 결정적 순간에서 단 한 명에게 0점의 서비스를 받는다면, 모든 서비스가 0이 되어버린다는 사실을 주지해야 한다. 예를 들어, 백화점에서 만족한 쇼핑을 하고 셔틀버스를 타

고 집으로 돌아갈 때 셔틀버스의 출발이 약속된 시간보다 지연되거나 버스기사가 불친절하고 용모나 유니폼도 불량하며 난폭운전까지 한다면 전체서비스는 엉망이 되는 것이다.

따라서 서비스기업 관리자는 고객접점에서 가시적인 서비스를 담당하는 요원은 물론 경비, 주차, 운전사, 전화교환, 청소, 시설요원 등 비가시적인 서비스요원들도 고객접점에 있다는 것을 강조하여 그들의 용모나 유니폼 서비스정신 등을 교육하고 요구해야 된다. 특히 고객접점에서 업무자의 용모와 복장은 친절한 서비스를 제공하기 전에 첫인상을 좌우하는 우선적인 요소이다.

환대사업 근무자가 주의해야 될 사항

- 개인용무의 전화통화를 하는 행위
- 큰소리를 내는 행위
- 고객을 방치한 채 업무자끼리 대화하는 행위
- 고객 앞에서 음식물을 먹는 행위
- 요란한 구두소리를 내며 걷는 행위
- 옷을 벗거나 부채질을 하는 행위
- 고객이 있는데 화장을 하거나 고치는 행위
- 고객 앞에서 서류를 정리하는 행위
- 고객이 보이는 곳에서 흡연을 하는 행위
- 이어폰을 꽂고 음악을 듣는 행위

2) 직장인의 예절

예절은 일정한 생활문화권에서 오랜 생활습관을 통해 하나의 공통된 생활방법으로 정립되어 관습적으로 행해지는 사회계약적인 생활규범이다. 예절은 에티켓이라는 용어로 많이 활용되는데, 현대의 에티켓의 본질은 첫째, 남에게 폐를 끼치지 않는다. 둘째, 남에게 호감을 주어야 한다. 셋째, 남을 존경한다 등의 세 가지 뜻으로 요약될 수 있다. 즉 에티켓은 남을 대할 때의 마음가짐이나 태도를 말한다고 할 수 있다. 에티켓과 매너의 차이는 우리나라에서는 별로 거론되지 않지만, 매너는 보통 생활

속에서의 관습이나 몸가짐 등 일반적인 룰을 말하고, 에티켓은 어원적으로는 보다 고도한 규칙 · 예법 · 의례 등 신사 · 숙녀가 지켜야 할 범절들로서 요구도(要求度)가 높은 것을 말한다.

사람은 사회생활을 하고 공동의 문화를 형성하며 살아가는 일정한 지역을 생활문화권이라 한다. 그 문화권에 사는 사람들이 가장 편리하고 바람직한 방법이라 여겨 모두 그렇게 행하는 생활방법이 예절이다.

한편 예절은 언어문화권과 밀접한 관계를 갖는다. 민족과 나라에 따라 언어가 다르듯이, 예절도 국가와 겨레에 따라 달라진다. 같은 언어문화권이라도 산과 강을 경계로 하여 사투리가 있듯이, 예절도 지방에 따라 약간씩 다를 수 있다. 그러나 같은 나라에서 표준어를 정해 그것이 통용되기를 바라는 것과 같이, 예절도 한 나라에서는 통일되어야 그 국민으로서 생활하기가 수월한 것이다. 우리나라만 해도 지방과 가정에 따라 예절이 다른 것은 흉이 되지 않았으나, 현대는 모든 생활여건의 발달로 사투리가 엷어지듯이 예절도 통일되어야 할 필요가 있다. 그런 까닭으로 우리나라에서 공통적으로 행해지는 가장 바람직한 생활방법을 익혀 어울려 사는데 지장이 없도록 통일된 바른 예절을 알아야 한다.

3) 직장에서의 인사예절

인사는 사람이 사람다움을 나타내는 가장 아름다운 행위로 타인과의 사귐에 있어 가장 기본이 되는 예절이다. 인사를 할 때는 정성과 감사하는 마음을 지니고, 예의 바르고 정중한 태도를 갖추어야 하며 진실을 담은 자세를 보여야 한다.

(1) 첫 인사

인사는 상대의 입장을 존중하는 예의이다. 직장에서 직원끼리 주고받는 인사는 서로 업무를 잘 해나가자는 의욕의 표현이다. 무엇보다 인사는 인간관계를 형성하는 기본이다. 처음 만난 사람에게 건네는 인사는 그 사람의 첫인상을 규정짓는다. 인사를 할 때는 다음 사항을 주의해야 한다.

- 상대보다 먼저 인사한다.
- 타이밍을 맞추어 적절히 응답한다.
- 명랑하고 활기차게 인사한다.
- 사람에 따라 인사법이 다르면 안 된다.
- 기분에 따라 인사의 자세가 다르면 안 된다.

악수는 가장 일반적인 인사법이 되어 전 세계적으로 사용된다. 악수는 과거 손에 무기가 없으므로 공격할 의사가 없음을 확인시키는 수단이었고, 현대에는 우호와 화합의 상징이 되었다.

- 윗사람에게 먼저 목례를 한 후 악수를 한다.
- 상대의 눈을 보며 밝은 표정을 짓는다.
- 오른손을 사용한다.
- 손을 잡을 때는 너무 꽉 잡아서는 안 된다.
- 손끝만 잡는 행위는 금한다.
- 주머니에 손을 넣고 악수를 하지 않는다.

(2) 소개

소개는 인간관계 형성의 첫 순서이다. 서로가 처음 만나는 사이로 예의바른 행동을 보이며, 특히 좋은 인상을 상대에게 전달하는 것이 중요하다. 비즈니스에서 상대방을 서로에게 소개하는 것은 여러 가지 의미가 있으며, 서로가 서로를 알게 되는 것이다. 또한 소개는 두 사람이 처음 만났을 때 두 사람이 보다 편하게 느낄 수 있도록 도와주는 친절행위이다. 비즈니스상의 소개를 할 때는 직장 내에서의 서열과 나이를 고려한다. 이 때 성별은 고려의 대상이 아니다. 소개는 보통 타당성 있는 순서에 의한다.

- 나이 어린 사람을 연장자에게 소개한다.
- 내가 속해 있는 회사의 관계자를 타 회사의 관계자에게 소개한다.

- 신참자를 고참자에게 소개한다.
- 동료임원을 고객, 손님에게 소개한다.
- 소개받는 사람의 별칭은 그 이름이 비즈니스에서 사용되는 것이 아니라면 사용하지 않는다.
- 반드시 성과 이름을 함께 말한다.
- 상대방이 항상 사용하는 경우라면, Dr. 또는 Ph.D. 등의 칭호를 함께 언급한다.
- 정부 고관의 직급명은 퇴직한 경우라도 항상 사용한다.
- 천천히 그리고 명확하게 말한다.
- 각각의 관심사와 최근의 성과에 대하여 간단한 언급을 한다.

(3) 명함교환 예절

명함은 프랑스의 루이14세 때부터 유래되고 있다. 당시 사교계에서 귀부인들이 자신의 이름을 카드에 손으로 써서 왕에게 올렸다. 이후 전용의 흰종이에 손으로 이름을 쓰는 것으로 바뀌어 내려왔고, 동판인쇄의 명함으로 발전되어 오늘에 이르고 있다. 명함은 현대에 와서는 특히 비즈니스맨에게는 없어서는 안 될 업무상 소도구의 하나라고 할 수 있다. 명함은 받는 사람에게 종종 비즈니스의 첫인상을 줌과 동시에 가장 오래도록 계속될 인상을 남긴다. 명함은 우리가 뒤에 남기고 떠나는 악수와 같은 것이다. 명함을 주고받을 때의 유의할 점은 다음과 같다.

- 명함은 반드시 명함지갑에서 꺼내고 상대방에게 받은 명함도 명함지갑에 넣는다.
- 상대방에게서 명함을 받으면 받은 즉시 호주머니에 넣지 않는다.
- 명함은 하위에 있는 사람이 먼저 꺼내는데, 상위자에 대해서는 왼손으로 가볍게 받치는 것이 예의이다.
- 명함을 받으면 그대로 집어넣지 말고 명함에 관해 한두 마디 대화를 건넨다.
- 쌍방이 동시에 명함을 꺼낼 때는, 왼손으로 서로 교환하고 오른손으로 옮겨진다.
- 명함은 새 것을 사용해야 한다.
- 명함에 부가정보는 상대방과의 만남이 끝난 후에 적는다.

(4) 직장에서의 전화예절

전화는 직접 대면하는 것보다 신속하고 경제적으로 용건을 마칠 수 있는 장점이 있으나 서로의 얼굴을 대면하지 않고 이야기를 하기 때문에 상대편의 표정과 동작, 태도를 알 수가 없으므로 오해의 면을 담고 있다. 그러므로 전화예절은 더욱 중요하게 인식되고 주의를 기울여야 한다.

전화통화를 할 때는 전화기의 송화기 부분에 대고 명확하게 말한다. 상대방에게 자신이 누구인지를 먼저 밝힌 다음 천천히 예의를 갖추고 말한다. 통화 중에 음식을 먹거나 마시지 않도록 하며, 보이지 않는다 하더라도 말할 때는 미소를 띠면서 말한다. 사람들은 목소리만 듣고도 그 사람의 얼굴 표정을 바로 떠올릴 수 있다.

① 전화 걸기

- 전화를 걸기 전에 먼저 준비를 한다. 정보를 얻기 위해 전화를 하는 경우라면 얻고자 하는 내용을 미리 메모하여 모든 정보를 빠뜨리지 않도록 한다.
- 전화를 건 이유를 숙지하고, 이와 관련하여 대화를 나눌 수 있도록 준비한다.
- 전화는 정상적인 업무가 이루어지고 있는 근무시간에 걸도록 한다. 업무종료 5분 전에 전화를 건다면 제대로 통화할 수가 없을 것이다.
- 당신이 통화를 원하는 상대와 통화할 수 없을 경우에 대비하여, 비서나 다른 사람에게 메시지를 남길 수 있도록 준비한다.
- 전화는 직접 걸도록 한다. 비서를 통해 고객에게 전화를 건다면 고객으로 하여금 당신의 시간이 고객의 시간보다 더 소중하다는 느낌을 갖게 만든다.
- 전화를 해달라는 메시지를 받았다면, 가능한 한 48시간 안에 답해주도록 한다. 하루 이상 자리를 비우게 되는 경우, 다른 사람이 대신 전화를 받아줄 수 없을 때는 자리를 비우게 되었다는 메시지를 남겨놓는 것이 예의이다.

② 전화 받기

- 전화벨이 3~4번 울리기 전에 받는다.
- 당신이 누구인지를 즉시 말한다.

- 천천히, 명확하게 예의를 갖추고 말한다.
- 목소리에 미소를 띠고 말한다.
- 말을 할 때 상대방의 이름을 함께 사용한다.
- 언제나 펜과 메모지를 곁에 두어 메시지를 받아적을 수 있도록 한다.
- 주위의 소음을 최소화한다.
- 긍정적인 말로서 전화통화를 마치도록 하고, 전화를 건 상대방에게 감사의 표시를 한다.

(5) 스마트폰

스마트폰은 일상적인 비즈니스 거래를 유지하고 도움이 필요한 사람에게 재빨리 연락을 취할 수 있으며 인터넷에 접속하여 간단한 업무도 처리할 수 있는 현대인의 필수품이다. 그러나 이러한 순간적인 편리성을 얻기 위해서 우리는 많은 대가를 치러야 한다. 스마트폰은 마법의 상자와도 같지만, 각종 부가기능은 오히려 업무에 지장을 초래할 수 있다. 직장에서 스마트폰을 사용하게 될 경우에는 다음에 유의한다.

- 상대방에게 통화를 강요하지 않는다.
- 지나친 SNS의 사용은 업무에 지장을 주므로 휴식시간을 이용한다.
- 운전하면서 스마트폰을 사용하지 않는다.
- 온라인상에서 예절을 지킨다.
- 알림은 무음으로 하여 타인에게 피해를 끼치지 않도록 한다.

(6) 직장에서의 이메일 예절

스마트폰이나 컴퓨터를 이용할 때 업무와 관련된 사항은 여전히 이메일e-mail을 통해 주고 받고 있다. 그러나 이메일은 정보를 공유하는 빠르고 편한 방법인 만큼 단점을 갖고 있다. 축약된 언어나 이모티콘의 무분별한 사용은 연락을 받는 당사자가 이해할 수 없는 일이 발생할 수 있다. 이메일 특유의 언어사용을 최소한으로 유지함으로써 상대방을 혼돈스럽게 하는 것을 피하도록 하는 것이 좋다. 다른 비즈니스 서신에 사용하는 똑같은 문법이나 철자로 올바른 언어를 사용하는 것이 좋다. 이메일 메시지는 간단하게, 가능한 한 간결하게 작성하여 수신자가 빨리 읽고 제대로 응답할 수 있도록 해야 한다.

① 이메일 보내기

- 상단에 보내는 사람의 이름을 적는다.
- 메시지에는 언제나 제목을 넣도록 한다.
- 메시지는 간략하게 만든다.
- 요점이 빗나가지 않는 제목을 잡도록 한다.
- 올바른 철자와 문법을 사용한다.

② 이메일에 답하기

- 원래 이메일의 내용과 관련된 일관성 있는 답을 하도록 한다.
- 다른 비즈니스 서신에서와 마찬가지로, 화가 난 감정의 표현을 보내는 것은 피한다.
- 당신의 답장이 어디로, 누구에게로 보내는지 주의한다. 자동답신을 선택하여 보내는 것이 효율적으로 보이기는 하지만, 그 답신이 원래 메일을 보낸 사람에게 도착하지 않을 수도 있다. 원래의 메시지에 첨부된 회신주소는 메시지를 보낸 사람의 것이 아닐 수도 있음을 명심해야 한다.

Hospitality Industry

Human Resource Management

환대산업인적자원관리 ....

CHAPTER 11

기업의 글로벌화

Hospitality
Industry
Human Resource Management
환대산업인적자원관리

01 글로벌화

1. 글로벌의 개념

최근 몇 년 사이 세계경제는 위기이다. 핵심적인 내용은 여러 가지 장벽에 의해 국가별 운영되는 경제시스템이 언어Language, 문화Culture, 거리Distance 등의 차이에 불구하고 하나의 시스템으로 나타나고 있다.

이러한 현상 속에 여러 국가들 간 상호의존성이 높아지고, 모든 산업은 더욱 빠른 속도로 글로벌화 되어가고 글로벌기업들은 서로 무한경쟁을 하고 있다.

글로벌화Galvanization는 일상적으로 많이 쓰는 말이기는 하지만, 우리말로 세계화에 대한 정의는 다양하다. 그러나 일반적으로 기업이 개별국가시장에 대해 각각 다른 전략을 취하기보다 전 세계시장을 하나의 통합된 전략을 수립하는 것을 의미한다.

글로벌화는 시장의 글로벌화와 생산의 글로벌화 두 가지 중요한 부분으로 구성되어 있는데, 시장의 글로벌화는 국가별로 나누어져 있던 시장을 하나의 거대한 글로벌 시장으로 합병하는 것을 의미한다. 생산의 글로벌화는 기업들의 노동력, 토지, 원자재, 에너지 등의 생산요소들을 가격과 품질적인 측면에서 국가별 차이를 이용하여 제품과 서비스를 다른 지역에서 나타나는 것을 의미하는데, 생산의 글로벌화가 일어나는 이유는 기업들이 경쟁기업들보다 경쟁우위를 확보하기 위해 낮은 비용구조와 높은 품질을 소비자들에게 노력하기 때문이다.

글로벌화Galvanization와 국제화Internationization는 국제화는 국가단위로 시장이 구성되었던 상황에서 한 국가에 있던 기업이 다른 국가로 진출하는 것을 의미했던 반면, 글로벌화는 국가별로 시장을 구분하는 것은 의미가 없다. 글로벌화 된 환경 하에서 제품, 서비스, 기술 등이 각 국가에서 국가로의 이동이 자유롭고 인적자원과의 교류도 자유롭다고 할 수 있다.

글로벌화가 관광산업에 미치는 영향은 매우 크다고 할 수 있는데, 글로벌화로 인해 국제관광이 촉진되면서 산업이 빠르게 촉진되어 관련된 산업이 빠르게 성장하고 있다. 이러한 글로벌경제 하에 국제관광과 관련된 기업인 호텔, 항공사, 외식업체, 여행사 등이 다국적기업화가 되어가고 있는 추세이다. 글로벌화는 이제 일반적인 현상이 되었으며 국제관광 경영전략인 측면에서도 많은 국제관광 기업들이 급변하는 글로벌 경영환경에 적합한 경영전략을 수립하는 것이 필요하다.

2. 글로벌화 촉진요인

1) 자본집약적인 생산방식과 규모의 경제 중요성 증대

우리나라의 많은 기업들은 해외로 진출하는 것이 일반화되고 있는데, 가장 큰 이유는 우리나라의 소비자들만을 대상으로 제품을 판매하게 되면 생산비용을 충당하기가 힘들다. 그만큼 이제는 글로벌화가 일반화되었으며, 이러한 글로벌화는 아주 급속하게 일어났다. 이러한 경영 하에서 최근 모든 산업의 생산방식에서 공통적으로 일어나는 현상 중 하나는 노동집약적 생산시스템에서 자본집약적 생산시스템으로 전환하고 있다는 사실이다. 이는 생산활동에 있어 노동비용의 비중이 점차 감소함과 동시에 자본비용이 증가한다고 할 수 있다. 자본비용이 증가한 이유는 연구개발 비용의 증가와 첨단 생산설비로 인한 비용의 증가이다.

이러한 현상은 정보통신과 생명공학 등의 첨단산업과 자동차 · 화학 등 생산비용의 증가로, 기업의 입장에서는 규모의 경제를 이용한 대량생산 체제를 하게 되고, 각 국가별 내수시장만으로 대량생산된 제품수요가 한정되어 있기 때문에 전 세계로의 판매를 모색하게 된다. 한 예로, 우리나라의 현대자동차, 기아자동차 등이 세계 곳곳에 생산기지 건설을 통한 전 세계시장을 대상으로 한 판매에 힘쓰는 것이 대표적이다.

2) 기술의 발전

글로벌화를 촉진시키는 요인 중 하나는 기술발전인데, 특히 교통의 발전, 정보기술의 발전, 첨단기술의 발전 등이 대표적이다. 교통의 발전은 제2차 세계대전 이후 항공산업과 컨테이너 운송의 도입으로 교통발전을 가져왔으며, 이러한 교통산업의 발전이 글로벌화를 촉진시키는 원인이 되고 있다.

기술발전과 더불어 R&D에 대한 투자가 글로벌화를 촉진하는 원인이 되었다. 예를 들어, 첨단산업이라고 할 수 있는 연구개발 비용이 차지하는 비중이 평균적으로 7~8%, 최대 15%도 소요되고 있는데, 이러한 연구개발 비용이 많이 투자되는 사업에 국내수요만으로는 그처럼 높지 않은 연구개발비를 충당하기는 어렵다. 그렇기 때문에 위에서 언급한 첨단산업인 경우 전 세계시장으로 신제품개발과 판매가 지속되어야 연구개발을 충당할 수 있게 된다. 따라서 다국적기업들은 전 세계를 대상으로 하고 있기 때문에 글로벌화는 가속화되고 있다.

3) 소비자 취향의 동질화

글로벌화의 가장 큰 요인 중 하나는 이질적인 각국의 소비자 취향이 점점 동질화되어가고 있다는 점이다. 이렇게 전 세계의 수요와 구매 형태가 과거에 비해 동질화되어가고 있는 큰 이유는 정보통신의 발달이다.

정보통신의 발전은 기업들은 전 세계를 단일시장으로 보고 빠른 시간 내 전 세계 소비자들의 수요에 부응할 수 있는 제품을 만들어야만 경쟁력을 가질 수 있다. 여기서 한 가지 비교해야 하는 점은 전 세계 소비자 취향의 동질화는 과거 국제화의 영향으로 선진국에서 먼저 개발된 제품이 먼저 저개발국가로 시차 이동되어 전 세계 소비자의 취향이 동질화되었던 이른바 제품수명주기이론Product Life Cycle Theory과는 다르다. 예전에는 시차를 두고 소비자의 취향이 동질화되었지만, 비슷한 시기에 같은 제품이나 서비스에 대해서 전 세계의 모든 소비자들의 취향이 동질화되었던 것에 비해 최근에는 시차를 두고 선진국과 후진국 간 약간의 차이는 있겠지만, 거의 비슷한 시기에 같은 제품이나 서비스에 대해 전 세계의 모든 소비자들의 취향이 동질화되었다고 할 수 있다.

소비자 취향의 동질성이 비슷한 시기에 나타나는 다른 이유로 전 세계 소비자들의 구매력 증대를 꼽을 수 있다. 개발도상국들의 경제발전이 국민들의 소득증대로 나타나고, 이러한 소득증대가 선진국에서 생산되는 제품을 소비하려는 성향으로 나타나고 있다.

4) 무역장벽의 감소

전 세계적으로 극소수의 국가를 제외하고 무역장벽이 낮아지고 있는 상황이며 자본의 이동도 자유로워지고 있다. 각국과의 FTAFree Trade Agrement의 추진은 무역장벽의 감소로 국가 간의 무역이 활발히 진행되고 있다. 이러한 영향으로 서비스산업은 가속화될 것이며 호텔관광산업에 많은 영향을 주고 있다고 할 수 있다. 글로벌한 경영환경 변화 속에서 우리나라의 관광기업들도 글로벌한 세계적인 기업들과 경쟁하기 위해서는 우리나라 기업들만 보유한 경쟁우위를 활용할 수 있는 적합한 방법을 찾아야 한다.

BREAK CORNER

프로토-글로벌라이제이션

의 의

프로토-글로벌라이제이션(Proto-globalization) 또는 근세 세계화는 고대 세계화 시대 다음으로의 대략 1600년과 1800년 사이에 걸친 세계화 역사의 기간이다. 이 역사가 A. G. 홉킨스와 크리스토버 배일리에 의해 처음 소개된 이 용어는, 무역관계의 증가 양상과 바로 이전의 19세기에, 이른바 '근대세계화'의 도래를 특징으로 한 문화교환을 설명한다.

프로토-글로벌라이제이션은 팽창주의와 국제무역의 관리방법 및 정보교환의 범위에 기초하여 근대 세계화와 구별된다. 프로토-글로벌라이제이션의 기간은 동인도회사와 같은 무역협정들, 서유럽에 헤게모니의 이동, 30년 전쟁과 같은 강대국들 사이의 대규모 갈등들의 발생과 새로운 상품, 특히 노예무역의 등장 등으로 특징지어진다. 삼각무역은 서반구 내에서 유럽이 자원적 이익을 받을 수 있도록 했다. 이 과정에서 식물과 동물, 곡물과 알프레드 크로스비(Alfred

Crosby)의 콜럼버스 교환의 개념과 관련된 유행성 질병들의 이동은 또한 중요한 역할을 수행했다. 프로토-글로벌라이제이션 무역과 상호작용들은 유럽, 이슬람, 인도, 동남아시아와 중국상인들, 특히 인도양 지역의 다양한 집단들을 포함했다.

프로토-글로벌라이제이션부터 근대 세계화로의 이행은 자본주의와 기술적 교환 모두에 기반을 둔 더욱 복잡한 세계적 네트워크라는 점이 주목할 만하다. 그러나 이것은 문화적 교환에서 중요한 분기로 이어졌다.

설 명

17세기와 18세기에 세계체제에서 서양 제국주의가 발생했지만, 프로토-글로벌라이제이션 시기에는 서구유럽과 그 체제 사이에 상호작용이 증가했고, 그 체제가 동아시아와 중앙아시아 사이에서 형성됐다. 프로토-글로벌라이제이션은 정부들과 개별국가들, 세계적 지역들, 그리고 세계무역의 '새로운 세계질서'와 제국주의와 정치적 동맹, 즉 A. G. 홉킨스가 언급한 '동시대 세계의 상품과 먼 과거의 상품'들 간의 조화가 이루어지는 시기였다.

홉킨스에 의하면, 세계화는 불완전한 과정으로 남는다. 이는 분열뿐만 아니라 균일함을 촉진시킨다. 이것은 쇠퇴할 수도 있을 뿐만 아니라 진보할 수도 있다. 지리적인 관점은 강한 지역적 편견으로 보일 수도 있다. 미래에 대한 방향과 속도는 확신을 가지고 예측될 수 없다. 그리고 스스로 '내부논리'를 가진다는 추정을 할 수도 없다. 프로토-글로벌라이제이션 이전에, 세계화적 네트워크는 '위대한 왕들과 엄청난 땅들에서 부와 명예를 찾는 전사들, 종교적인 방랑자들에 의한 그리고 대상들에 의한 상품'이다. 프로토-글로벌라이제이션은 도시, 이주자들의 중요성, 노동의 특화 등 많은 고대 세계화의 양상들을 견디고 성숙시켰다.

프로토-글로벌라이제이션은 또한 두 개의 주요 정치적·경제적 발전들을 특징으로 갖는다. '국가시스템들의 재구성, 금융, 서비스, 산업화 이전 생산의 성장'이다. 당시에 상당수의 도시국가가 시민들에 의한 독점이 계속됨에도 불구하고 지역 사이의 연결성, 조세, 자주권을 강화하기 시작했다. 이 시기동안 세계화의 과정은 물질세계와 생산에 필요한 노동에 매우 집중되었다. 프로토-글로벌라이제이션 기간 동안에는 고대 근대화에서는 볼 수 없었던 설탕, 담배, 차, 커피 그리고 아편과 같은 상품들의 발생과 함께 '거래부문의 효율성이 향상'되었다. 경제적 관리의 향상은 또한 서쪽과 동쪽 사이의 복잡한 교통의 확장으로 이끌었다. 무역로의 확장은 아프리카의 농장시스템과 노예수출을 기반으로 한 '녹색혁명'을 주도했다.

02 다국적기업

1. 국제경영의 개념 및 의의

국제경영은 두 개 이상의 국가와 관련하여 이루어지는 모든 기업활동 혹은 이를 경영하는 활동을 의미한다. 이러한 학자들의 대표적인 연구자인 Robocks, Simmonds & Zwick의 저서인 『*International Business and Multinational Enterprises*』에서 국제경영의 정의를 하였다. "국제경영은 국경을 넘나드는 사업활동을 경영교육 및 학문적 연구를 대상으로 하는 분야로써, 여기에서 국경을 넘나드는 사업활동의 대상에는 재화, 서비스, 자본, 인력, 기술이전 그리고 인력관리 등이 포함된다.

> Johson & Vahlne(1977) International Business as a field of management training and schoarly research area primarily with business as a field that cross national boundaries, whether they be movement of goods, services, capital or personal; transfer of technology; or even the supervision of employees.

Robinson은 International Business Management에서 국제경영을 다음과 같이 정의하고 있다. 국제경영이란 한 날, 한 영토 또는 식민지 이상의 사람 또는 기관에 영향을 미치는 민간 혹은 공공의 경영활동을 대상으로 하는 연구 및 실무분야의 한 분야이다.

> Davidson(1980) International Business as a filed of study and practice encompasses that public and private business activity affecting the persons or institutions of more than on national state, territory or colony

기업의 경영활동이 국내에서만 이루어지지 않는다면, 이 기업은 국제경영에 참여하고 있다고 해도 과언이 아니다. 오늘날 기업들이 국제경영 활동과 관련된 활동은 1차적으로 라이센싱Licensing과 프랜차이징Franchising 등의 계약방식과 관광 · 수송 · 보험 등의 각종 국제경영의 대표적인 형태이다.

2. 다국적기업의 이해

다국적기업Multinational Corporation의 정의는 학자들마다 다양하지만, 일반적으로 두 개 이상에서 현지법인을 운영하고 있는 기업이라고 정의할 수 있다. 다국적기업은 말 그대로 여러 국적을 가진 기업을 뜻하는 것으로, 해외 직접투자를 통해 현지 판매법인과 생산법인을 소유하고 있는 기업을 의미한다.

표 11.1 다국적기업의 기준과 명칭

관점	기 준	명 칭
구조	• 경영활동이 일어나는 국가의 수 n≥2	Multinational Firm
	• 기업 소유권자의 국적 수≥2 • 최고경영층의 국적 수≥2 • 6개국 이상에 제조업 투자, 초국적 주체에 의해 관리되는 기업	Multinational Firm Transnational Enterprise Multinational Enterprise Cosmo Corporation
성과	• 해외부문의 매출액 · 투자 · 생산 · 고용 등> 25%	International Corporation
	• 해외부문의 매출액 · 이익 · 자산 · 종업원 수>일정비율	Multinational Corporation
형태	• 경영의 관점이 국제적 · 세계적인 관점에서 자원배분 • 본국중심적 사고, 현지중심적 사고, 세계중심적 사고, 세계시장을 하나의 시스템으로 보아 각국의 경영전략을 유기적으로 조정	World Corporation Supernational Corporation Ethnocentric Firm Polycentric Firm Geocentric Firm Global Corporation

3. 다국적기업의 조직구조

다국적기업의 조직구조와 관련해서, 중요한 점은 조직구조의 집권화와 분권화에 관련된 부분인데, 다국적기업의 집권화에 있어 의사결정의 집권화란 다국적기업 조직 내에서 의사결정이 내려질 경우 집권화Centralization에 속하고, 자회사 수준에서 많은 의사결정 권한이 주어질 경우 분권화Decentralization에 속한다고 할 수 있다.

조직이론에서 조직의 기본변수 중 하나인 집권화 개념의 특성 중 분석개념이 외국에 해외자회사를 하부조직으로 구성하고 있는 다국적기업 조직에 적용된 것이다. 다국적기업의 본사는 자회사의 모든 활동을 직접적으로 개입을 한다는 것은 불가능하고 비효율적이므로 의사결정의 비중에 따라서 선택적으로 관여한다고 할 수 있다. 따라서 모든 영역이 동일한 정도로 집권화되어 있지 않다고 할 수 있다.

집권화와 분권화는 경향성을 나타내는 용어이다. 극단적인 의미의 집권화와 분권화는 존재하지 않으며, 어떠한 다국적기업 조직도 의사결정을 본사에서 또는 자회사에서 단독으로 결정하지 않는다는 것이다. 따라서 집권화와 분권화를 연속선상의 개념으로 파악하려 한다든지 집권화 정도 혹은 분권화 정도 등으로 분석된다. 즉 조직구조상의 스펙트럼상 비교의 틀로서 어느 위치를 차지하는 것으로 판단하게 된다.

Johanson & Value(2003, 2009)는 기업의 해외진출 과정이 처음에 수출로 시작하여 판매법인으로 확정되고, 그 다음 단계에서 생산법인을 설립하여 순차적으로 해외시장에 진출한다고 하였다. 해외시장의 중요성이 증가함에 따라서 그만큼 증대시킨다는 이론이다. 이러한 순차적인 해외시장의 진출은 Johanson & Value의 주장대로 해외시장의 중요성이 높아진다고도 볼 수 있지만, 기업들이 해외시장에서 위험관리 측면으로도 볼 수 있다. 기업들이 해외시장 진출 초반 현지시장에 대한 경험부족과 정보부족으로 수출을 통해 해외시장에 진출한 후 어느 정도 해외시장 진출에 대한 정보가 축적되면 판매법인과 그 후 생산법인을 설립하게 된다.

Davison(1980)은 기업이 세계의 여러 국가에 진출할 때 동시다발적인 방법보다 문화 · 언어 · 경제 환경이 비슷한 국가로부터 상이한 순서대로 진출한다고 주장하고 있다. 장세진(2004)은 기업이 여러 사업부서를 가지고 있는 다각화기업일 경우 현지 기업에 비해 경쟁우위가 강한 사업부서에 우선적으로 최초로 투자가 이루어지며 경쟁우위가 약한 사업부서에 순차적으로 진입된다.

따라서 앞서 설명한 부분에 대해 구체적으로 설명하면 다음과 같다.

1) 수출부서 조직구조

내수 위주의 수출량이 늘어나면서 수출만을 전담할 조직을 영업부 산하에 두는 조직구조를 말한다. 처음에는 수출부서를 조직하여 활동하다가 수출제품이 증가하고 수출지역이 다변화되면서 수출부서가 제품별 혹은 지역별로 분화된다.

2) 국제사업부 조직구조

국제사업부 조직구조는 해외시장에 대한 비중이 증가하면서 기업들이 기본의 제품별 국내사업부서와 마찬가지로, 해외영업부와 같은 새로운 사업부를 설치하여 국제업무를 담당하게 하는 조직구조를 말한다. 국제사업부의 조직구조는 내수에 초점을 맞추는 조직구조이기 때문에, 주요 의사결정 권한이 내수 위주의 제품별 사업부에 집중되어있다. 따라서 국제사업부는 해외영업이라는 제한된 영역에서만 의사결정 권한을 행사할 수 있기 때문에 전반적인 기업활동이 내수 위주의 초점에 맞춰지는 조직구조이다.

3) 글로벌사업부 조직구조

기업이 해외사업 비중이 증가하면서 국제사업부 조직은 글로벌사업부 조직으로 확대 · 개편되는데, 기업의 상황과 해외시장의 외부환경에 따라서 제품별 글로벌사업부제와 지역별 글로벌사업부제 및 글로벌메트릭스 조직 중에서 선택해서 운영한다. 세부 조직구조의 특징은 다음과 같다.

(1) 제품별 글로벌사업부제

국제사업부가 별도로 존재했던 국제사업부 조직은 내수부문은 제품사업부로, 해외부문은 국제사업부로 각각 분리되어 운영되지만, 제품별 글로벌사업부제 조직구조에서는 개별제품별 사업부가 내수부문과 해외부문을 관리하게 된다. 현재 글로벌경쟁을 하고 있는 서구의 대규모 기업들의 구조를 살펴보면, 대부분의 경우 글로벌제품별 사업부제 조직을 갖춘 기업들이 많은데, 그 이유는 제품별 사업부가 내수사업만이 아니라 해외영업과 전 세계에 대한 모든 생산활동과 판매활동을 함으로써 규모의 경제를 살리고 제품을 동시다발적으로 판매하는 등 효율적인 생산체계를 갖출 수 있다는 점에서 글로벌사업부 조직의 장점이 있다.

제품별 글로벌사업부제 조직구조는 해외사업 관련 제품사업부 간 조정의 어려운 점이 있고 해외지역에 대한 전문성이 축적되기는 어렵다. 또한 제품사업부 간 지역에 대한 공유되지 못하고 해외에 있는 다제품 생산공장의 경우 원가배분과 수익측정 등에서 갈등요소가 존재하는 단점이 있다.

(2) 지역별 글로벌사업부제

지역별 글로벌사업부제는 전 세계지역을 몇 개의 주요지역으로 나누고, 각각의 지역사업부가 생산, 판매, 연구개발을 책임지는 구조이다. 지역별 글로벌사업부제는 현지시장 특성에 맞추어 제품의 생산과 마케팅을 현지화시킬 수 있는 장점이 있지만, 의사결정 권한이 지역사업부에 있기 때문에 개별제품의 글로벌 표준화 가능성이 약해지고 제품에 대한 전문지식 축적 및 활용이 어렵게 된다. 지역별 글로벌사업부제는 다음과 같은 경우에 적용할 수 있다.

- 현지국가의 특수한 여건에 대응하여 지역별 생산체계를 갖출 필요가 있는 기업의 경우
- 제품이 상당히 표준화되어 기술적인 문제라기보다 마케팅이 중요한 이유
- 제품이 제품수명주기 상 대응하는 것이 중요한 목표인 경우
- 현지시장의 여건에 대응하는 것이 가장 중요한 목표인 경우
- 총매출에서 해외시장의 매출비중이 확대되는 경우

(3) 글로벌 매트릭스 조직

매트릭스 조직은 기업을 제품차원과 지역차원으로 나누어 조직에 소속된 사람들을 제품과 지역 양쪽 조직에 속하게 만든 조직 형태이다. 매트릭스 조직은 해당사업

부가 제품 측면과 지역 측면을 같은 비중으로 관리하기 때문에, 지역차원에서 발생하는 경영문제를 유연하게 관리할 수 있는 장점이 있다.

매트릭스조직을 취했던 많은 기업들이 얼마 후 다시 지역별 혹은 제품별 사업부조직으로 돌아가게 되었는데, 가장 큰 이유는 매트릭스 조직이 구조상 무척 복잡하고 혼란스럽기 때문이다. 특히 상급관리자 두 명의 지시를 받아야 하는 중간관리자들에게는 제품별 상급관리자와 지역별 상급관리자의 의견이 다를 경우 어느 의견을 따라야 하는지의 문제가 발생하게 된다.

4) 해외 자회사의 유형

Balett & Ghoshal(1989)은 다국적기업이 조직이 획일화된 통제시스템을 가진 조직이 아니라 각 시장의 특성과 자회사의 핵심역량에 따라서 전략적 리더Strategic Leader, 기여자Contributor, 실행자Implementer, 블랙홀Black Hole의 네 가지로 분류된다. 여기서 핵심역량Core Competencies이란 경쟁기업에 비해 우열한 능력을 의미한다.

(1) 전략적 리더

전략적 리더Strategic Leader는 자회사가 전략적으로 중요한 시장에 위치하고 있고 높은 수준의 핵심역량Core Competencies을 보유하고 있는 경우를 말한다.

- 시장규모가 크고 그 시장에서 이익을 얻을 수 있는 가능성이 높은 시장: 주요시장에서 성공하면 그만큼 규모의 경제를 활용할 가능성이 높아지고 신규시장의 진출을 위한 재원 마련에도 크게 도움이 된다.
- 글로벌 고객의 모국: 글로벌 고객을 상대하는 기업은 전 세계적으로 사업활동을 하는 고객에게 효과적인 서비스를 제공하기 위해 고객의 모국과 그 고객이 활동하는 주요국가에 진출하고 있어야 한다.
- 경쟁기업의 내수시장: 경쟁기업을 가장 효과적으로 견제할 수 있는 방법은 그 경쟁기업의 가장 중요한 시장을 공략하는 방법이다.

- 기술혁신이 많이 일어나는 시장 : 기술혁신의 본거지에 위치하는 것은 뛰어난 기술력을 확보함과 동시에 경쟁기업의 움직임을 포착하는데 크게 도움이 된다.

(2) 기여자

기여자Contributor는 시장규모가 작거나 전략적으로 중요하지 않은 시장에 위치하고 있지만, 높은 수준의 핵심역량을 보유하고 있는 자회사의 유형을 말한다.

(3) 실행자

실행자Implementer는 전략적으로 그다지 중요한 시장에 위치하고 있지 않으며 단순한 현지 업무를 수행할 수 있는 정도의 핵심역량을 보유한 자회사의 형태를 의미한다.

(4) 블랙홀

블랙홀Black Hole은 본사에서 계속해서 경영자원을 투입해도 핵심역량을 개발하지 못하는 자회사의 형태를 의미한다.

		현지시장의 중요성	
		고	저
핵심역량 보유정도	고	실행자	전략적 리더
	저	블랙홀	기여자

그림 11.1 자회사의 유형

5) 해외지역 본사제도

(1) 해외지역 본사제도의 개념

해외지역 본사제도Regional Headquarter는 지역별 전략국가에 현지를 관할하는 제2의 본사를 설립하는 것을 말한다. 해외지역 본사는 금융, 정보, 컨설팅, 자원조직을 전략적으로 보강하여 제반경영요소의 통합, 분배, 조정기능을 가지게 되며, 이러한 해외지역 본사제도가 정착되면 지역 내 각 사업장 간의 시너지효과가 극대화될 뿐만 아니라 현지에서 신속한 의사결정이 이루어지고 현지문화에도 쉽게 적응할 수 있게 된다.

(2) 해외지역 본사의 역할

해외지역 본사의 역할은 기업적인 역할과 통합적인 역할로 분류할 수 있다. 기업적인 역할은 신규사업의 추진과 해외지역 전략의 실행력 강화 및 전략지역에 대한 상징부여 등의 역할을 수행하는 것을 의미한다.

첫째, 신규사업의 추진 역할이란, 해당지역 내 신규사업을 개발하고 개발과 관련된 마케팅 정보, 전략적 정보를 수집하며 사업기회를 발굴하고 제휴대상 기업을 탐색하는 역할을 수행하는 것을 말한다.

둘째, 해외지역전략 실행력 강화의 역할이란 다음과 같은 내용을 의미한다. 환경의 변화가 빠른 지역이나 시장정보와 경쟁정보가 체계적으로 수집되지 않은 경우 본사의 글로벌전략 차원에서 사업추진이 어려운 경우가 많다. 또한 국가별로 나누어 있는 지역의 경우도 특정국가 관리자가 사업추진에 대한 아이디어를 본사전략에 반영시키기 어려운데, 이러한 경우 해외지역 본사는 글로벌전략에 지역 및 국가전략을 반영할 때 특정국가의 아이디어를 적극적으로 반영하는 역할을 수행할 수 있다.

셋째, 전략지역에 대한 상징성 부여의 역할이란, 특정지역이 전략적으로 중요하다고 판단될 때 대내 · 외적으로 중요성을 알리는 역할을 들 수 있다. 그러기 위해서는 먼저 대내적으로 본사의 사업 담당 또는 자원 담당의 임원들에게 지역의 미래잠재력에 대한 확신을 심어주고 태도의 변화를 일으키게 하는 역할을 담당하게 되는데, 이러한 상황에서 지역본사 담당자는 고위임원이 되어야 한다.

통합적 역할은 조정역할과 자원 공동활용 역할로 나눌 수가 있다. 조정역할이란 지역전략과 사업전략이 서로 일관성을 유지하고 상호 상충되지 않게 하면 사업 간 혹은 국가 간 시너지효과가 충분히 발휘될 수 있게 하는 역할을 의미한다.

자원의 공동활용은 지원센터 기능과 관리센터 기능으로 나눌 수 있다. 지원센터 기능이란 역내 자회사 간의 업무가 중복되어 낭비되는 경우 이를 관광하여 공통서비스를 제공하는 역할을 수행하는 것을 의미한다. 예를 들어, 입찰준비, 재고관리, 인적자산관리업무, 제품개발업무 등이 있다. 관리센터의 기능은 외환관리, 조세관리, 재무관리 등을 효율적으로 수행하기 위해 특정자원의 집중관리를 위해 전문가를 공동으로 활용하는 것을 의미한다.

(3) 해외지역 본사제도의 요건

① 권한 있는 임원의 지역배치

해당지역 내 법인들에게 실질적인 조언을 하고 권한을 행사할 수 있는 임원이 지역 본사에 배치되면 지역 본사의 위상이 높아진다.

② 본사와의 협력

해외지역 본사의 현지화 추구전략에도 불구하고 일반적인 경우에는 대부분의 경영자원을 본사가 소유하고 있기 때문에, 현실적으로 본사와 해외지역 본사와의 협력이 필요하다. 이를 위해서는 해외지역 본사에 힘을 실어주는 노력이 필요하고, 해외지역 본사 입장에서는 본사의 의사결정권자의 정기적인 만남을 통해 권한을 부여받을 수 있다.

③ 현지인력 활용

지역 내 현지화를 추진하기 위해 해외지역 본사의 인사정책은 본사에서 파견된 관리자의 활용이 아니라 효과적인 인적자원의 활용이다. 따라서 우수한 현지 인적자원의 선발과 교육프로그램의 개발 및 선발 · 교육된 우수한 인적자원의 효과적인 관리가 중요하다.

④ 경영자원 보유를 위한 노력

핵심적인 자원의 본사 보유로 해외지역 본사의 책임 및 권한은 제한적일 수밖에 없다. 해외지역 본사의 궁극적인 목적인 각 지역에 본국 모회사 기능에 필적하는 능력을 구축하기 위해서는 경영자원의 독립된 기업으로서 경영능력을 겸비했을 때만이 가능하다.

⑤ 본국 중심주의적 사고방식 타파

본국 중심주의적 사고방식은 본국에서 파견된 해외 파견인력이 현지국에 가서도 본국의 가치관과 행동방식을 그대로 적용하려는 성향을 의미한다. 이러한 본국 중심주의적 사고방식의 상호이질적인 문화 환경은 효과적인 해외사업을 운영하는데 커다란 장애요인이 된다.

6) 해외 자회사의 자율성 개념

해외 자회사의 자율성은 다국적기업의 해외 자회사에 대한 통제에 관한 문제인데 그 중에서 의사결정의 집권화 · 분권화와 관련된 문제이다. 즉 해외 자회사를 관리하는 데에 있어 의사결정 권한을 본사와 자회사가 어떻게 보유하고 배분하는가에 관한 문제이다. 다시 말하면, 다국적기업 해외 자회사의 자율성이란 해외회사가 본사 Headquarters의 통제와 상관없이 가질 수 있는 의사결정 권한의 정도를 의미한다. 지금까지 다국적기업 해외 자회사의 자율성 결정요인에 관한 연구들이 진행되었지만, 아직까지 일관된 연구들이 도출되지 못하고 있다.

7) 본사의 전략과 자회사의 자율성

다국적기업의 해외 자회사들이 조직구조상 기업의 일부이지만, 지리적으로 다른 국가에 위치하고 있다. 다국적기업들은 해외 자회사를 관리하는데 있어 이러한 특수성을 감안해야 한다. 많은 산업에서 글로벌화가 촉진되면서 다국적기업의 내부적으로 다른 여러 부서들이 통합되기 위해서는 하나의 중요한 전략이 요구되는데, 이러한 상황들은 다국적기업의 통합 활동을 촉진한다. 동시에 다국적기업들은 현지 상황과 특수성을 고려해야 하며, 많은 산업에서는 글로벌화와 현지화가 동시에 요구되기 때문에 이러한 두 상황을 동시에 만족해야 한다.

언급된 두 가지 전략적인 요구인 통합, 차별화는 다국적기업들의 전략과 관련이 있다. 글로벌화가 가속되면서 나타나는 다국적기업들의 국제화 유형은 세 가지로 나누어 볼 수가 있다. 현지화전략, 글로벌전략, 초국적전략이다.

첫째, 현지화를 구사하는 다국적기업은 범세계적인 배치는 넓게 퍼져있으면서 기업 활동의 범세계적인 조정은 낮은 전략을 사용한다. 다시 말해서, 현지화전략을 사용하는 다국적기업을 의미하는데, 이러한 다국적기업들은 각 국가별로 자회사를 설립하고 각 자회사의 관리는 각 국가별 자회사에 일임하는 형태의 전략을 구사하기 때문에 본사와 자회사의 협조관계는 긴밀하지 못한 경향을 나타낸다. 산업에서는 건설, 제약 등의 산업군에서 나타난다.

둘째, 글로벌전략을 사용하는 다국적기업들은 기업활동의 범세계적인 배치는 지역으로 집중되어 있으면서 기업활동의 범세계적인 높은 강도인 국제적 전략을 의미한다. 다국적기업의 본사가 전 세계 주요지역에 소수의 자회사를 설치하고 본사가 강하게 조정하고 통제하는 전략적 형태를 의미한다. 이러한 전략은 가전제품과 같이 표준화된 제품시장에 적합한 전략이며, 규모의 경제를 초월하여 비용을 절감할 수 있는 규모의 전략을 이용하여 비용을 절감할 수 있는 장점이 있다.

셋째, 초국적전략을 구사하는 다국적기업들은 기업활동의 범세계적인 배치가 지역으로 넓게 퍼져있으면서 기업활동의 범세계적인 조정강도가 높은 형태의 국제 전략을 의미한다. 초국적전략을 구사하는 다국적기업들은 세계 여러 지역에 해외 직접투자를 통해서 해외 자회사를 설립하고 이를 자회사에 대해서 강력한 통제를 하는 전략을 구사한다.

대부분 관련된 연구에서 기업의 유형을 낮은 통합과 높은 현지화로 구성된 현지화기업, 높은 통합과 낮은 현지화로 구성된 글로벌기업, 마지막으로 높은 통합과 높은 현지화로 구성된 초국적기업으로 구분한다.

통합적인 시각에서 다국적기업을 분류한 기업은 미비하며 Barltte & Ghoshal(1989)가 관련된 많은 연구의 영향이 되었으나, 이는 9개의 다국적기업만 연구대상이 되었으며 다양한 종류의 특성을 체계적으로 분석하지 못하였다.

Adler & Ghsda(1990) 연구에서 글로벌은 Barltte & Ghoshal의 초국적기업을 의미

하고 Multinational과 International은 글로벌 현지기업을 의미한다.

Barltte & Ghoshal(1989)은 다국적기업의 중요한 글로벌전략을 비용적 측면과 현지화에 대한 압력 정도에 따라서 현지화전략, 글로벌전략, 초국적전략 등으로 분류하였다. 국가별전략을 추구하는 다국적기업들은 일반적으로 각국에 자회사를 설립하고 자회사 운영은 자회사에 일임하기 때문에, 본사와 자회사 간 의존성이 낮은 전략 유형이다. 글로벌전략은 경험효과와 지역경제화를 통해 비용절감을 추구하는 전략이라고 할 수 있는데, 기업이 생산 · 마케팅 · 연구개발 등을 수행함에 있어 세계 중요한 몇 지역에 자회사를 설립해 두고 본사에서 자회사들을 통제하는 형태의 전략이다. 초국적전략은 다국적기업 경쟁이 치열한 글로벌 경영환경 하에 생존하기 위해서 세계 여러 지역에 자회사를 설립해 두고 비용절감 효과가 있는 글로벌전략 추구와 현지화에 대한 압력에 대해서도 대처하는 전략을 말한다. Local Resoinsivienesss는 소비자의 선호도에 대한 지역적인 차이에 대해 자회사가 반응하는 범위를 말하는데, 그렇기 때문에 매우 중요한 요소이다.

경쟁적인 측면을 살펴보면, 글로벌기업과 초국적기업들은 기업의 레벨에서 경쟁해야 되지만, 현지화기업은 국내적으로 경쟁해야 된다. 조직구조를 살펴보면, 글로벌기업들은 집권화 되어 있고 자회사는 본사의 전력을 보완해 주는 역할을 한다. 이것이 제품과 전략에 있어 Pipe Line 역할을 수행한다.

현지화기업은 특성상 분권화가 되어 있고 조직의 구조가 상대적으로 느긋하다. 초국적기업들은 현지화와 글로벌의 특성을 모두 포함되고 있다. Barltt & Ghoshal (1989)는 글로벌기업의 전략적인 기업은 국가 간의 자이에 최대한 반응하는 것이고 현지화기업은 국간의 차이에 대해 최대한 반응하는 것이다. 초국적기업은 위에서 언급한 두 가지 요구에 대한 측면을 동시에 모두 수용하는 것이다.

Perlmutter(1969)는 다국적기업이 추구하는 목표, 통제방식, 의사소통, 자원배분, 현지지향, 지역지향, 세계지향 등 네 가지로 분류한다.

본국지향 방식은 본사가 대부분의 의사결정 권한을 가지고 자회사를 통제하는 방식이고, 현지지향 방식은 현지 자회사의 경영을 현지 경영관리자에게 일임하는 방식이다. 지역지향 방식은 경영환경이 유사한 국가들을 한 지역으로 통합해 경영하는 방식이며, 세계지향 방식은 글로벌화와 현지화를 경영하는 방식으로 본사와 자회사 간 글로벌 네트워크를 중심으로 본사와 자회사, 자회사와 자회사 간 글로벌 네트워크를 구성하여 협조하는 방식이다.

Pelmutter(1978)의 다국적기업의 분류방식과 자회사의 자율성 관계를 보면, 본국지향 방식은 본사가 대부분 의사결정 권한을 가지고 있기 때문에 자회사의 자율성이 가장 적다고 할 수 있고, 현지지향 방식은 자회사의 경영을 현지 관리자에게 일임하기 때문에 자회사의 자율성이 가장 많은 다국적기업의 유형이라고 할 수 있다.

8) 자회사의 유형과 자율성

다국적기업의 국제경영 활동과 관련된 선행연구는 Holm & Pedersen(2000), Barlett & Ghoshal(1990), Jsrillo & Matinez(1990), Gupta & Govin drajan(1991), Benito & Narula (2003) 등이 있다.

(1) Holm & Pedersen(2000) 연구

Holm & Pedersen은 자회사의 역량 보유와 그 역량을 다국적기업 전체에서 사용할 수 있는 정도에 따라 자회사의 유형을 Center of Excellence, Init of Excellence, Non-excellent Unit-center, Unit with Local Threshold Competence 등 네 가지로 분류하였다. Center of = Excellence로 발전한 다국적기업들은 자회사들은 Center과 Excellenc의 두 가지 중요한 특성을 가지고 있으며, 시장에서 다른 경쟁자들에 비해서 경쟁우위를 가질만한 역량을 가지고 있는 자회사는 Excellent하다고 할 수 있다. 이러한 자회사들의 역량이란 생산, 제품개발, 마케팅 등 기능별 부문에 있어 역량을 의미한다고 할 수 있다. Center of Excellence는 Center, Excellence의 특성이 모두 필요하다. Holm & Pedersen은 자회사의 역량보유 정도와 그 역량을 다국적기업 전체에서 사용할 수 있는 정도에 따라 자회사를 위해 언급된 네 가지 유형으로 분류하였다.

첫째, Center of Excellence는 자회사가 보유한 역량이 우수하고, 이러한 자회사의 역량이 다국적기업의 Unit에서 사용되는 정도가 높은 유형의 자회사이다.

둘째, Unit of Excellence는 자회사가 확실한 역량을 개발했지만, 이러한 역량이 다국적기업 전체에 사용되지도 못하고 특정 자회사에서만 독자적으로 사용되는 자회사 유형을 말한다.

셋째, Unit With Local Threshold Competence는 다른 경쟁자에 확실한 역량도 보유하지 못하고 다국적기업 전체적으로 자회사의 형태이다. Non-Excellent Unit Center는 다국적기업의 본사에서 Center는 다국적기업의 본사에서 Center로 임명을 받았지만, 아직 Set-up이 덜 돼서 확실한 역량을 개발하지 못한 상태에서 확실한 역량을 개발하지 못한 역량이 상실되어 Non-excellent Center로 변화한 유형을 들 수 있다.

(2) Bartett & Ghoshal(1989)의 연구

Bartett & Ghoshal는 다국적기업의 자회사를 현지시장의 중요성과 자회사의 핵심역량 보유 정도에 따라서 전략적 리더, 기여자, 실행자, 블랙홀의 네 가지 유형으로 분류하였다.

첫째 전략적 리더Strategic Leader는 전략적으로 중요한 시장에 위치하고 있는 자회사가 높은 수준의 핵심역량을 보유하고 있는 경우이다.

둘째, 기여자는 전략적으로 그다지 중요한 시장에 위치하고는 있지 않고 있지만, 높은 수준의 핵심적 역량을 보유하고 있는 자회사의 유형을 말한다.

셋째, 실행자는 전략적으로 그다지 중요하지 않은 시장에 위치하고 있으면서 현지 업무만을 수행하는 자회사의 유형이다.

넷째, 블랙홀Black Hole은 본사에서 경영사원을 두입하지만 핵심역량을 보유하지 못한 유형을 의미한다.

(3) Jarillo & Martinez(1991)의 연구

Jarillo & Martinez는 현지화 정도와 조직의 통합정도에 따라 자회사를 자율적Autonomous 자회사, 적극적Active 자회사, 수용적Receptive 자회사 등 세 가지 유형으로 분류하였다. 첫째 자율적 자회사는 다른 유형의 자회사들과 비교해서 상대적으로 기업 대부분의 기능적인 부문을 수행하며 본사 및 다른 회사들과 상호의존적인 관계를 형성

한다. 그래서 탄탄한 네트워크를 통한 적극적인 방식을 구성하게 된다. 여기서 중요한 점은 초국적 전략을 구사하는 모든 다국적기업들이 적극적인 전략을 구사하지 않는다는 점이며, 사실상 통합적인 다국적기업 대부분의 자회사들은 수용적 전략을 구사한다고 할 수 있다.

(4) Gupa & Govindrajan(1991)의 연구

Gupa & Govindrajan은 지식패턴을 기준으로 자회사의 유형을 Integrated Player, Global Innovator, Implementer, Local Innovator 등 네 가지로 분류하였다. 먼저 Gupa & Govindrajan가 정의한 지식흐름이란, 기술이나 능력과 같은 전문지식이나 가치가 있는 외부시장의 자료 이전을 의미한다. 전문지식 유형의 이전은 구매기술과 같은 투입과정, 제품디자인, 과정디자인, 포장디자인과 같은 처리량 과정 혹은 마케팅 노하우와 유통의 지식과 같은 결과를 들 수 있다. 외부시장의 자료 이전이란 핵심고객, 경쟁자, 공급자와 관련된 글로벌한 정보를 의미한다. 월 재무자료와 같은 기업 내부적인 행정정보 등의 이전을 의미하는 것은 아니다.

언급된 지식패턴에 따라서 자회사의 유형을 분류한 것에 대해 좀 더 자세히 설명하면 두 가지로 설명할 수 있다. 첫째, 자회사가 지식흐름을 본사 및 다른 자회사들에게 얼마나 유출시키는가 하는 점과, 둘째, 자회사가 본사 및 자회사들로부터 얼마나 유입하는가의 정도에 관한 것이다.

위에서 언급된 바와 같이 지식흐름의 패턴면에서 분류된 네 가지 자회사의 유형 중 Global Innovator의 역할은 다른 회사들에게 그 원인의 역할을 한다. 전통적으로 미국과 일본의 다국적기업들은 글로벌 혁신자의 역할을 국내의 본사에서 역할을 수행하였다. Batlett & Ghoshal(1989), Harrigan(1994), Ronstadt & Kramer(1992) 등에서 이미 나타나고 있다.

Integrated PlayerHigh Outflow, High Inflow의 Global Innovator의 역할과 유사한데, 이는 Integrated Player에서 창출된 지식을 다른 자회사들이 활용할 수 있는 책임을 내포하고 있기 때문이다. 하지만 세계혁신자 유형의 자회사와는 다르게 Integrated Player는 자사의 지식적 필요를 스스로 충족시킬 만한 역량을 보유하지 못하였다. Integrated

Player의 대표적인 사례는 IBM의 일본 자회사이다. ImplementerLowoutflow, Low In Flow는 대부분 기능적 부분에서 거의 완전하게 지역 책임을 맡고 있는 유형의 자회사로써, 전통적으로 Multi Domestic 다국적기업들이 Local Innovator 역할은 초국적기업이나 세계기업에서 나타날 수 있는 자회사의 유형이다.

Local Innovator의 사례로 KFC의 일본 자회사가 대표적 사례이다. 대부분은 본사기 있는 미국과 여러 가지로 유사하지만, 다른 국가와 다르게 경영하고 있다. Gutpa & Govindrajan는 자회사의 관점에서 연구가 진행되고 있다. 본사 및 자회사들 간 활발한 거래는 상호의존성과 직접적인 관련성이 있다. 다국적기업의 전체적인 통합정도에 영향을 준다고 하였다. 본사 및 자회사들 사이에 일어나는 지식의 유입과 유출을 동해 자회사의 자율성 정도를 이해할 수 있음을 내포할 수 있다.

(5) Benito & Narula(2003)의 연구

Benito & Narula은 외부환경이 자회사의 역할에 어떠한 영향을 미치는지 연구하였다. 외부환경은 자회사의 범위와 경쟁우위에 중요한 영향을 미친다. 다국적기업의 자회사가 새로운 역할을 통해 기업 전체를 발전시키는 것에 대한 중요성을 누린다고 하였다. 또한 다국적기업 자회사의 유형을 경쟁우위의 정도와 활동의 범위에 따라서 Strategic Center, Highly Specialized Unit, Miniature Relica 등으로 분류하였다.

Minsiature Repli는 많은 활동을 하지만, 경쟁우위 수준이 낮은 유형의 자회사로 기본적으로 본사의 통제를 벗어나지 못하는 자회사이다. 이러한 유형의 자회사들은 전략적인 위치에서 규모와 범위의 경세를 동해 가치를 창출하는 진형적인 유형이리고 할 수 있다. 활동범위는 낮지만 높은 수준의 경쟁우위를 보유한 Highly Speilized Init는 지식과 경쟁력을 통해 다국적기업의 가치를 창출한다. 일반적으로 이러한 자회사들은 연구개발에 관련된 자회사들이 많다.

Benito & Narula는 자회사의 유형과 자율성의 관계에서 높은 수주의 경쟁우위를 보유한 자회사의 유형일수록 더 많은 자율성이 있다는 결과를 보이고 있으며, 가장 높은 자율성이 높은 자회사의 유형은 Strategic Center이며, 자율성이 적은 유형의 자회사는 Miniature Replica라고 할 수 있다.

9) 다국적기업의 인적관리

인적자원관리는 조직의 인적자원을 효과적으로 활용하기 위한 활동이며, 다국적기업의 인적자원관리는 국내기업들과 비교하면 더 복잡하기 때문에 고려해야 하는 사항은 많다. 국가별로 노동시장, 문화, 법률시스템, 경제시스템 등이 달라서 선발, 승진, 성과측정, 보상 등에 관한 사항도 일치하지 않고 있다.

(1) 다국적기업의 인사정책

다국적기업의 인사정책 관리는 크게 본국 중심주의, 현지 중심주의, 세계 중심주의로 나눌 수 있다.

① 본국 중심주의

본국 중심주의Ethnocentrism 인사정책은 기업이 본사 및 자회사의 주요 책임자를 모두 본국 출신 관리자가 맡게 하는 형태의 인사정책을 말한다. 원래 이러한 형태의 인사정책은 일반적으로 한국, 일본 등 본국 중심적인 성향이 강한 국가의 다국적기업들이 사용한 정책이었다.

다국적기업들이 본국 인사정책을 사용한 이유는 다음과 같다. 첫째, 현지국에서 기업의 주요책임자의 업무를 수행할 만한 자격을 갖춘 인적자원을 찾기 힘들다고 생각하기 때문이다. 이러한 현상은 다국적기업들이 저개발국에 진출할 때 많이 나타나는 현상이다. 둘째, 다국적기업들은 본국 중심주의 인사정책을 사용하는 것이 통일된 기업문화를 유지하는 가장 좋은 방법으로 생각한다. 셋째, 다국적기업들은 그들의 핵심역량을 해외로 이전시켜 가치를 창조하려고 할 때, 그들의 핵심역량을 가장 이전시킬 수 있는 본국의 인적자원을 지식으로 보유하고 있다고 생각한다.

그러나 본국 중심주의의 인사정책은 다음과 같은 문제점이 있다. 첫째, 현지국 직원들의 채용 · 승진 · 보수 등이 대우가 본국에 파견하는 직원들에 비해 좋지 않음으로 인해 현지국 직원들의 사기가 저하되며 불만이 고조된다. 이는 이직률 증가, 생산성 저하 등으로 이어지며, 유능한 현지국 직원들의 지원기피 현상으로 이어져 장기적으로 다국적기업의 문제점을 내포할 수가 있다. 둘째, 본국 중심주의 인사정책은 지나친 본국 중심적인 기업문화와 경영방식으로 현지국과 문화적인 차이를 이해하지 못하게 된다. 이러한 현상으로 현지국에서의 마케팅과 경영방식에 문제가 생길 수 있다.

② 현지국 중심주의

현지국 중심주의Polycentrism 인사정책은 현지국에서 채용한 인적자원이 현지 자회사를 운영하도록 하는 인사정책이다. 현지 중심주의적 인사정책은 인사정책을 추구하는 글로벌기업들은 본국에서 인력을 파견하는 것에 비해 많은 비용을 절감할 수 있고 현지의 문화와 환경에 잘 적응할 수 있다.

현지에서 채용된 직원들은 자신의 자회사 이외의 다른 국가 자회사에서 일어나는 기업활동에 정보가 어둡고 관심이 낮아 자신이 근무하는 국가중심으로 사고하는 편협성이 생길 수 있다. 또한 타 국가의 자회사에 근무할 수 없는 점도 있다. 언어장벽과 문화의 차이로 인해 본사와 해외 자회사의 인적자원 교류가 긴밀하지 않아 본사와 해외 자회사 간의 갈등이 일어날 소지가 있는 점도 현지국 중심주의적인 인사정책을 운영하는데 문제점이라고 할 수 있다.

③ 세계 중심주의

세계 중심주의Geocentrism 인사정책은 인적자원의 국적에 관계없이 직원들을 채용하고 활용하는 인사정책이다. 글로벌기업이 세계 중심주의적 인사정책을 실시하게 되면 기업이 보유한 인적자원을 효과적으로 활용할 수 있다. 하지만 이렇게 글로벌기업에 적합한 인력을 양성하는데 많은 비용이 소요된다는 점과 각 나라마다 다른 관리정책과 고용규제는 글로벌기업이 세계 중심주의적인 인적관리 정책을 추구하는데 문제점이 있다.

표 11.2 다국적기업의 인적자원관리

인사정책	장 점	단 점
본국중심주의	• 현지국에 적합한 관리자가 없는 것을 극복할 수 있음 • 통일된 기업문화 가능 • 본국 핵심역량 이전용이	• 현지 직원들의 불만고조 • 본국위주의 사고방식이 지배
현지국중심주의	• 본국 위주의 사고방식 강요 • 문제약화 • 비용절감	• 직원이동의 한계성 • 본사와 자회사의 거리감
세계중심주의	• 효율적인 인력활용 가능 • 강력한 기업문화와 비공식적 관리 네트워크 구성 가능	• 국가별 출입국 관리정책의 차이로 인력이동의 문제점 • 비용상승

(2) 해외파견 인적자원관리

다국적기업의 인적자원정책 중 본국중심주의적 인사정책과 세계중심주의적 인사정책은 해외 파견인력의 비중이 큰 인적자원관리 정책이다. 해외 파견인력과 관련된 가장 큰 주제 중 한 가지가 해외 파견인력의 실패와 관련된 주제이다. 해외 파견인력의 실패란 해외 파견인력이 파견기간을 다 채우지 못하고 조기에 본국으로 귀환하는 것을 의미한다.

Tung(1982)는 미국 · 유럽 · 일본의 다국적기업을 대상으로 조사한 결과, 미국의 다국적기업 약 76%가 해외 파견인력의 실패율이 약 10% 이상 된다고 보고하고 있다. 또한 미국의 다국적기업들 중 약 7% 정도는 해외 파견인력 실패율이 20% 이상이 된다고 하였다. 또한 해외 파견인력 실패율 비교에 나타나는 바와 같이 미국의 다국적기업들은 유럽 및 일본의 다국적기업들과 비교해서 훨씬 높은 해외 파견인력의 실패율을 나타낸다고 하였다. 해외 파견인력을 활용하는 데는 선발 · 훈련 · 평가 · 귀환 · 재적응의 문제가 발생한다.

① 선발

해외 파견인력의 실패율을 줄이려면 미리 적절한 인력선발 과정을 통해서 해외파견에 적합한 인력을 파견하는 것이 중요하다. 기업들은 해외인력을 파견함에 있어 단순히 업무능력만을 고려해서 선발하게 되면 실패할 가능성이 커진다. 그렇기 때문에 기업들은 배우자를 포함한 가족문제나 파견 관리자의 다른 문화에 대한 적응능력 등 다양한 측면에서 선발기준을 마련해야 한다. 그리고 해외 파견인력이 갖추어야 하는 자질과 해외 파견인력의 자신감, 타인에 대한 이해능력, 감지력, 문화 수용능력이 필요하다.

② 훈련

해외 파견인력이 실패의 가장 일반적인 두 가지 요인은 해외 파견인력의 배우자를 포함한 가족이 새로운 현지 환경에 실패하는 것과, 해외 파견관리자가 현지의 새로운 환경에 잘 적응하지 못하는 것이다. 이러한 문제점은 훈련을 통해서 상당부문 극복할 수 있다. 하지만 많은 기업들이 해외 파견인력에 대한 훈련에 대한 체계적인 관리가 미흡하다. 해외 파견인력과 그 배우자 및 가족들을 위한 훈련에는 문화 적응훈련, 언어 적응훈련, 업무 적응훈련 등이 있다.

③ 성과 측정

다국적기업의 입장에서 가장 어려운 업무 중 하나는 해외 파견인력의 성과를 측정하는 일이다. 해외 파견인력의 성과를 객관적으로 측정하는 것은 어려운 일인데, 일반작으로 해외 파견인력의 성과측정은 본국의 관리책임자와 현지국의 관리자가 동시에 평가하게 된다. 이와 같은 평가시스템은 본국의 평가자와 현지국의 평가자가 서로 다른 평가기준을 적용할 수 있다는 문제점을 안고 있다. 현지국 관리자는 해외파견 관리자가 얼마나 현지국의 경영환경에 적응하여 문화적 차이를 극복하고자 현지 업무를 잘 관리하는가에 초점을 맞추는 반면, 본사에서는 현지 관리자의 활동이 본사가 추구하는 전략과 얼마나 일치하는가를 초점을 두기는 쉽다.

일반적으로 본국 관리자들은 지리적으로 해외 자회사와 멀리 떨어져 있기 때문에 외형적으로 드러난 자료만으로 해외 파견인력들을 평가하지만, 경기변동 등 해외파견 인력을 평가하는데 외부적인 여러 변수들도 고려해야 한다. 많은 해외파견 인력들은 본사의 해외파견 인력에 대한 평가가 적절하지 못하다는 생각을 한다. 따라서 해외파견 인력에 대한 성과평가는 해외근무를 기피하는 요인 중에 하나이다.

④ 보상

해외파견 인력의 성과 측정과 더불어 다국적기업의 인적자원관리 정책에 있어 중요한 주제가 되는 것이 해외 파견인력의 급여수준과 그 밖의 보상에 관한 문제이다. 세계중심적인 인사정책을 사용하는 글로벌기업은 급여수준 결정이 중요한 문제가 된다. 현지중심적인 글로벌기업에서는 현지 수준에 맞는 임금을 지불하는 것으로 충분할 것이며, 본국 중심적인 글로벌기업에서는 본국에서 파견된 인력의 급여를 어떻게 지불할 것인가에 대한 설정은 단순한 문제이다. 그러나 세계중심주의적 기업처럼 국적에 관계없이 각국의 자회사를 활용하는 경우에는 해외 파견인력에 대해 어느 정도의 급여를 지불하는 것이 상당히 복잡한 문제일 수 있다.

따라서 임금수준 결정방법 중 가장 일반적으로 사용되는 것은 각 국가별로 물가수준과 생활환경에 따라 동일한 수준의 구매력을 가질 수 있도록 하는 방법이다. 또한 해외 파견인력에 대해 급여를 지불할 때 고려해야 하는 점은 해외근무수당, 생활비 보조, 자녀들의 교육비, 의료보험, 연금, 세금 등이다.

⑤ 귀환 후 재적응

다국적기업들은 해외 파견인력을 선정하고 훈련시키는 것도 중요하지만, 해외 파견인력들이 본국에 돌아왔을 때 다시 본국에서의 업무에 잘 적응하도록 하는 것은 중요하다.

한 조사에 의하면, 본국으로 돌아가는 근무자의 60~70%가 본인들이 어떠한 위치Position에서 근무할지를 이해하지 못했고, 60% 응답자는 조직 내에서 그들의 역할과 경력의 진행에 대해서 알지 못하였으며, 77%가 실질적으로 해외에서 근무할 때보다 낮은 업무를 수행하였다. 또한 본국으로 돌아온 후 15%가 1년 내 회사를 그만두었고, 40%는 3년 내에 직장을 그만두었다. 이러한 문제를 해결하는 것이 인적자원 계획이며 해외 파견인력의 선발과 훈련뿐만 아니라 이들이 해외업무를 마치고 본국에 돌아왔을 때 그들의 지식과 경험을 조직 내 어떻게 활용할 것인가에 대한 프로그램 개발이 필요하다.

BREAK CORNER 국빈호텔도 '소유'와 '경영' 분리…전 세계 호텔들 왜?

소유주는 안정적인 수익, 위탁경영은 빠른 사업 확대가 장점…프랜차이즈 형태도 증가

뉴욕 최고급 럭셔리 호텔의 상징이자 박근혜 대통령을 비롯한 전 세계 국빈 숙소로 유명한 맨해튼 '월도프아스토리아' 호텔. 세계적 호텔 체인 '힐튼'의 모회사 힐튼월드와이드홀딩스(힐튼홀딩스)가 최근 이 호텔을 중국 안방보험에 미국 내 호텔로는 역대 최고가인 19억5,000만 달러(2조 835억 원)에 매각해 연일 화제를 뿌리고 있다.

이 한 건의 매각으로 힐튼홀딩스는 지난해 미국증시에서 IPO(기업공개)로 조달한 27억 달러의 72%를 손에 쥐었다. 게다가 매입 주체인 중국 안방보험의 회장이 중국개혁의 상징인 덩샤오핑 전 주석의 손녀사위인 우샤오후이 회장인 것도 눈길을 끈다.

그러나 이 화려해만 보이는 거래 이면에는 소유와 경영을 분리해 각자 최대의 실리를 추구하려는 고도의 전략이 깔려 있다. 호텔업계 관계자는 "힐튼으로서는 상당한 시세차익을 챙겼을 뿐 아니라, 원래도 수익성 높은 호텔을 계속 운영할 수 있어 손해 볼 것이 없다"며 "중국 안방보험도 호텔 소유주로서 운영 수익 상당부분을 얻을 수 있어 어떤 자산 운용보다 매력적일 것"이라고 밝혔다.

9일 호텔업계에 따르면 힐튼과 하얏트, 메리어트 같은 세계 유수의 호텔체인들이 직접 소유가 아니라 위탁경영 쪽으로 호텔사업의 방향을 틀고 있다. 한국에서도 이미 소유와 경영의 분리는 호텔사업의 돌파구로 자리 잡고 있다. 실제 이들 체인이 한국에서 운영하는 호텔 중 서울 남산의 '그랜드 하얏트 서울'(하얏트그룹) 정도가 유일하게 호텔체인이 소유한 것으로 알려졌다.

호텔 팔고 그 돈으로 다시 호텔 늘리는 사업 확장구조

현재 전 세계 72개국에서 3,900개의 호텔과 리조트, 콘도식 휴양빌라를 운영하는 메리어트도 직접 소유한 호텔은 손에 꼽는다. 미국 버지니아주 알링턴에서 1950년대 문을 연 메리어트 호텔 1호 '트윈 브리지스'와 2호 호텔인 '키브리지 메리어트 호텔'(1959년 개관) 등 10여 개만이 메리어트 소유로 알려졌다.

메리어트는 1960년대 사업성장 전략으로 미국 내 주요도시에 호텔을 건립했지만, 1978년부터 일찌감치 '소유'가 아닌 '위탁경영'으로 전략을 바꿨다. 이렇게 대부분 호텔 객실의 절반 이상을 투자자들에게 매각했다. 호텔을 깔고 앉아있기보다는 호텔을 팔아 다시 그 경영을 대행하며, 매각자금으로는 또 다른 호텔을 건립하는 식으로 사업을 넓혀간 것이다.

메리어트의 이 같은 사업전략은 이후 세계 호텔업계의 벤치마킹 모범사례로 인정받고 있다. 하얏트와 힐튼도 소유보다는 위탁운영으로 전 세계에서 호텔체인을 빠르게 늘려갔다. 한국도 이런 소유와 경영분리 흐름에 따라가는 추세이다. 국내에서 위탁경영 성공사례로는 대성산업 소유의 '쉐라톤 서울 디큐브시티'와 대한항공 소유의 '그랜드 하얏트 인천', 아주그룹 소유 '하얏트 리젠시 제주' 등이 대표적이다.

여기에 롯데호텔과 신라호텔도 소유와 경영을 분리하는 전략으로 비즈니스호텔 사업을 빠르게 늘려가고 있다. 호텔업계 관계자는 "호텔을 소유하면서 확장하려면 초기 투자비용이 워낙 많이 들기 때문에 사업에 한계가 많다."며 "비즈니스호텔 체인 신라스테이가 철저하게 소유와 위탁경영을 분리하는 것도 이 때문"이라고 밝혔다.

반면, 호텔경영 경험이 없는 소유주의 입장에선 경영을 제대로 못해 수익구조가 나빠질 수 있는 위험을 줄이고 안정적으로 운영수익을 챙길 수 있다는 점에서 위탁경영을 선호한다.

운영수익의 70~80%는 소유주 몫, 위탁경영은 매출 10%는 수익

계약 내용에 따라 다르지만, 위탁경영의 경우 통상 운영업체 수익은 전체 매출의 2%와 전체 이익의 20%, 그리고 인센티브를 별도로 받는 것으로 알려졌다. 대략 전체 매출의 10% 정도를 위탁경영 명목으로 가져가는 셈이다.

반면, 소유주는 인건비와 임대료, 마케팅 비용(매출의 0.2% 정도), 직원 교육비, 브랜드 사용료 등을 모두 부담한다. 대신 소유주는 경영에 신경 쓰지 않아도 되고 안정적이고 지속적으로 수익을 챙길 수 있다. 위탁운영은 이익이 많이 나는 경우 소유주가 운영수익의 70~80% 정도까지 가져가기도 한다.

반면, 손실이 날 경우 위탁경영 업체에게 기본적인 이익을 소유주가 따로 챙겨준다. 중국 안방보험도 대략 이와 비슷한 조건으로 월도프 아스토리아를 매입한 것으로 알려졌다.

소유와 위탁의 중간 형태, 프랜차이즈 호텔도 늘어

최근에는 호텔직영과 위탁경영의 중간 형태인 프랜차이즈 형태의 호텔도 있다. 국내에선 싱가폴 CDL호텔코리아 소유의 '밀레니엄힐튼 서울'과 SK그룹 소유의 '쉐라톤 그랜드 워커힐'이 대표적이다. 이들 호텔은 소유주가 경영도 직접 하지만, 호텔체인 브랜드와 경영방식을 공유하고 대신 로열티를 따로 지급한다.

일본 롯데홀딩스가 최대주주인 부산 롯데호텔도 독특한 경영구조이다. 부산 롯데호텔은 롯데호텔 본사로부터 경영 도움을 받고 경영컨설팅 수수료를 낸다. 부산 롯데호텔은 이런 방식으로 지난해 매출액 4,933억 원, 순이익 201억 원을 올렸다.

– 머니투데이, 2014.10.08 –

REFERENCES

권형섭(2006). 변혁적 리더십이 호텔종사원의 임파워먼트와 직무만족 및 조직 몰입에 미치는 영향 연구, 안양대학교대학원 박사학위논문.

김광근(1996). 한국관광호텔의 환경요인과 전략이 경영성과에 미치는 영향, 경남대학교 대학원 박사학위논문.

______(2013). 관광학의 이해, 백산출판사.

김근우 · 김원인(2005). 호텔기업 경영자의 변혁적 · 거래적 리더십이 조직유효성에 미치는 영향, 『관광학연구』, 29(3): 205-227.

김기영 · 염진철(2003). 임파워먼트가 호텔주방조직 구성원의 직무만족과 몰입에 미치는 영향에 관한 연구, 『한국조리학회』, 9(4): 136-151.

김성용(2006). 관광마케팅, 기문사.

______(2006). 여행사경영론, 기문사.

______(2012). 호텔관광인적자원관리, 백산출판사.

김성혁(2000). 관광마케팅의 이해, 백산출판사.

김영선(1988). 서비스종업원의 역할모호성에 관한 연구: 조직적 영향요인과 그 결과를 중심으로, 서울대학교대학원 석사학위논문.

김영재 · 하동현(2012). 신호텔관광 인적자원관리론, 대왕사.

김지윤 · 김강식 · 이동명(2012). 항공사종사자의 셀프리더십, 조직시민행동, 심리적자본의 관계 연구, 『한국항공경영학회지』, 10(1): 111-129.

김진모 · 정철영 · 나승일(2002). 재직근로자 대상 직업기초능력 신장프로그램 개발, 우송정보대학.

김태길(1997). 직업윤리와 한국인의 가치관, 철학과 현실사.

김형섭(2005). 호텔종사원의 직무스트레스, 직무만족, 조직몰입과 이직의도와의 관계에 대한 연구, 『관광연구』, 19(3): 203-225.

동아일보사(2011). 동아비즈니스리뷰, 78호.

롯데연수원(2005). 직장윤리 실천과정, 롯데윤리강령 통신교육교재.

류재룡(2010). 교환관계에서 느끼는 감정노동이 직무만족 및 조직몰입에 미치는 영향: 병원종사자 대상으로, 한양대학교대학원 석사학위논문.

박대환 · 최요한 · 오창호(2011). 호텔종사원의 심리적 자본이 서비스회복, 서비스품질 고객관계의 질에 미치는 영향, 『관광레저연구』, 23(8): 61-80.

박정우 · 박용민(2015). 호텔종사원의 임파워먼트가 직무성과에 미치는 영향, 『관광레저연구』, 27(10): 453-468.

박지연 · 권동극 · 김영식(2007). 패밀리레스토랑 종사원의 팔로워십 유형이 임파워먼트 및 정서적 몰입에 미치는 영향, 『관광연구』, 22(3): 341-357.

백종철 · 김영구 · 윤지환(2002). 호텔기업의 리더십 유형이 구성원의 임파워먼트와 조직몰입 및 직무성과에 미치는 영향, 『관광학연구』, 26(2): 73-95.

서경도 · 정영미(2011). 심리적 계약위반이 근로의욕 및 직무태도에 미치는 영향, 『인적자원관리연구』, 18(1), 111-128.

서창적 · 권영훈(2005). 서비스메커니즘에 따른 고객지향성의 고객성과에 대한 영향, 『품질경영학회지』, 33(3): 31-40.

서철현 · 김상범(2005). 호텔종사원들이 지각하는 임금만족이 조직몰입과 조직후원인식에 미치는 영향, 『관광연구』, 19(3): 27-43.

손재근(2008). 호텔종사원의 역할과 직무만족, 서비스품질의 관계, 『관광연구』, 23(2): 207-222.

손재근 · 박진영(2007). 호텔의 인적자원관리가 조직시민행동에 미치는 영향, 22(2): 229-247.

손재근 · 이정은(2016). 심리적 커뮤니케이션, 자기효능감, 신뢰, 충성도 간의 인과관계, 『관광연구』, 31(2): 305-323.

신구범(2007). 리더십의 이론과 실제, 형설출판사.

안대희 · 박종철 · 임미라(2012). 호텔종사원의 심리적 자본이 임파워먼트 및 조직유효성에 미치는 영향, 『호텔관광연구』, 14(2): 172-189.

안대희 · 서광열 · 박종철 · 윤대균 · 양동영(2012). 호텔인적자원관리, 백산출판사.

안영면(2002). (관광)인적자원관리, 대명.

안영면(2008). (21세기 뉴패러다임)글로벌관광마케팅 전략, 동아대학교출판부.

양석필 · 최석봉(2011). 심리적자본이 직무만족 및 조직몰입에 미치는 영향과 내재적 직무동기의 매개효과, 『인적자원연구』, 18(4): 149-172.

원유석 · 조춘봉 · 서현숙(2007). 호텔산업의 인적자원관리, 한올출판사.

원융희 · 김준원(2009). 호텔인적자원관리, 대왕사.

유구창(2004). 복리후생의 선택이 복리후생만족, 임금만족, 직무만족에 미치는 영향에 관한 연구, 『한국인사관리학회지』, 25-55.

유지용 · 박지수 · 박기봉(2013). 변혁적 리더십이 직무만족 및 직무성과에 미치는 영향, 『Culinary Science & Hospitality Research』, 19(3): 194-208.

윤지연 · 홍완수(2007). 패밀리레스토랑 종사원의 직무만족에 따른 업체경영성과(BSC)에 대한 연구, 『외식경영연구』, 10(1): 7-29.

이상동 · 박봉규(2010). 호텔종사원의 변혁적 리더십과 셀프리더십이 임파워먼트와 직무성과에 미치는 영향, 『관광연구』, 24(6): 313-332.

이상철 · 김대군(2001). 주제중심 직업윤리, 정림사.

이순구 · 서원석(2013). 호텔인사관리론, 대왕사.

이애주 · 정미향 · 유지은(2006). 임파워먼트 유형이 종사원의 직무만족과 종사원의 고객만족에 대한 지각에 미치는 구조적 관계연구, 『호텔경영학연구』, 15(1): 249-267.

이정은 · 손재근(2008). 호텔종사원의 조직이해, 역할지각, 직무성과 간의 영향관계, 『관광연구』, 22(4): 173-187.

이준재(2010). 호텔레스토랑 지배인의 서번트리더십과 감성리더십이 집단에피커시 및 조직성과에 미치는 영향연구, 『관광연구』, 24(6): 395-414.

이창원 · 박희봉(2005). 리더십 유형이 조직효과성에 미치는 영향에 있어 집단효능감의 매개역할 : 한국과 뉴질랜드 단체장 리더십의 비교, 『한국정책과학회보』, 9(4): 25-45.

이철우(2001). 임파워먼트가 호텔조직구성원에 미치는 영향에 관한 연구, 『관광레저연구』, 13(1), 225-240.

이학종(2012). 전략적 인적자원관리, 오래.

이행순 · 이수범(2006). 외식프랜차이즈 선택동기, 지원서비스, 브랜드자산이 LMX의 질과 재계약에 미치는 영향에 관한 연구, 『관광레저연구』, 18(2): 97-115.

이형룡 · 김유경(2006). 항공사 객실승무원의 임파워먼트에 관한 연구 : 국내 K항공사를 중심으로, 『관광레저연구』, 18(3): 99-119.

장세준 · 정유경(2013). 셀프리더십과 리더-구성원 교환관계(LMX)의 질이 심리적 임파워먼트와 조직시민행동에 미치는 영향, 『호텔경영학연구』, 22(6): 213-231.

전용선(2009). 비영리조직의 성과평가에 관한 연구 : 대학행정조직을 중심으로, 건국대학교대학원 석사학위논문.

전재균(2003). 패밀리레스토랑 종업원의 고객지향성에 관한 연구, 『외식경영연구』, 6(3): 127-146.

전현모 · 송현주(2012). 외식기업 종사원의 심리적자본이 직무만족과 조직몰입에 미치는 영향. 『Culinary Science & Hospitality Research』, 18(4): 118-132.

정수영(1997). 신인사관리론, 박영사.

주현식 · 윤승현 · 김호경(2007). 컨벤션센터종사원의 직무특성이 조직몰입, 직무만족, 조직시민행동에 미치는 영향, 『관광연구』, 21(4): 43-60.

채서일(2004). 마케팅, 학현사.

채순화(2004). 변혁적리더십, 임파워먼트, 신뢰 및 조직몰입과의 관계 : 다차원적 접근, 영남대학교대학원 박사학위논문.

채신석(2007). 심리적임파워먼트가 직무만족과 고객지향성에 미치는 영향, 『관광학연구』, 31(5): 181-202.

최춘영 · 임규정 · 우정규(역)(1995). 직업윤리, 군산대학교출판부.

최훈태(2013). 호텔종사원의 심리적자본이 LMX와 고객지향성에 미치는 영향, 『관광연구저널』, 27(6): 395-409.

한국방송공사(2003~2005). 신화창조의 비밀, KBS 프로그램.

황대석(1994). 인사관리 : 인적자원관리, 박영사.

http://www.ncs.go.kr

Angle, H., & Perry, R.(1981). An Empirical Assesment of Organizational Commitment and Organizational Effectiveness, Administrative Science Quarterly: 1-14.

Avolio, B. J., & Gibbons, T. C.(1988). Developing Transformational Leaders : A Life Span Approach, In, J. Conger and Kanungo(Eds), Charismatic Leadership, San Francisco, Jossey-Bass.

Baird, L., & Meshoulam, I.(1988). Managing two fits of strategic human resource management. Academy of Management review, 13(1): 116-128.

Bass, B. M., & Avolio, B. J.(1992). Multifactor Leadership Questionnaire : Short form 6S, Binghamton, New York: Center for Leadership Studies.

Behrman, D. N.(1984) A Role Stress Model of the Performance and Satisfaction of Industrial Salespersons. Journal of Marketing, 48: 9-21.

Belk, R. W.(1988). Possessions and the extended self. Journal of Consumer Research, 15: 139-168.

Brady, M. K. & J. J. Cronin.(2001). Customer Orientation Effects on Customer Service Perceptions and Outcomer Behaviors. Journal of Service Research, 3(3): 341-251.

Brown, T. J., J. C. Mowen, D. T. Donavan & J. W. Licata(2002). The Customer Orientation of Service Workers Personality Trait Determinants and Effects on an and Supervisor Performance Ratings. Journal of Marketing Research, 39(2): 110-119.

Burns, J. M.(1978). Leadership, New York: Harper and Row.

Conger, J., & Kanungo, R.(1988). The Empowerment Process : Integrating Theory and Pracice. Academy of Management Review, 34: 471-482.

Constance, C. C., & Becker, M. J.(1973). Job Satisfaction and Performance, An Empirical Test of Some Theoretical Propositions, Organizational Behavior and Human Performance, 9(2): 268.

Corsun, D. L. & C. A. Enz.(1999). Predigesting Psychological Among Service Workers : The Effects of Support-based relations. Human Relation, 52(2): 205-224.

Dansereau, F., G. G. Graen & W. Haga(1975). A Vertical Dyad Linkage Approachto Leadership in Formal Organization. Organizational Behavior and Human Performance, 13: 46-78.

Delery, J. E., & Doty, D. H.(1996). Modes of theorizing in strategic human resource management: Tests of universalistic, contingency, and configurational performance predictions. Academy of management Journal, 39(4): 802-835.

Demands and Increasing Job Control, Human Resources Management Review, 17: 374-387.

Dienesch, R. M. & R. C. Liden(1986). Leader-member Exchange Model of Leadership : A Critique and Further Development. The Academy of Management Review, 11(3): 618-634.

Donavan, D. J., T. J. Brown & J. C. Mowem(2004). Internal Benefits of Service-worker Customer Orientation, Job Satisfaction, Commitment and Organizational Citizenship Behaviors. Journal of Marketing, 68(1): 128-146.

Dubinsky, A. J.(1986). A Path-Analytic Study of a Model of Salesperson Performance. Journal of the Academy of Marketing Service, 14(1): 36-46.

Gerstner, C. R. & D. V. Day(1997). Meta-analytic Review of Leader-memberexchange Theory : Correlates and Construct Issues. Journal of Applied Psychology, 82(6): 827-844.

Glisson, C., & Durick, M.(1988). Predictors of Job Satisfaction and Organizational Commitment in Human Service Organizations, Administrative Science Quarterly, 33(1): 61-81.

Gooty, J., M. Gavin, P. D. Johnson, M. L. Frazier & D. B. Snow(2009). In the Eyes of the Beholder : Transformational Leadership, Positive Psychological Capital, and Performance. Journal of Leadership and Organizational Studies, 15: 353-367.

Hair, J. F., Anderson, R. E., Tatham, R. L., & Black, W. C.(1998). Multiariate Data Analysis, New Jersey: Prentice-Hall.

Huselid, M. A.(1995). The impact of human resource management practices on turnover, productivity, and corporate financial performance. Academy of management journal, 38(3), 635-672.

Ichniowski, C. Shaw, K., & Prennushi, G.(1997). The Effects of Human Resource Management Practices on Productivity : A Study of Steel Finishing Lines, American Economic Review, 87(3): 291-313.

Jackson, M.(1989). Paths toward a clearing Radical empiricism and ethnographic inquiry. Philosophy of Social Science.

Janaki G. G., P. Mark, D. Johnson, M. L. Frazier & D. B. Snow(2009). Transformational Leadership, Positive Psychological Capital and Performance. Journal of Leadership & Organizational Studies, 15(4): 353-367.

Kahn, R. L., Wolfe, D. M., Quinn, R. P., Snoek, J. D., & Rosenthal, R. A. (1964). Organizational stress : Studies in role conflict and ambiguity. John Wiley & Sons.

Kaplan, R. S. & Norton, D. P.(1992). The Balanced Scorecard-Measures That Drive Performance. Harvard Business Review,(Jan.-Feb.): 71-79.

Kelly, R. E.(1985). The Gold-Collar Worker, New York: Addison-wesley.

Lovelace, K. J., Manz, C. C., & Alves, J. C.(2007). Work Stress and Leadership Development : The Role of Self-leadership Shared Leadership, Physical Fitness and Flow in Managing.

Luthans, F. & B. J. Avolio(2009). The Point of Positive Organizational Behavior. Journal of Organizational Behavior, 30: 291-307.

Luthans, F.(2002). The Need for and Meaning of Positive Organizational Behavior. Journal of Organizational Behavior, 23(6): 695-706.

Luthans, F., C. M. Youssef & B. J. Avolio(2007). Psychological Capital, New York: Oxford University Press.

Lytle R. S., P. W. Hom & M. P. Mokwa(1998). A Managerial Measure of Organizational Service-orientation. Journal of Retailing, 74(4): 455-489.

MacDuffie, J. P.(1995). Human resource bundles and manufacturing performance: Organizational logic and flexible production systems in the world auto industry. ILR Review 48.2: 197-221.

Manz, C. C., & Sims, H. P.(1991). Super Leadership : Beyond the Myth of Heroic Leadership, Organizational Dynamics.

Milliman, J., Von Glinow, M. A., & Nathan, M.(1991). Organizational life cycles and strategic international human resource management in multinational companies: Implications for congruence theory. Academy of management review, 16(2), 318-339.

Nadler, D. A., & Tushman, M. L.(1980). A model for diagnosing organizational behavior. Organizational Dynamics, 9(2): 35-51.

Narver, J. C., & Slater., S. F.(1990). The Effect of a Market Orientation on Business Profitability, Journal of Marketing, 54(4): 20-45.

Peggei R. & P. Rosenthal(2001). Delivering Customer-orientation Behavior Through Empowerment : An Empirical Test of HRM Assumption. Journal of.

Piece, J. L., T. Kostova & K. T. Dirks(2003). The State of Psychological Ownership : Integrating and Extending a Century of Research. Review of Genera Sychology 7: 84-107.

Pierce, J. L., S. Rubenfeld & S. Morgan(1991). Employee Ownership : A Conceptual Model of Process and Effects. Academy of Management Review, 16(1): 121-144.

Roose, JR. L. L.(1981). Organizational Roles in : Handbook of Organizational Design, Oxford Univ. Press.

Sanders, M. M., Lengnick-Hall, M. L., Lengnick-Hall, C. A., & Steele-Clapp, L.(1998). Love and work: Career-family attitudes of new entrants into the labor force. Journal of Organizational Behavior, 603-619.

Saxe, R., & Weitz., B. A.(1982). The SOCO Scale : A Measure of the Customer Orientation of Salespeople, Journal of Marketing Research, August: 343-351.

Schriesheim, C. A., L. L. Neider & T. Scandura(1998). Delegation and Leader-member Exchange : Main Effects, Moderators, and Measurement Issues. Academy of Management

Journal, 41(3): 298-318.

Seligman, M. E. P.(1998). Learned Optimism. New York: Pocket Books.

Seligman, M.(2002). Authentic Happiness. New York: Free Press.

Siguaw, Gene Brown, J. A.(1994). The Influence of the Market Orientation of the Firm on Sales Force Behavior and Attitude. Journal of Marketing Research, 31: 106-116.

Siguaw, J. A., Brown, G., & Widing, R. E.(1994). The Influence of the Market Orientation of the firm on Sales Force Behavior and Attitudes, Journal of Marketing Research, May-June: 106-116.

Snell, Scott A., Mark A. Youndt, & Patrick M. W.(1996). Establishing a framework for research in strategic human resource management : Merging resource theory and organizational learning. Research in personnel and human resources management 14: 61-90.

Spreizer, G. M.(1995). Psychological Empowerment in the Workplace : Dimension Measurement, Validation. Academy of Management Journal, 38(5), 1,442-1,465.

Stewart, G. I.(1993). Self Regulation and the Big Five Personality Traits as Determinants of Employee Empowerment Behavior, Doctoral Dissertation, Arizona State University.

Thomas, K. W., & Vethouse, B. A.(1990). Cognitive Elements of Empowerment : An interpretive Model of Intrinsic Task Motivation, Academy of Management Review, 15(4): 666-681.

Van Dyne, L. & J. L. Pierce(2004). Psychological Ownership and Feeling of Possession : Three Field Stdies Predicting Employee Attitudes and Organizational Behavior. Journal of Organizational Behavior, 25: 439-459.

Van Dyne, L. & J. L. Pierce(2004). Psychological Ownership and Feelings of Possession : Three Field Studies Predicting Employee Attitudes an Organizational Citizenship Behavior. Journal of Organizational Behavior, 25(4): 439-460.

Vandewalle, D., L. V. Dyne & T. Kostova(1995). Psychological Owner Ship : An Empirical Examination of Its Consequences. Group and Organization Management, 20(2): 210-226.

Venkatraman, N.(1989). The concept of fit in strategy research: Toward verbal and statistical correspondence. Academy of management review 14.3: 423-444.

Wayne, S. J., L. M. Shore & R. C. Liden(1997). Perceived Organizational Support and

Leader-member Exchange : A Social Exchange Perspective. Academy of Management Journal, 40(1): 82-111.

Williams, M. R. & J. S. Attaway(1996). Exploring Salespersons' Customer Orientation as a Mediator of Organizational Culture's Influence on Buyer-Seller Relationships, 16(4): 33-52.

Youndt, M. A., Snell, S. A., Dean, J. W., & Lepak, D. P.(1996). Human resource management, manufacturing strategy, and firm performance. Academy of management Journal, 39(4): 836-866.

Yukl, G.(2006). Leadership in Organizations(6th ed.), New Jersey: Prentice-Hall.

Profile

이정은

- 광주대학교 호텔외식조리학과 외래교수
- 이코노앤리서치컨설팅 대표
- 동아대학교 대학원 관광경영학과 경영학석사
- 동의대학교 대학원 호텔관광외식경영학과 경영학박사

〈경력〉

- 전) 경주대학교·동명대학교 외래교수
  농촌진흥청 국립농업과학원 연구원
- 현) (사)웹어워드커리아 평가위원
  (사)한국관광산업학회 이사
  한국게스트하우스학회 학술지 편집위원장

- 관광종사원자격증(국내여행안내사·호텔서비스사)
- 커피조리사자격·커피조리사 심사위원자격·커피조리사 교육자자격(한국평생능력개발원)

〈저서 및 논문〉

- 『농촌마을축제운영』(공저)
- 『관광자원론』(공저)
- 호텔종사원의 심리적 자본이 근로의욕, 자기효능감 과직무태도에 미치는 영향
- 호텔종사원의 임파워먼트, LMX, 심리적 주인의식과 심리적 자본이 고객지향성 관계에 미치는 영향 등 다수의 연구논문이 있음

서경도

- 광주대학교 호텔외식조리학과 교수
- 동아대학교 경영대학원 관광경영 경영학석사
- 동의대학교 대학원 호텔관광외식경영학과 경영학박사

〈경력〉

- 전) 부산그랜드호텔 식음료팀장
  동명대학교 관광경영학과 조교수
- 현) (사)한국관광레저학회 부회장
  (재)아시아음식문화지구 추진위원

〈논문〉

- 호텔정보시스템의 기술수용모델이 서비스지향성 및 고객지향성이 성과에 미치는 영향(2009) 외 다수

최병창

- 예원예술대학교 문화예술관광콘텐츠학과 교수
- 경기대학교 관광전문대학원 관광사업경영 관광학석사
- 경기대학교 대학원 관광경영 관광학박사

〈경력〉

- (사)대한관광경영학회 이사
- (사)관광경영학회 이사
- 예원예술대학교 기획조정처장, 학생생활관 관장
- 한국관광산업포럼 이사

〈저서 및 논문〉

- 『여행사경영론』, 기문사(2009)
- 관광종사자의 감정노동이 조직유효성에 미치는 영향 연구(2013) 외 다수

임배균

- 한국관광대학 겸임교수
- 경희대학교 대학원 호텔경영전공 경영학석사
- 경원대학교 대학원 호텔·외식경영전공 경영학박사

〈경력〉

- 전) 르네상스서울호텔 28년 근무
  경기대학교 외래교수
  신한대학교 외래교수
- 현) 신안산대학 외래교수
  계원예술대학 평생교육원 외래교수
  한국외식산업경영학회 부회장
  한국외식산업대학교수협의회 부회장

- Food Safety Manager Certification
  (영국 식품안전관리자)
- Servsafe Certification
  (미국 식품안전관리자)
- Foodservice Management Professional
  (미국 외식경영전문가)